本书获中国社会科学院学科建设“登峰战略”资助计划资助，
编号：DF2023ZD31。

# 透视委内瑞拉

Perspectives on Venezuela

王鹏 —— 著

**A Petro State, Hugo Chávez, and the Bolivarian Revolution**

石油国家、查韦斯和玻利瓦尔革命

社会科学文献出版社
SOCIAL SCIENCES ACADEMIC PRESS (CHINA)

# 目　录

# 导　论

## 一　为何选择委内瑞拉作为研究案例?

在当今时代，中国正在经历经济的持续成长和国际地位的显著提升，推动中外交流、参与全球治理、共建人类命运共同体已成为中国应对世界变局、实现持续稳定发展的根本需求。在此背景下，深化区域国别研究将对增进国人对世界的认识、学习借鉴别国的发展经验和推动中外交流发挥关键作用。

本书是在区域国别研究范畴对拉美地区的国别（委内瑞拉）案例研究。具体而言，本书谋求以全球和拉美地区发展进程为背景，在融汇历史背景和现实状况的基础上，整体呈现委内瑞拉在独立200多年间的发展历程，探究该国成长之路上的兴衰得失，从而为中国读者了解该国及其所在的拉美地区提供基础资料、分析视角和可资参考的观点。

区域（region）是当今世界发展进程的基本维度。这一名词既具有地理含义，可以指特定的地理空间；也可以指社会空间，也就是所有位于这个地理空间的国家（它们有着紧密的经济互动、相近的社会-文化属性以及面对相似的问题）。[①] 在许多情况下，区域可以理解为由多个集团、国家或领土

① Mary Farrell, "The Global Politics of Regionalism: An Introduction", in Björn Hettne, Luk Van Langenhove, and Mary Farrell (eds.), *Global Politics of Regionalism: Theory and Practice*, London: Pluto Press, 2005, p. 8.

组成的特定地域，其成员带有一些明确的特征。①

拉丁美洲是一个重要的全球区域。“拉丁美洲”一词可以追溯至1865年前后，泛指那些以西班牙语和葡萄牙语为官方语言的西半球国家，以及以法语为官方语言的海地。这个名词逐渐被接受，在19世纪末得到广泛使用，使它所指代的区域区别于盎格鲁美洲（Anglo America）或北美洲。② 拉美国家位于中南部美洲大陆及其附近岛屿，所在地理空间具有相对独立性；脱胎于欧洲殖民统治，在历史、语言和文化方面存在诸多共性；有着相似的发展历程，都处于发展中国家行列，面对相近的发展挑战；既有相互合作，也有战争冲突，形成密集频繁的互动。第二次世界大战之后，新兴的加勒比地区被划入拉美。“拉美和加勒比国家”成为联合国划定的全球五大国家群体之一，也是世界银行划定的全球六大区域之一。国际货币基金组织在分析全球经济时，在“新兴市场和发展中经济体”之中列出“拉美和加勒比地区”，进行专门论述。

委内瑞拉是一个典型的拉美国家。19世纪初，西属美洲殖民地独立战争在这里首先爆发。在“解放者”西蒙·玻利瓦尔（Simón Bolívar）的领导下，委内瑞拉成为最早宣告独立的西班牙美洲殖民地之一。就国土面积而言，该国拥有91.6万平方千米国土，在拉美和加勒比33国之中位居第7（仅次于巴西、阿根廷、墨西哥、秘鲁、哥伦比亚和玻利维亚）；③ 就人口规模而言，该国拥有2870万人，为该地区第六人口大国（仅次于巴西、墨西哥、哥伦比亚、阿根廷和秘鲁）；④ 就经济规模而言，该国国内生产总值达到1354.2亿美元（2018年），为该地区第七大经济体（仅次于巴西、墨西

---

① Louise Fawcett, “Regionalism from an Historical Perspective”, in Björn Hettne, Luk Van Langenhove, and Mary Farrell (eds.), *Global Politics of Regionalism - Theory and Practice*, London: Pluto Press, 2005, p. 24.

② Marie D. Price and Catherine W. Cooper, “Competing Visions, Shifting Boundaries: The Construction of Latin America as a World Region”, *Journal of Geography*, Vol. 106, No. 3, 2007, pp. 113-122.

③ 中国外交部网站，https://www.mfa.gov.cn/。

④ CEPALSTAT, “Statistical Yearbook for Latin America and the Caribbean 2021”, 2021, https://statistics.cepal.org/yearbook/2021/statistics.html?lang=en&theme=social.

哥、阿根廷、哥伦比亚、智利和秘鲁)。[①] 其人均国内生产总值同样位居地区各国的中游水平。

委内瑞拉的发展经验在拉美和加勒比地区乃至发展中世界具有典型性。其主要表现为以下几点。

第一，委内瑞拉是一个脱胎于西方殖民统治的第三世界国家，长期面临效仿西方道路与实现自主发展之间的冲突与撕裂。

自独立伊始，委内瑞拉就面临现实状况与政治体制之间的脱节与矛盾。当时，该国与许多其他拉美国家一样，都效仿那些进行革命的国家或通过革命取得独立的国家（例如英国、美国、法国和荷兰），选择建立现代政体国家。[②] 它们建立共和体制，引入宪法和代议制政府。然而，新政权无法获得昔日殖民政权享有的合法性，在独立之初的几十年间爆发无数的剧烈冲突。一种记述认为，委内瑞拉在 1830 年至 1903 年出现 39 场全国革命，爆发 127 次起义。[③] 至 19 世纪末 20 世纪初，该国的整体形势才趋于稳定。

随着石油国有化在 1976 年实现，委内瑞拉国民的乐观情绪达到前所未有的程度。在许多委内瑞拉人看来，自己的国家可以依靠石油收入迈入发达国家的行列。与此同时，该国精英阶层成员以本国效仿西方国家建立的政治体制为傲，不愿意接受拉美国家、第三世界国家的身份定位。[④] 然而，20 世纪 80 年代以来的种种挫折使该国在经济增长、政治稳定和社会发展方面存在的一系列根深蒂固的问题完全暴露出来，寻找一条符合自身状况的发展道路仍然是该国面临的长期任务。

第二，委内瑞拉是典型的石油国家，其政治社会发展状况深受石油因素

① ECLAC, “Statistical Yearbook for Latin America and the Caribbean 2019”, 2020, https://repositorio.cepal.org/bitstream/handle/11362/45353/4/S1900583_mu.pdf.

② Miguel A. Centeno and Agustin E. Ferraro, “Republics of the Possible: State Building in Latin America and Spain”, in Miguel A. Centeno and Agustin E. Ferraro (eds.), *State Building in Latin America and Spain: Republics of the Possible*, New York: Cambridge University Press, 2013, p. 3.

③ Manuel Caballero, *Gómez, el Tirano Liberal*, Caracas: Alfadil Ediciones, 2003, p. 36.

④ Steve Ellner and Miguel Tinker Salas, “The Venezuelan Exceptionalism Thesis: Separating Myth from Reality”, *Latin American Perspectives*, Vol. 32, No. 2, March 2005, pp. 5-19.

的影响，如何摆脱石油约束成为它亟待解决的艰巨重任。

委内瑞拉在20世纪初崛起为世界石油生产和出口中心。在石油收入的推动之下，该国经济实现持续而快速的增长。石油不仅触发经济的长期性、结构性变化，还破坏了既有的社会-政治结构。[①] 石油收入强化了中央集权，地方政府再也无力挑战中央的权威；石油繁荣使该国形成大规模内部人口迁徙，助推城市化进程，重塑了阶级构成；伴随城市化的推进和阶级结构的变动，新的社会集团和政治行为体开始崛起，并改变了国家的政治面貌；石油强化了大众对国家的认同，各派政治力量积极参与讨论如何公平有效地分配石油收入。[②]

对石油的依赖一旦形成，委内瑞拉就不断遭受国际市场波动带来的冲击，经济的大起大落成为常态。石油使该国从一个“考迪罗的无政府状态转向一种外围依附的状态”。[③] 该国从高度依赖可可，到高度依赖咖啡，再到高度依赖石油，始终没有摆脱单一经济的基本格局。[④]

相较于其他拉美国家，委内瑞拉一度因其政治经济发展成就和不同的发展节奏而被视为地区发展进程的“特例”，引发研究者的强烈兴趣。

委内瑞拉的独特性在很大程度上来自石油。[⑤] 源源不断的巨量石油收入使它获得充裕的资源，从而成为委内瑞拉实现转型和现代化的主要推手。[⑥] 1900年以来，没有哪个拉美国家像委内瑞拉一样经历如此整体性的转变。[⑦] 在石油获得大规模商业开发之前，委内瑞拉是最贫困、最缺少经济活力的拉

---

① Terry Lynn Karl, “Petroleum and Political Pacts: The Transition to Democracy in Venezuela”, *Latin American Research Review*, Vol. 22, No. 1, 1987, pp. 63-94.

② Judith Ewell, *Venezuela: A Century of Change*, Stanford: Stanford University Press, 1984, p. 1.

③ Richard S. Hillman, *Democracy for the Privileged: Crisis and Transition in Venezuela*, Boulder: Lynne Rienner Publishers, 1994, p. 34.

④ Benjamin Keen and Keith Haynes, *A History of Latin America* (8th Edition), Boston: Houghton Mifflin Harcourt Publishing Company, 2009, p. 481.

⑤ Iselin Åsedotter Strønen, *Grassroots Politics and Oil Culture in Venezuela: The Revolutionary Petro-State*, Cham: Palgrave Macmillan, 2017, p. 6.

⑥ Edgardo Lander, “Urban Social Movements, Civil Society and New Forms of Citizenship in Venezuela”, *International Review of Sociology*, Vol. 6, No. 1, 1996, pp. 51-65.

⑦ Judith Ewell, *Venezuela: A Century of Change*, Stanford: Stanford University Press, 1984, p. 1.

美国家之一。[①] 在石油收入的推动下，该国一度在20世纪70年代跻身当时世界上最富有20个国家行列。[②] 在1958年之前，该国是民主化水平最低的拉美国家之一；在1958年之后，该国因其民主体制的高制度化水平和稳定运转而被视为拉美的“民主橱窗”。20世纪60年代，军事政变浪潮席卷拉美，该国却能够保持民主体制的稳定运转；一些拉美国家备受游击战的困扰，该国却能够享受和平与繁荣。在一些研究者看来，该国的民主体制是稳定的、独特的，也是优于其他拉美国家的，甚至可以在一些方面与欧洲国家相媲美。[③]

短期的强势表现未能改变委内瑞拉的长期趋势。20世纪80年代以来的种种情况都表明，该国不能继续沿着原有道路走下去。石油收入难以继续保持已有水平，剧烈外部市场冲击所导致的破坏性是依赖石油收入的委内瑞拉无法长期承受的。原来那种认为该国能够像发达国家一样化解冲突、保持稳定的论断无法站得住脚。[④]

也正是从80年代以来，委内瑞拉开始经历一场深刻而长期的转型。在经济领域，这个国家迫切需要降低对石油的依赖和拓宽经济基础，迈向一种生产型的经济。在社会领域，该国需要实现更高程度的融入，使下层民众能够充分享有石油财富以及由此带来的发展成果。在政治领域，该国面临的时代重任是打破精英政治，冲破旧政治集团对权力的垄断，使大众实现充分的政治参与。就社会心理而言，该国国民须逐渐摆脱伴随石油收入到来而出现的“应得权益文化”。[⑤] 正是在这一背景下，委内瑞拉最终转向非传统政治

---

① Jonathan Di John, *From Windfall to Curse? Oil and Industrialization in Venezuela, 1920 to the Present*, University Park: The Pennsylvania State University, 2009, p. 21.

② Ricardo Hausmann and Francisco Rodríguez, "Introduction", in Ricardo Hausmann and Francisco Rodríguez (eds.), *Venezuela before Chávez: Anatomy of an Economic Collapse*, University Park: The Pennsylvania State University, 2014, p. 1.

③ Daniel H. Levine, *Conflict and Political Change in Venezuela*, Princeton: Princeton University Press, 1973, p. 3.

④ Steve Ellner and Miguel Tinker Salas, "The Venezuelan Exceptionalism Thesis: Separating Myth from Reality", in Steve Ellner and Miguel Tinker Salas (eds.), *Venezuela: Hugo Chávez and the Decline of an "Exceptional Democracy"*, Lanham: Rowman & Littlefield Publishers, 2007, p. 8.

⑤ Lawrence E. Harrison, *The Central Liberal Truth: How Politics Can Change a Culture and Save It from Itself*, New York: Oxford University Press, 2006, p. 149.

力量寻找替代发展道路。

总体而言，世界范围内有关委内瑞拉的公开研究成果数量相对较少，且分布不均衡。尽管拉美学界和欧洲学界业已推出众多有关该国的研究成果，但有关该国的国际研究由美国主导，各方非常依赖那些在美国发表的学术成果。[①] 美国学者对于委内瑞拉的研究成果往往抱有预设的想法，其内容常常是成见之论。[②] 例如，吹捧委内瑞拉蓬托菲霍时期发展成就的“委内瑞拉例外论”（Venezuelan exceptionalism）[③] 在很大程度上是“由那些利己主义（委内瑞拉）政治人物和外国（主要是美国）学者和‘顾问’共同编造出来的”。[④] 史蒂夫·埃尔讷（Steve Ellner）同样指出：（美国的）政治学者以及许多靠近华盛顿权力圈子的人物给出了“委内瑞拉例外论”，给委内瑞拉贴上“模范民主体制”的标签。[⑤] 因此，要想客观理解委内瑞拉发展进程的成败得失，要想深入探究制约委内瑞拉发展进程的内外因素，乃至深入把握拉美的发展动力和前景，还需要来自更多国家的学者开展更加广泛和多样性的研究。

## 二　研究思路和主要章节

本书尝试通过结合三类因素——结构性因素（国家能力和资源禀赋）、制度性因素（代议制民主体制）和社会文化心理因素（食利心理）——展开分析，梳理委内瑞拉的历史演变脉络，整体呈现该国在政治、经济和社会心理方面的主要特征，重点分析该国在乌戈·拉斐尔·查

① Michael Derham, “Introduction”, *Bulletin of Latin American Research*, Vol. 21, No. 2, 2002, pp. 191-198.

② Michael Derham, “Review: Michael McCaughan, The Battle of Venezuela, London, Latin American Bureau, 2004, ix + 166 pp”, *Journal of Iberian and Latin American Research*, Vol. 11, Issue 1, 2005, pp. 153-159.

③ Steve Ellner and Miguel Tinker Salas, “The Venezuelan Exceptionalism Thesis: Separating Myth from Reality”, *Latin American Perspectives*, Vol. 32, No. 2, March 2005, pp. 5-19.

④ Michael Derham, *Politics in Venezuela: Explaining Hugo Chávez*, Oxford: Peter Long AG, 2010, p. 271.

⑤ Steve Ellner, *Rethinking Venezuelan Politics: Class, Conflict, and the Chávez Phenomenon*, Boulder: Lynne Rienner Publishers, 2008, p. 2.

韦斯·弗里亚斯（Hugo Rafael Chávez Frías）执政时期的政治实践，并展望其发展前景。

本书主要从以下四个维度，即历史进程、资源禀赋、政治制度选择和当前政治实践展开分析。

在历史进程方面，本书重点关注委内瑞拉作为现代国家是如何形成和建构的，主要运用国家形成和国家建构的相关理论，注重吸收有关拉美国家能力研究的最新成果。相关内容主要集中在本书的第一章“委内瑞拉：共和国的初生”。

在研究者看来，要想理解拉美国家在当下面临的政治困局，就要把分析回溯至 19 世纪。[①] 这些国家在独立之初围绕国家发展做出的诸多选择和由此带来的结果对它们后来的发展产生深远影响。

对国家发展的分析可以分解为国家形成和国家建构。国家形成的两大途径分别为战争催化和贸易催化。[②] 独立之初的委内瑞拉走上一条贸易催化型国家形成道路。在这种国家形成过程中，国际贸易机遇是国家缔造者主要考虑的问题。他们的主要目标是创造较为有利的商业环境，以便扩大出口。政治存续依赖于国家能否产生出口导向型经济增长，国际贸易带来的关税是政府财政收入的关键来源。[③]

相关研究显示，委内瑞拉和许多其他拉美国家的建立更多表现为国家形成而非国家建构。[④] 对这些国家而言，国家能力发展所面临的障碍源于中央政府缔造者和地方实力派之间讨价还价；地方实力派没有在国家形成过程中被

---

① Miguel A. Centeno and Agustin E. Ferraro, “Republics of the Possible: State Building in Latin America and Spain”, in Miguel A. Centeno and Agustin E. Ferraro (eds.), *State Building in Latin America and Spain: Republics of the Possible*, New York: Cambridge University Press, 2013, p. 7.

② Sebastián Mazzuca, *Latecomer State Formation: Political Geography and Capacity Failure in Latin America*, New Haven: Yale University Press, 2021, p. 19.

③ Sebastián Mazzuca, *Latecomer State Formation: Political Geography and Capacity Failure in Latin America*, New Haven: Yale University Press, 2021, pp. 6-7.

④ Sebastián Mazzuca, *Latecomer State Formation: Political Geography and Capacity Failure in Latin America*, New Haven: Yale University Press, 2021, p. 2.

清除，反而获得可以巩固其地位的权力。① 拉美的情况不同于西欧，国家形成没有成为国家建构的先声，也就是马克斯·韦伯（Max Weber）所说的从世袭统治到官僚管理的转变。拉美国家长期存在国家建构赤字，其表现就是这些国家的政府既缺乏提供公共产品的能力，也缺少此类意愿。② 因此，拉美国家从一开始就是弱国家形态。③

在资源禀赋方面，石油生产国地位对委内瑞拉的发展进程产生强烈而深远的影响。本书主要依据食利国家（rentier state）理论，引入矿业国家、石油化、分配型国家等概念，重点分析石油和石油收入在委内瑞拉引发的政治、社会和心理影响，尤其是探究这些因素对国家发展的制约作用。相关内容主要集中在本书的第二章“石油和现代委内瑞拉”。

石油在委内瑞拉触发经济的长期性、结构性变化，进而破坏了既有的社会-政治结构。④ 委内瑞拉在 20 世纪初崛起为世界主要石油生产国和出口国。委内瑞拉在石油开发的带动下，形成长时间的结构性经济社会转型，也就是“石油化”（petrolization）。⑤

委内瑞拉的经济增长受到石油收入的极大推动，而非源于工农业的蓬勃发展——石油削弱了非石油部门，培育了新的社会阶层与利益集团（其命运与石油收入的分配紧密关联）。与石油相关的利益集团出现并掌握权力；石油相关的经济部门与国家形成紧密关联，不利于政治的多元化；石油经济的吸引力抑制其他经济部门的发展，破坏了曾经是国家经济支柱的农业。⑥

---

① Sebastián Mazzuca, *Latecomer State Formation: Political Geography and Capacity Failure in Latin America*, New Haven: Yale University Press, 2021, p. 2.

② Sebastián Mazzuca, *Latecomer State Formation: Political Geography and Capacity Failure in Latin America*, New Haven: Yale University Press, 2021, p. 393.

③ Gerardo L. Munck and Juan Pablo Luna, *Latin American Politics and Society: A Comparative and Historical Analysis*, Cambridge: University Printing House, 2022, p. 38.

④ Terry Lynn Karl, “Petroleum and Political Pacts: The Transition to Democracy in Venezuela”, *Latin American Research Review*, Vol. 22, No. 1, 1987, pp. 63–94.

⑤ Terry Lynn Karl, *The Paradox of Plenty: Oil Booms and Petro States*, Berkeley: The University of California Press, 1997, p. 80.

⑥ Iselin Åsedotter Strønen, *Grassroots Politics and Oil Culture in Venezuela: The Revolutionary Petro-State*, Cham: Palgrave Macmillan, 2017, p. 43.

石油的开发为委内瑞拉带来有关国家干预的持久政治共识。因此，越来越多的人开始支持扩大政府职能，国家主义的发展理念逐渐确立，以往那种最小政府的理念日益式微。[①]

委内瑞拉的一个关键史实：现代国家的构建和石油依赖同步进行、相互重合。[②] 石油业在委内瑞拉兴起时，生产和出口石油的需求塑造了国家的政治体制、经济的演变、新社会阶层的崛起和政权类型的演变方向。在石油业兴起之后，委内瑞拉的每一个重大发展都受制于脆弱的国内政治经济和强大的外部经济力量。影响委内瑞拉国家建构的非石油因素很快让位于石油，石油成为委内瑞拉国运的基础。[③]

在委内瑞拉这样的石油国家，政府的基本作用是汲取、管理和分配石油收入。在这一过程中出现了三大问题。第一，政府的职能增加了，但政府管理机制的能力没有得到相应的增强，尤其是为其民众找到替代性的收入来源的能力；第二，委内瑞拉也没有认真讨论把公共资源用于私营部门的标准；第三，没有讨论如何利用石油补贴提高其他生产部门的生产率，最终实现可持续的发展。[④]

在政治制度选择方面，本书重点分析委内瑞拉的民主转型和蓬托菲霍体制（Puntofijismo）的运转状况。在这一过程中，本书以精英合作和精英协议为核心概念，以两大政党（民主行动党和基督教社会党）为主要分析对象，辨析蓬托菲霍体制的积极作用和局限性，从而阐明国家建构与民主化之间的作用差别。相关内容主要集中在本书的第三章“蓬托菲霍时期：光荣与迷途”。

第二波民主化浪潮在拉美留下的成果是委内瑞拉、哥伦比亚和哥斯达黎

① Terry Lynn Karl, *The Paradox of Plenty: Oil Booms and Petro States*, Berkeley: The University of California Press, 1997, p. 80.

② Terry Lynn Karl, *The Paradox of Plenty: Oil Booms and Petro States*, Berkeley: The University of California Press, 1997, p. 73.

③ Terry Lynn Karl, *The Paradox of Plenty: Oil Booms and Petro States*, Berkeley: The University of California Press, 1997, p. 73.

④ Terry Lynn Karl, *The Paradox of Plenty: Oil Booms and Petro States*, Berkeley: The University of California Press, 1997, p. 85.

加的民主转型和民主巩固。它们的共同做法是达成精英妥协、缔结精英协议，政治不确定性由此得到化解，国家以很小的代价实现向民主体制的转型，民主体制在此后保持稳定运转。[①]

在委内瑞拉，精英妥协表现为主要政党之间的妥协与合作，精英协议是主要政党签订的以《蓬托菲霍协定》为代表的一系列合作协定。这些协定为该国从威权统治转型为民主政治提供了政治保障，为民主体制下的精英竞争设定了“游戏规则”，为经济领域公共部门和私营部门之间划定行为界限，最终使该国形成一套以精英交易与妥协为基础的协议民主体制。有鉴于此，1958 年至 1998 年的委内瑞拉民主体制被称为“蓬托菲霍体制”。

解释蓬托菲霍体制兴衰变化的最重要因素就是政党（也就是民主行动党和基督教社会党）力量的变化。[②] 1958 年以来，该国形成同时期拉美国家之中最制度化的政党体系。两大政党发挥如此重要的作用，以至于分析者把该国政权形态定义为“政党统治”（partyarchy）。[③] 政党统治意味着政党垄断选举进程、控制立法进程和在政治上渗透到各相关组织，实际上导致委内瑞拉形成一种“被冻结”的民主体制。[④] 随着时间拉长，民主体制日益趋向保守，越来越无力对历史遗留问题（例如贫困问题和不平等问题）做出有力的回应。

委内瑞拉的发展经验同样向世人表明，国家建构应当与民主化区分开来。前者应描述为国家政府如何与不同族群背景的群体建立联盟和忠

---

① Jennifer L. McCoy and David J. Myers, “Introduction”, in Jennifer L. McCoy and David J. Myers (eds.), *The Unraveling of Representative Democracy in Venezuela*, Baltimore: The Johns Hopkins University Press, 2004, p. 3.

② Michael Coppedge, “Explaining Democratic Deterioration in Venezuela through Nested Inference”, in Frances Hagopian and Scott P. Mainwaring (eds.), *The Third Wave of Democratization in Latin America: Advances and Setbacks*, Cambridge: Cambridge University Press, 2005, p. 307.

③ Michael Coppedge, “Explaining Democratic Deterioration in Venezuela through Nested Inference”, in Frances Hagopian and Scott P. Mainwaring (eds.), *The Third Wave of Democratization in Latin America: Advances and Setbacks*, Cambridge: Cambridge University Press, 2005, p. 291.

④ Terry Lynn Karl, “Petroleum and Political Pacts: The Transition to Democracy in Venezuela”, *Latin American Research Review*, Vol. 22, No. 1, 1987, pp. 63-94.

诚的关系；后者指的是一个决定公民如何选择其统治者的制度。[①] 民主化不是国家建构的“秘诀”。[②] 在批评者看来，在这些脱胎于殖民地的新兴国家，民主化的进程超过国家建构。民主化或向民主体制转型不是解决长期存在的政治-经济问题（例如严重的贫困问题、严重的暴力问题、猖獗的腐败、悬殊的收入差距、糟糕的公共基础设施）的一劳永逸的“万灵药”。[③]

在当前政治实践方面，本书主要分析关键政治人物——查韦斯及其发起和领导的玻利瓦尔革命（Revolución Bolivariana），以及委内瑞拉构建“21世纪社会主义”（el Socialismo del Siglo XXI）的实践，进而评价该国寻找替代发展道路的成效。相关内容主要集中在本书的第四章“查韦斯与玻利瓦尔革命”和第五章“替代发展道路与‘21 世纪社会主义’”。

查韦斯是在一系列内外因素作用之下进入委内瑞拉政治舞台中心的。该国长期存在这样的利益分化：一部分人是石油财富的受益者，另一部分人被剥夺了从石油受益的天赋权利。[④] 20 世纪 80 年代末，佩雷斯总统在第二次执政（1989~1993）伊始就发起一场激进的经济改革。这场改革意在应对经济困境，却导致精英共识和跨阶层合作的破裂。一方面，城市贫民的经济处境随着经济形势的恶化而恶化；另一方面，他们向政治体制施加影响力的渠道在收窄。他们不得不寻求获得新形式的政治表达途径。[⑤] 在 1989 年启动的政治改革（州长和市长的直选）为新兴政治力量创造政治参与的

① 〔瑞士〕安德烈亚斯·威默：《国家建构——聚合与崩溃》，叶江译，格致出版社、上海人民出版社，2019，第 295 页。

② 〔瑞士〕安德烈亚斯·威默：《国家建构——聚合与崩溃》，叶江译，格致出版社、上海人民出版社，2019，第 295 页。

③ Dan Slater, *Ordering Power: Contentious Politics and Authoritarian Leviathans in Southeast Asia*, New York: Cambridge University Press, 2010, p. 4.

④ Iselin Åsedotter Strønen, *Grassroots Politics and Oil Culture in Venezuela: The Revolutionary Petro-State*, Cham: Palgrave Macmillan, 2017, p. 48.

⑤ Damarys Canache, “Urban Poor and Political Order”, in Jennifer L. McCoy and David J. Myers (eds.), *The Unraveling of Representative Democracy in Venezuela*, Baltimore: The Johns Hopkins University Press, 2004, p. 37.

空间。[①] 委内瑞拉既没有规避新自由主义改革，也没有坚决推进此类改革；改革在反复之中丧失动力，也使政党失去选民的信任和支持。[②] 民众在反传统政党情绪的作用下，开始把希望寄托在新兴政治力量之上。

查韦斯崛起是蓬托菲霍体制解体的产物，而非原因。[③] 他的支持者不仅有穷人和边缘化群体，还包括中等阶层、知识分子、新兴的公民组织和军人。[④] 他不是在领导一个运动或操纵某种情绪，只是在对一个充斥不满情绪的社会环境做出回应而已。他在这个 1958 年就出现的环境中长大成人，最终成为其“掘墓者”。[⑤]

查韦斯在从政伊始就自视为“革命者”，希望重构这个国家的政治、经济和体制基础。[⑥] 他把自己改造国家的事业称为“玻利瓦尔革命”，力图对国家的政治、经济和社会结构进行一次全面调整。[⑦] 2005 年以来，查韦斯趋于激进化，不再满足于追求新自由主义的替代，而是要通过建设“21 世纪

---

① José E. Molina, “The Unraveling of Venezuela's Party System”, in Jennifer L. McCoy and David J. Myers (eds.), *The Unraveling of Representative Democracy in Venezuela*, Baltimore: The Johns Hopkins University Press, 2004, p. 168.

② Javier Corrales, “Venezuela in the 1980s, the 1990s and beyond: Why Citizen-Detached Parties Imperil Economic Governance”, 1999, https://revista.drclas.harvard.edu/book/venezuela-1980s-1990s-and-beyond.

③ José E. Molina, “The Unraveling of Venezuela's Party System”, in Jennifer L. McCoy and David J. Myers (eds.), *The Unraveling of Representative Democracy in Venezuela*, Baltimore: The Johns Hopkins University Press, 2004, p. 169.

④ Javier Corrales, “In Search of a Theory of Polarization: Lessons from Venezuela, 1999-2005”, *European Review of Latin American and Caribbean Studies*, 79, October 2005, http://www.cedla.uva.nl/50_publications/pdf/revista/79RevistaEuropea/79Corrales.pdf.

⑤ Michael Derham, *Undemocratic Democracy: Venezuela and the Distorting of History. Bulletin of Latin American Research*, Vol. 21, No. 2, 2002, pp. 270-289.

⑥ Hugo Chávez and Marta Harnecker, translated by Cheesa Boudin, *Understanding the Venezuelan Revolution: Hugo Chávez Talks to Marta Harnecker*, New York: Monthly Review Press, 2005, p. 12.

⑦ República Bolivariana de Venezuela, “Lineas generales del Plan de Desarrollo Económico y Social de la Nación, 2001-2007”, Septiembre 2001, http://www.mppp.gob.ve/wp-content/uploads/2018/05/Plan-de-la-Naci%C3%B3n-2001-2007.pdf.

社会主义”成就一个反对霸权的事业。① 他的执政使穷人在委内瑞拉社会发挥新的作用，使穷人成为新的意识形态、文化观念和政治改革的推动者。这种巨大的形势改变使委内瑞拉产生严重的政治极化。②

在研究者看来，在1958年爆发的“民主革命”和查韦斯掀起的“玻利瓦尔革命”都是“石油收入排斥”的产物，都起源于对替代性石油政策的追求。无论是在1958年，还是在1998年，石油都是这个国家政治冲突的核心因素。③ 查韦斯执政时期并非与委内瑞拉的漫长历史的断裂，大量延续性因素留了下来，其中包括言论、新宪法、国内石油政策和外交政策。④

第六章“委内瑞拉：挑战与前景”为本书结论部分，也就是在考察委内瑞拉的历史进程、资源禀赋、政治制度选择和查韦斯执政以来政治实践的基础上，分析该国在推进石油经济转型、推动国家建构、探索替代发展道路和破除传统社会心理束缚方面的前景和挑战。

① Steve Ellner，“The Trial（And Errors）of Hugo Chávez”，August 27，2007，https：//inthesetimes. com/article/the-trial-and-errors-of-hugo-chavez.

② Iselin Åsedotter Strønen，*Grassroots Politics and Oil Culture in Venezuela：The Revolutionary Petro-State*，Cham：Palgrave Macmillan，2017，p. 1.

③ Julia Buxton，“National Identity and Political Violence：The Case of Venezuela”，in Will Fowler and Peter Lambert（eds.），*Political Violence and the Construction of National Identity in Latin America*，New York：Palgrave Macmillan，2006，p. 112.

④ Julia Buxton，“Continuity and Change in Venezuela's Bolivarian Revolution”，*Third World Quarterly*，Vol. 41，No. 8，pp. 1371-1387.

# 引　言

委内瑞拉在历史上长期是西班牙帝国的偏远边疆地带。1498 年至 1811 年，这片位于南美洲北缘的土地处于西班牙殖民统治之下。如果说盛产贵金属的秘鲁和墨西哥是西班牙国王王冠上的“宝石”，那么委内瑞拉则是“一片被弃置无用的土地”。[①] 在殖民者看来，当地没什么有价值的矿产资源，也缺少可以供应欧洲市场的农牧商品。在西班牙统治当地的 300 多年间，这里主要作为一个防御前沿发挥作用（如同阿根廷和智利）。

19 世纪初，委内瑞拉成为最早宣告独立的西班牙美洲殖民地之一。1811 年，当地群众宣布这块土地独立。此后，一场艰苦卓绝的独立战争在这片土地上展开。它先是成为大哥伦比亚共和国（la Gran Colombia）的组成部分，后在 1830 年成为一个独立的共和国。在独立战争时期崛起的军事领导人走向政治前台，掌握执政权力。他们既依靠自己掌握的军事力量威慑、打击地方分离势力，又通过发展对外贸易笼络地方实权派。这些做法有效推动了国家形成（state formation），使领土疆域得到巩固。

独立以来，这个年轻共和国经历一轮又一轮治乱循环的考验。先是一位“强人”依靠武力执掌大权，然后在内外压力之下黯然退场；接下来，一群“强人”趁乱而起，争权夺利。一种记述认为，该国在 1830 年至 1903 年出现 39 场全国革命，爆发 127 次起义。[②] 至 19 世纪末 20 世纪初，委内瑞拉的整体形势趋于稳定，但国家建构依然面临巨大的挑战。中央政府的权力依然

① Judith Ewell, *Venezuela: A Century of Change*, Stanford: Stanford University Press, 1984, p. 2.

② Manuel Caballero, *Gómez, el Tirano Liberal*, Caracas: Alfadil Ediciones, 2003, p. 36.

有限，其权威难以向外围地区、向下层社会有效渗透。自由放任思想的流行，微薄的财政收入，都意味着政府难以拿出资金用于改善公共服务。

石油的大规模开采使委内瑞拉在20世纪初迎来前所未有的转机。该国拥有丰富的石油资源，也具有优越的区位和开采条件，对外国石油公司形成巨大的吸引力，从而能够在短时间内崛起为世界石油生产和出口中心。对委内瑞拉而言，石油带来的出口收入超过以往任何一种大宗出口商品。在石油收入的推动之下，该国经济实现持续而快速的增长。至1970年，它已跻身当时世界上最富有20个国家行列，其人均国内生产总值不仅在拉美位居榜首，还超过了西班牙、希腊和以色列。① 就富裕程度而言，此时的委内瑞拉距离发达国家行列并不遥远。

石油的大规模开采不仅在经济领域带来重大改变，还影响到委内瑞拉社会的方方面面。石油收入强化了中央集权，地方政府再也无力挑战中央的权威；石油繁荣使该国形成大规模内部人口迁徙，助推城市化进程，重塑了阶级构成；伴随城市化的推进和阶级结构的变动，新的社会集团和政治行为体开始崛起，并改变了国家的政治面貌；石油强化了大众对国家的认同，各派政治力量积极参与讨论如何公平有效地分配石油收入。简而言之，1900年以来，没有哪个拉美国家像委内瑞拉一样经历如此整体性的转变。②

石油成为委内瑞拉构建现代政治体制的经济基础。20世纪中期，该国成功实现从威权体制到民主体制的转型。在1958年之前，该国是民主化水平最低的拉美国家之一；在1958年之后，该国因其民主体制的高制度化水平和稳定运转而被视为拉美的“民主橱窗”。该国不但建立民主体制，还形成一套支撑民主体制稳定运转的治理体系。这一体系以石油收入为“润滑剂”，以精英和解与精英共识为政治基础，由国家在经济社会事务中发挥主导作用。国家通过主要政党控制的职团网络分配石油收入，能够使各阶层的

① Ricardo Hausmann and Francisco Rodríguez, “Introduction”, in Ricardo Hausmann and Francisco Rodríguez (eds.), *Venezuela before Chávez: Anatomy of an Economic Collapse*, University Park: The Pennsylvania State University, 2014, p. 1.

② Judith Ewell, *Venezuela: A Century of Change*, Stanford: Stanford University Press, 1984, p. 1.

利益诉求得到不同程度的满足，从而达成跨阶级合作。换言之，石油收入使委内瑞拉获得宝贵的经济资源，从而有能力化解政治风险、缓和社会矛盾。20 世纪 60 年代，军事政变浪潮席卷拉美，该国却能够保持民主体制的稳定运转；一些拉美国家备受游击战的困扰，该国却能够享受和平与繁荣。在许多研究者看来，这些表现足以使委内瑞拉成为拉美当代政治之中的“特例”。

石油既促使委内瑞拉走向繁荣和稳定，也带给这个国家巨大的不确定性。该国以一种不均衡方式融入全球地缘政治和全球资本主义市场：之所以融入，是因为石油这种“黑金”对全球资本主义发展至关重要；之所以不均衡，是因为作为一个脱胎于殖民统治的“外围”石油出口国，委内瑞拉政治-经济发展进程与那些不受该国控制的政治-经济力量紧密相连。① 对石油的依赖一旦形成，委内瑞拉就不断遭受国际市场波动带来的冲击，经济的大起大落成为常态。石油使该国从一个“考迪罗的无政府状态转向一种外围依附的状态”。② 该国从高度依赖可可，到高度依赖咖啡，再到高度依赖石油，始终没有摆脱单一经济的基本格局。③

石油繁荣带来“两个委内瑞拉”：一个是有着现代化石油经济的委内瑞拉，是美国的盟友；另一个是迟迟无法解决贫困和不平等问题的委内瑞拉。④ 在这个国家，一部分人受益于石油财富，可以前往欧洲逍遥度假，可以在周末到迈阿密疯狂购物；更多的人处于石油业的阴影之中，其生活境遇在石油繁荣到来多年之后依然没有根本改善。

在很长时间里，“委内瑞拉例外论”的光环笼罩着这个国家。一批学者（尤其是美国学者）认为，该国拥有民主体制、强政党和自由选举，能够控

---

① Iselin Åsedotter Strønen, *Grassroots Politics and Oil Culture in Venezuela: The Revolutionary Petro-State*, Cham: Palgrave Macmillan, 2017, p. 30.

② Richard S. Hillman, *Democracy for the Privileged: Crisis and Transition in Venezuela*, Boulder: Lynne Rienner Publishers, 1994, p. 34.

③ Benjamin Keen and Keith Haynes, *A History of Latin America* (8th Edition), Boston: Houghton Mifflin Harcourt Publishing Company, 2009, p. 481.

④ Miguel Tinker Salas, *Venezuela: What Everyone Needs to Know*, New York: Oxford University Press, 2015, p. 89.

制军队，并以制度化方式化解矛盾。它的民主体制是稳定的、独特的，也是优于其他拉美国家的，堪称发展中国家的榜样。1958 年以来的委内瑞拉民主体制不仅超过许多拉美国家，甚至可以在一些方面与欧洲国家相媲美。[①]随着石油国有化在 1976 年实现，该国国民的乐观主义情绪达到前所未有的程度。当时，该国经济保持高增长，而失业率很低，巨额的产业投资预示着经济的多元化。在许多委内瑞拉人看来，自己的祖国可以依靠石油收入迈入发达国家的行列；认为委内瑞拉不同于其他拉美国家，因为它已经克服了长期折磨该地区国家的经济政治危机。[②]

“委内瑞拉例外论”幻象最终被残酷的现实击破。20 世纪 80 年代，石油价格暴跌使该国出口收入锐减，经济状况急剧恶化。政府被迫在 1983 年 2 月 18 日实施的汇率浮动，导致本币“玻利瓦尔”出现严重贬值。这一状况意味着以石油收入为基础的经济发展模式难以为继。油价的下行、经济的衰退、不断加剧的通胀，都意味着政府无力维持以往扩张性的财政政策，维持精英共识和跨阶级合作的物质基础遭到破坏。另外，国家能力不足的痼疾暴露出来，政府一直规避进行必要的经济调整或结构性改革，整个国家迟迟难以适应伴随石油收入减少而来的新现实。时至 20 世纪 80 年代末，第二届佩雷斯政府在成立之初就发起实施一场重大经济结构改革。这场改革意在削减财政负担、提升经济效率、缓解石油收入下降带来的经济压力，却因为行事不周、牺牲下层民众利益而激化了社会矛盾。20 世纪 90 年代，该国政治稳定的“外衣”被彻底撕裂。两场未遂军事政变在同一年接连爆发，卡洛斯·安德烈斯·佩雷斯（Carlos Andrés Pérez）总统因涉嫌贪腐而被弹劾解职，两大政党逐渐丧失对政局的控制力。

20 世纪 80 年代以来，委内瑞拉经历着一场深刻而长期的转型。在经济领域，委内瑞拉迫切需要降低对石油的依赖和拓宽经济基础，迈向一种非食

---

① Daniel H. Levine, *Conflict and Political Change in Venezuela*, Princeton: Princeton University Press, 1973, p. 3.

② Miriam Kornblith and Daniel H. Levine, "Venezuela: The Life and Times of the Party System", June 1993, http://pdba.georgetown.edu/Parties/Venezuela/Leyes/PartySystem.pdf.

利的、生产型的经济。在社会领域，该国需要实现更高程度的融入，使下层民众能够充分享有石油财富以及由此带来的发展成果。在政治领域，该国面对的时代重任是打破精英政治，冲破旧政治集团对权力的垄断，使大众实现充分的政治参与。

查韦斯崛起之时恰恰是委内瑞拉的政治经济体制丧失活力之际。1998年，他作为政治“局外人”历史性地赢得总统选举，成为拉美左派崛起进程中承上启下、继往开来的事件。他在执政之后发起“玻利瓦尔革命”，寻求以激进方式重构国家政治体制，积极探索具有自主性的发展道路。在“冷战”结束以来的拉美民选总统之中，他是以社会主义定义自身政治事业的第一人，提出建设“21 世纪社会主义”，谋求把本国转变为一个社会主义国家。

查韦斯的执政代表着对委内瑞拉现状的巨大改变，他广泛动员在蓬托菲霍时期受排斥群体，取得一连串耀眼的选举胜利。在他执政后，政治权力、经济权力和文化权力的分配发生巨大的改变，下层民众开始在各领域事务中发挥更加积极和重要的作用，成为新社会理念、文化观念和政治改革的支持者和践行者。这些做法引发民意的严重分化和剧烈的政治对抗。在他执政期间，朝野双方围绕委内瑞拉石油公司（PDVSA）控制权进行激烈争夺，反对派频频策动罢工和停工歇业，查韦斯政府在 2002 年几乎被一场军事政变推翻。拥查派和反查派相互对立、激烈论争，以致该国的国内形势被媒体形容为一场“冷内战”。

21 世纪初，委内瑞拉又一次站在历史发展的拐点。既有秩序的平衡已经被打破，旧模式逐步为新体制让位。查韦斯的执政和他发起的“玻利瓦尔革命”是该国谋求摆脱危机、走出困境的又一次努力。它既取得显著的成就，也遭遇诸多挫折。国家的问题是结构性的，解决问题的办法必然是复杂的，某一政治力量的执政或某一次政党轮替不可能一蹴而就地解决问题。对这个国家而言，对新发展道路的探索将是持续不懈的，也必将带来宝贵的收获。

# 第一章　委内瑞拉：共和国的初生

15 世纪末至 19 世纪初，委内瑞拉经历 300 多年的西班牙殖民统治。在此期间，这片土地长期处于一种边缘状态。当地人口稀少，既没有可供开采的矿产资源，也缺少可以供应欧洲市场的农产品。正是因为如此，这里的西班牙殖民统治力量较为薄弱。19 世纪初，独立运动领袖西蒙·玻利瓦尔领导当地群众发动武装斗争。1811 年 7 月 5 日，委内瑞拉宣布独立，由此成为最早走向独立的西属美洲殖民地之一。

初生的委内瑞拉较为成功地实现国家形成（state formation），何塞·安东尼奥·派斯（José Antonio Páez）对此发挥至关重要的作用。在他的领导下，委内瑞拉在 1830 年脱离大哥伦比亚共和国，成为一个独立的共和国。在他执政期间，地方分离势力受到抑制，国家避免陷入进一步分裂，委内瑞拉都督区（la Capitanía General de Venezuela）的大部分领土基本保持下来。与此同时，派斯大力推动本国对外贸易的发展，尤其是推动出口经济从可可种植向咖啡种植转变，从而使该国走上一条贸易催化型国家形成道路（trade-led state formation）。①

有关国家发展的分析可以分解为国家形成和国家建构（state building）。如果说国家形成是指一种领土被巩固，且这片领土范围之内的胁迫力被垄断的过程；国家建构则指中央政府以越来越有效而公平的方式在国土范围内提

① 参见 Sebastián Mazzuca, *Latecomer State Formation: Political Geography and Capacity Failure in Latin America*, New Haven: Yale University Press, 2021。

供公共产品的能力得到发展。[①] 委内瑞拉和许多其他拉美国家的建立更多表现为国家形成而非国家建构。[②] 以考迪罗为代表的地方实力派没有在国家形成过程中被清除，屡屡挑战中央政府权威，严重破坏国家政治稳定和政令统一。19 世纪中期委内瑞拉陷入长达 5 年的联邦战争（1858～1863）。此后成立的古斯曼·布兰科政府加强了中央政府的权威。地方考迪罗对国家政治生活的影响力下降，但仍然在地方政治中保持巨大的影响力。

至戈麦斯政府时期（1908～1935），委内瑞拉国内政治形势发生根本性的转变。由于石油收入不断增长，中央政府能够实现财政预算盈余，得以偿还外债、修建公路交通体系和扩充政府军，建立和发展一套全国性的管理体制。至此，该国在石油收入的催化下发展成为一个真正意义上的中央集权国家。

## 第一节　从殖民地到国家独立

委内瑞拉位于加勒比海南侧、南美洲北缘，东邻圭亚那，南接巴西，西靠哥伦比亚。1498 年 8 月，正值第 3 次美洲航行的哥伦布（Christopher Columbus）在委内瑞拉东部帕里亚半岛（Paria）登陆。一般认为，这是西方殖民者首次到达委内瑞拉。

在前哥伦布时期，人数很少的印第安部族在委内瑞拉定居。其中，加勒比人（Caribes）和阿拉瓦克人（Arahuacos）主要分布于现今委内瑞拉的中部和东部，奇布查人（Chibchas）主要分布于西部安第斯地区。这些原住民的整体发展水平较低，尚未达到类似玛雅人（Maya）、印卡人（Inca）的文明程度。

1498 年至 1811 年，委内瑞拉处于西班牙的殖民统治之下。1506 年，西班牙殖民者开始在委内瑞拉东部进行拓殖，位于法尔孔（Falcón）州的科罗（Coro）成为他们在当地最早建立的城市。此后，西班牙殖民势力逐步向内陆

---

① Sebastián Mazzuca, *Latecomer State Formation: Political Geography and Capacity Failure in Latin America*, New Haven: Yale University Press, 2021, p. 6.

② Sebastián Mazzuca, *Latecomer State Formation: Political Geography and Capacity Failure in Latin America*, New Haven: Yale University Press, 2021, p. 2.

渗透，控制了这一区域。至18世纪晚期，委内瑞拉成为西属美洲一个相对独立的行政单位。1777年，西班牙设立委内瑞拉都督区，下辖的6个省份分别是马拉开波（Maracaibo）、库马纳（Cumana）、玛格丽塔（Margarita）、特立尼达（Trinidad）、圭亚那（Guayana）和加拉加斯（Caracas）。它们中的大部分成为现代委内瑞拉国家的组成部分。

在西属美洲，委内瑞拉长期处于边缘化的状态。西班牙殖民者最初之所以前往当地拓殖，主要目的是掳掠印第安人，将其用于补充加勒比岛屿的人口或是用于巴拿马地峡的货物运输。在很长时间里，西班牙殖民者没有在这里找到金银矿藏；当地的印第安人口规模很小，不足以支撑大规模的开发活动。因此，委内瑞拉对于西班牙帝国的重要性有限，远不足以与西属美洲的"宝石"——墨西哥和秘鲁——相提并论。

到18世纪末期，委内瑞拉逐渐形成出口型经济。当地的主要出口产品包括可可豆、咖啡、靛蓝、兽皮和矿产品。经济活动呈现显著的地域特征：咖啡生产集中于西部，尤其是安第斯山麓；牧业集中于南部草原和东部平原地区；可可和染料的生产集中于中部山谷。

可可在委内瑞拉早期对外贸易中占据重要地位。当地可可豆的品质得到市场的高度认可，在欧洲和墨西哥销量很大。18世纪初，委内瑞拉在西班牙帝国内部的主要作用是为西属美洲矿业殖民地提供可可。到1750年，这一情况发生改变。西班牙超过墨西哥，成为委内瑞拉的最重要出口市场，而可可在双方贸易中占有最大比重。可可贸易的增长使加拉加斯成为西属美洲最重要的非矿业殖民地之一。

为解决劳动力短缺问题，西班牙殖民者向委内瑞拉引入黑奴。16世纪20年代，西班牙王室允许韦尔泽家族（the Welsers）和其他殖民者使用非洲黑奴。一些学者估计，10万多名非洲黑奴在西班牙殖民统治期间来到委内瑞拉。[①] 黑奴先是从事开矿、种植、采集珍珠、放牧和充当水手，后成为

---

① Miguel Tinker Salas, *Venezuela: What Everyone Needs to Know*, New York: Oxford University Press, 2015, p. 19.

种植和采摘可可豆的主要劳动力。

委内瑞拉在西班牙殖民统治期间成为一个种族融合的大“熔炉”。印第安人、白人和黑人相互融合，产生数量众多的混血人。由于印第安人数量较少而黑人较多，当地的种族融合进程类似于加勒比和巴西（而非墨西哥或秘鲁）。以 19 世纪初的加拉加斯省为例，当地人口大致可以划分为 4 个种族类型：白人、具有自由人身份的混血人（往往有黑人血统）（castas/pardos）、黑奴和印第安人。其中，白人占当地总人口的比重约为 26%，混血人占比为 46%，黑奴占比为 15%，印第安人占比为 13%。[①]

殖民地时期的委内瑞拉是一个建立在种族差异之上的等级社会。以西班牙人为主体的欧洲殖民者依靠武力征服而享有政治经济的主导权。他们的人数虽少，但他们的文化、价值观和行为规范却构成社会的主流。在各个群体之中，来自西班牙本土的半岛人（Peninsulares）占据等级结构的最顶端。他们只有很小的数量，却控制最高行政权力，也是当地最有势力的商人。土生白人（criollos）拥有土地，主要依靠黑奴进行生产。他们竭力强调其血统的纯正，以确保自身的优势社会地位。一批土生白人家族借助血缘、联姻、商业合作等逐步崛起，能够在地方事务中发挥重要作用。

在殖民地时期，混血人是规模最大的族群，但饱受各种歧视。他们被禁止穿着那些有可能提高他们社会地位的服饰；不得与白人结婚；不得进入教堂和大学；不得在法律部门从业。他们通常成为手工艺人，担任种植园监工，或是在大庄园打零工；可以进入军队服役，但只能充当士兵或担任下级军官。他们之中的许多人实际上没有固定职业，过着贫困潦倒的生活。西班牙王室在 1795 年颁布法令，允许混血人享有更高的社会地位，可以在一些重要岗位任职。土生白人对此感到不满，担心那些受过教育的混血人可能抢走原本属于他们的特权。种族之间的紧张关系成为独立战争以及独立之后众多武装冲突的重要诱因。

① P. Michael McKinley, *Pre-Revolutionary Caracas: Politics, Economy, and Society 1777-1811*, Cambridge: Cambridge University Press, 1985, p. 10.

到 18 世纪末，委内瑞拉的局势趋于动荡，不满现状的群体开展越来越多的反抗行动。土生白人不满西班牙政府把他们排除在殖民地政府高级职位和经济事务决策层之外，强烈反对西班牙王室授权一家巴斯克企业垄断可可贸易的决定，拒不同意混血人或黑人自由民享有平等的社会权利。1797 年，曼努埃尔·瓜尔（Manuel Gual）等土生白人发动起义，希望推翻西班牙统治。与此同时，奴隶们坚决反对奴隶主（主要是土生白人）的暴虐行径，甚至展开武装斗争。1795 年，法尔孔州的黑奴发动起义，宣布有色人种获得自由；何塞·莱昂纳多·奇里诺斯（José Leonardo Chirinos）等人领导印第安人发动起义，要求废除奴隶制、停止上缴贡赋和脱离西班牙统治。由于这些武装反抗行动的规模并不大，西班牙军队的镇压行动通常能够取得成功。

海地革命的成功加速委内瑞拉局势的演化。这场革命使土生白人出现显著的分化，其中一部分人主张实现自治，甚至是独立，其代表人物是弗朗西斯科·米兰达（Francisco Miranda）。他曾参加法国大革命，强烈反对西班牙殖民统治。1806 年 4 月和 8 月，他两度发动起义，都以失败告终。米兰达的失败表明，当地人对这块土地前途命运的看法仍然存在巨大的分歧。许多土生白人希望获得更大的政治权力，却害怕革命带来的社会震荡，不愿意与混血人或其他有色人种分享权力，尤其担心在海地出现的针对白人的种族攻击在本地重演。

在一系列内外因素的作用之下，独立运动的力量日益增强，委内瑞拉成为最早爆发独立战争的西属殖民地之一。18 世纪末 19 世纪初，西班牙受到来自欧洲两大强国——英国和法国——的挤压，国力受到严重削弱。1808 年，法国军队入侵西班牙，迫使国王斐迪南七世（Ferdinand Ⅶ）退位。在这一背景下，西班牙殖民统治的链条首先在西属美洲的外围地带（例如加拉加斯、布宜诺斯艾利斯和圣地亚哥）出现断裂。1810 年 4 月 19 日，加拉加斯市政府公开拒绝当地西班牙驻军司令行使其职权，迫使他和部下离开委内瑞拉。此后，独立派成功说服大多数省份派出代表，前往加拉加斯参加独立大会。独立大会在 1811 年 7 月 5 日举行，与会者在当天宣布委内瑞拉独立。

相较于美国独立战争，西属美洲独立战争没有共同的方向或统一的战略，没有各地区的协调行动，也没有强大的群众基础。[①] 在委内瑞拉，不同的社会群体对独立战争有着不同的想法。一方面，土生白人渴望摆脱西班牙殖民统治，使其政治经济特权最大化；另一方面，他们是统治集团的成员，担心处于被压迫地位的印第安人、黑人和混血人起来反抗，一心想把他们的斗争行动限制在最低程度。作为社会下层主体的混血人渴望借助独立战争打破既有的社会结构，实现种族地位和社会经济权利平等。

由于独立运动面临重重阻力，土生白人开始向混血人做出让步，以便扩大独立运动的社会基础。混血人领袖胡安·赫尔曼·罗西奥（Juan Germán Roscio）和何塞·费利克斯·里瓦斯（José Félix Ribas）进入独立运动领导层，参与各项讨论，帮助起草独立宣言。在独立大会代表们讨论过程中，土生白人不愿意放弃政治经济特权，无意废除奴隶制或压迫印第安人的供赋制度。尖锐的种族裂痕没有得到消弭，各方对独立进程带来的结果都不满意。

由于各派政治力量自行其是，委内瑞拉独立战争在爆发初期看起来更像是不同社会阶层/种族集团之间的内战，而非一场殖民地人民与西班牙统治者之间的战争。[②] 这场内战的一方是加拉加斯的土地和商业精英，另一方是南部草原牧民（llaneros）。何塞·托马斯·博韦斯（José Tomas Boves）负责指挥西班牙军队收复委内瑞拉。他敏锐捕捉到当地各种族群体之间的矛盾，于是竭力争取混血人，尤其是草原牧民的支持，使其成为殖民军的兵源。在西班牙军队的凌厉攻势下，独立运动在 1812 年宣告失败。

第二波独立战争（1813～1814）很快也告失败。当时，独立运动领袖西蒙·玻利瓦尔和东部起义军的指挥者圣地亚哥·马里尼奥（Santiago Mariño）之间产生尖锐的矛盾，导致起义军实力受到削弱。1814 年末，兵败之后的玻利瓦尔先是前往牙买加避难，后赴海地流亡。

独立战争在 1816 年再度燃起战火。同年 5 月，玻利瓦尔在海地的支持

---

① Benjamin Keen and Keith Haynes, *A History of Latin America* (8th Edition), Boston: Houghton Mifflin Harcourt Publishing Company, 2009, p. 162.

② Miguel Tinker Salas, *Venezuela: What Everyone Needs to Know*, New York: Oxford University Press, 2015, p. 27.

下，率军在委内瑞拉东部登陆。此时，越来越多的土生白人倾向于向混血人和黑人做出让步（例如承诺解放奴隶），以便扩大独立运动的社会基础。在派斯崛起为草原牧民的公认领袖之后，这个群体开始站到独立者一方。

玻利瓦尔在长期战斗中崛起为众望所归的独立运动领导者。他先是率军在委内瑞拉与西班牙殖民军进行艰苦鏖战，继而挥师西进，远征哥伦比亚，取得博亚卡（Boyacá）战役的胜利。1819 年 8 月，他率军进入波哥大。在稍事休整之后，他率领起义军主力回师委内瑞拉。1821 年，起义军赢得卡拉沃沃（Carabobo）战役的胜利，使南美洲北部的西班牙殖民军主力遭到毁灭性打击。此战之后，玻利瓦尔留下派斯驻守委内瑞拉，自己率军南下厄瓜多尔和秘鲁。1823 年，起义者在马拉开波湖畔取得又一场大捷。至此，西班牙殖民军再也无力威胁委内瑞拉的独立进程。

玻利瓦尔的许多部将成为对委内瑞拉历史产生重大影响的人物。他们包括派斯、曼努埃尔·皮阿尔（Manuel Piar）、何塞·塔德奥·莫纳加斯（José Tadeo Monagas）、拉斐尔·乌达内塔（Rafael Urdaneta）和安东尼奥·何塞·苏克雷（Antonio José Sucre）。在独立之后的国家政治生活中，派斯、塔德奥·莫纳加斯等人依靠自己掌控的军队和大量追随者持续发挥作用。

种族冲突的阴影始终笼罩着独立战争。土生白人担心被动员起来的混血人、黑奴和印第安人可能使这场独立战争演变为一场类似海地的种族革命，因而竭力抑制这些群体。曼努埃尔·皮阿尔有黑人血统，积极为混血人争取政治-社会权利。1817 年，他突然被捕，并被判处死刑。皮阿尔之死引发长久而巨大的争议。支持者认为玻利瓦尔批准处死皮阿尔的做法阻止了独立运动的分裂、捍卫了他的领导地位；在批评者看来，这是独立运动在种族问题上留下的污点。①

委内瑞拉独立战争是持续时间最长、最血腥的拉美独立战争之一。委内瑞拉为这场战争付出沉重的代价，人口出现大幅下降（见表 1-1），经济受

① Miguel Tinker Salas, *Venezuela: What Everyone Needs to Know*, New York: Oxford University Press, 2015, p. 29.

到严重的破坏。然而，新国家在很大程度上延续既有的社会结构和等级秩序。换言之，独立战争切断了这块土地和西班牙之间的联系，但没有带来一场足以改变既有阶级关系或推动财富再分配的社会革命。①

**表 1-1　独立之前和独立之后的拉美人口**

单位：人

| 国家 | 1788 年 | 1810 年 | 1823 年 |
|---|---|---|---|
| 新西班牙 | 590 万 | 700 万 | 680 万 |
| 危地马拉 | 120 万 | — | 160 万 |
| 古巴和波多黎各 | 60 万 | — | 80 万 |
| 委内瑞拉 | 90 万 | 95 万 | 79 万 |
| 新格拉纳达 | 180 万 | 200 万 | 200 万 |
| 秘鲁 | 170 万 | 205 万 | 140 万 |
| 智利 | — | — | 110 万 |
| 拉普拉塔 | 110 万 | 235 万 | 230 万 |
| 巴西 | 190 万 | 330 万 | 400 万 |
| 总计 | 1510 万 | 1765 万 | 2079 万 |

资料来源：Victor Bulmer-Thomas，*The Economic History of Latin America since Independence*（Second Edition），Cambridge：Cambridge University Press，2003，p. 21。

## 第二节　国家的形成

随着 19 世纪初独立战争频传捷报，众多西属美洲殖民地相继取得独立。接下来，它们面临的最紧迫问题是如何巩固领土、保持统一。这个过程被称为"国家形成"，也就是一块领土被巩固和这片领土范围内强制力被垄断的过程。②

① Miguel Tinker Salas，*Venezuela：What Everyone Needs to Know*，New York：Oxford University Press，2015，p. 39.

② Sebastián Mazzuca，*Latecomer State Formation：Political Geography and Capacity Failure in Latin America*，New Haven：Yale University Press，2021，p. 6.

在西属美洲殖民地独立之初，一些新兴国家未能在推进国家形成方面取得成功。1830 年，大哥伦比亚共和国（la Gran Colombia）解体为委内瑞拉、新格拉纳达（包含现在的哥伦比亚和巴拿马）和厄瓜多尔。西属中美洲在独立之初成为墨西哥帝国的组成部分，后在 1823 年成立中美洲联邦（la República Federal de Centroamérica）。联邦在 1839 年解体，5 个中美洲国家（萨尔瓦多、哥斯达黎加、洪都拉斯、尼加拉瓜和危地马拉）由此独立。秘鲁-玻利维亚邦联（la Confederación Perú-Boliviana）在 1836 年成立，后在 1839 年宣告解体。

大哥伦比亚共和国的解体是国家形成未能成功的典型案例。这个国家的产生与西蒙·玻利瓦尔的构想直接相关。在他看来，西属美洲各殖民地在独立之后应当走向联合，唯有如此才能抗衡西班牙，捍卫独立。事实上，他还畅想构建一个囊括整个拉美的“大祖国”，从而能够在欧洲霸权主导的世界中找到发展空间。他一生戎马倥偬、四处征战，最终推动原新格拉纳达总督区（El Virreinato de Nueva Granada）的各片领土在独立之后合并为一个国家。

大哥伦比亚共和国肇始于安戈斯图拉国会。它在 1819 年正式成立，其名称源于举办会议的城市安戈斯图拉（Angostura），也就是今日的委内瑞拉玻利瓦尔（Ciudad Bolívar）城。它做出的最重大决议是宣布成立哥伦比亚共和国（后世通常将其称为“大哥伦比亚共和国”，以区别于现在的哥伦比亚共和国）。

1821 年，在独立战争捷报频传之际，独立运动的代表们齐聚库库塔（Cúcuta），成立国会。根据库库塔国会制定的 1821 年宪法，波哥大被确定为大哥伦比亚共和国的首都，玻利瓦尔和桑坦德（Francisco de Paula Santander）分别当选总统和副总统。

大哥伦比亚共和国是脱胎于西属美洲殖民地各国之中最有影响力者。之所以如此，首先是因为它有着广阔的国土，基本囊括新格拉纳达总督区的所有领土。其次，它有着极具地缘战略意义的区位，处于连接南北美洲、沟通太平洋和大西洋的地理“十字路口”，有望在未来的美洲内部和对外贸易中发挥枢纽作用。最后，它拥有巨大的国际影响力。当地的独立斗争是西属美洲殖民地独立斗争中持续时间最长、付出最惨重代价的部分，其缔造者玻利瓦尔是西属美洲公认的独立运动领袖，该国在独立之后继续处于抗击西班牙殖民统治残余力量的最前沿。有鉴于此，美国在 1822 年就与它建立了正式外交关系。

大哥伦比亚共和国的内在脆弱性在建国之后迅速暴露出来。巨大的安第斯山脉纵贯该国所处的南美洲北部地区，当地的陆路交通条件极为恶劣。在西班牙殖民统治时期，新格拉纳达总督区内部各大区域缺少经济、社会和文化联系。以波哥大、基多和加拉加斯为中心的三大区域有着不同的生活方式、社会传统和政治组织模式。玻利瓦尔本人曾形象地解释三者的差别：波哥大是一所大学，基多是一座修道院，加拉加斯则是一处军营。[①] 对西班牙王室的效忠一旦被打破，这片广袤土地很难在短期内形成替代性的政治权威。在独立战争期间，各派政治力量共同致力于反抗西班牙，尚能团结起来；随着战争结束，地方分离情绪开始发酵，地方政治领袖无意把通过战争赢得的权力让渡给远在波哥大的中央政府。在政治权力分配过程中，委内瑞拉和厄瓜多尔都认为自己没有在中央政府获得足够的代表权。在关税政策上，中央政府决定实行低关税，主要生产和出口农产品的委内瑞拉能够从中受益，而厄瓜多尔棉纺织业势必受到冲击。在废除奴隶制问题上，委内瑞拉奴隶主是顽固的反对派，对支持废奴的中央政府强烈不满。

派斯成为委内瑞拉走向独立的关键人物。他在独立战争期间屡立战功，尤其是为起义军赢得卡拉沃沃战役发挥关键作用。1821 年，委内瑞拉境内的军事行动基本结束。玻利瓦尔委托他留守当地，自己南下厄瓜多尔和秘鲁前线。他凭借军功占有大片土地，拥有众多的追随者。19 世纪 20 年代，他利用留守委内瑞拉的机会，竭力扩张个人势力。他在主政过程中逐渐接受了当地精英集团的分离诉求。当时，种植园主普遍担心波哥大的废奴政策损害自己的经济利益，出口贸易商则忧虑委内瑞拉需要为维持中央政府财政或补贴其

---

① Claudio Véliz, *The Centralist Tradition of Latin America*, Princeton: Princeton University Press, 1980, pp. 160-161.

他地区而承担更高的税负。他们都不愿意让委内瑞拉留在大哥伦比亚共和国。

派斯的分离意愿还来自他和留守波哥大的共和国副总统桑坦德之间的矛盾。两人为争夺权力而不断产生摩擦。1826 年，桑坦德试图推动国会弹劾派斯，后者随即发动公开叛乱。玻利瓦尔不得不离开战场，返回加拉加斯进行调停。此后，事态不断恶化，即便是玻利瓦尔的反对也无法阻止派斯的行动。

派斯及其支持者在 1829 年底采取分离行动。尽管委内瑞拉没有正式宣布退出，但实际上已不再是大哥伦比亚共和国的组成部分。安东尼奥·苏克雷出面进行调停，但没有取得成效。在新格拉纳达内部，许多人实际上愿意看到委内瑞拉的分裂，因为大哥伦比亚共和国的高级军官职位往往被委内瑞拉人占据。这种情况下玻利瓦尔意识到，以武力阻止委内瑞拉脱离是不可行的。

大哥伦比亚共和国最终在 1830 年走向解体，委内瑞拉和厄瓜多尔相继宣布退出。这一年 3 月，玻利瓦尔在内忧外患中辞去共和国总统职务，并自愿选择流亡欧洲。但是，他很快病倒，在 12 月 17 日病逝于圣玛尔塔（Santa Marta）。

派斯成为委内瑞拉独立之后的最高领导人，长时间执掌国家权力。1830 年 5 月至 10 月，制宪大会在巴伦西亚（Valencia）举行。多数代表支持一种有限程度的联邦制，既让各个省份享有自治权，又让中央政府保持相当的权力。最终公布的文本还保留了奴隶制。这部宪法在同年 10 月正式生效。派斯在 1831 年至 1835 年、1839 年至 1843 年、1861 年至 1863 年三次担任总统。可即便卸任总统，他仍然能够凭借手中的军权幕后操纵国家政务。

独立之初的委内瑞拉是一个权力格局极为碎片化的国家。如同其他新生的拉美国家，该国不存在有关建国大业或国家利益的社会共识。[①] 白人精英拥有一些相似的政治观点或阶层意识，却也表现出显著的地域性。他们无力使西部安第斯山民、南部草原牧民、北部沿海山谷居民和东部内陆印第安人形成共同的政治理念。换言之，这个国家缺少一种处于主导地位的政治-经济主张，缺

① Miguel Tinker Salas, *Venezuela: What Everyone Needs to Know*, New York: Oxford University Press, 2015, p. 37.

少一个能够控制社会秩序的主导性社会力量。在此背景下，在独立战争时期崛起的军事领导人走上政治前台，依靠手中的军队控制权力和维持政局。

在当时的地区环境下，委内瑞拉和其他新兴拉美国家主要面临三种威胁。第一种是外部威胁，主要来自西班牙为恢复殖民统治而采取的军事行动，拉美国家对争议土地的争夺，或是其他欧洲列强的入侵。第二种是拉美国家精英内部围绕如何构建中央政府权威或掌握执政权而进行暴力争夺所导致的威胁。这种威胁贯穿 19 世纪，往往被视为一种较为严重的威胁。第三种是自下而上的威胁。那些没有从国家独立中受益的群体希望通过社会革命改善自身地位。[①]

"英国治下的和平"（Pax Britannica）为拉美国家的国家形成发挥关键作用。英国在拉美有大量的投资，因而倾向于阻止该地区国家爆发重大战争冲突。在大哥伦比亚共和国解体时，它发挥外部仲裁者的作用，防止新格拉纳达、厄瓜多尔和委内瑞拉之间的矛盾升级为大战。

在外部军事威胁并不显著的情况下，拉美国家出现三大类型的国家形成代理人："港口"、"政党"和"贵族"。"港口"系指那些与港口城市（例如里约热内卢、布宜诺斯艾利斯或瓦尔帕莱索）的商业利益集团保持密切联系的政治企业家；"政党"是一种集体行为体（而非专指某一个政党），泛指两个或更多的政党在国家形成的动态过程中展现出来的竞争动力；"贵族"系指考迪罗，也就是位于社会等级顶层的大地主，他们拥有一批小地主和农村居民组成的追随者。[②] 派斯就是这样一位"贵族"（或考迪罗），其为缔造委内瑞拉国家发挥至关重要的作用。与他具有相似地位的历史人物还包括危地马拉的拉斐尔·卡雷拉（Rafael Carrera）和秘鲁的拉蒙·卡斯蒂略（Ramón Castilla）。

---

① Miguel A. Centeno and Agustin E. Ferraro, "Republics of the Possible: State Building in Latin America and Spain", in Miguel A. Centeno and Agustin E. Ferraro (eds.), *State Building in Latin America and Spain: Republics of the Possible*, New York: Cambridge University Press, 2013, p. 14.

② Sebastián Mazzuca, *Latecomer State Formation: Political Geography and Capacity Failure in Latin America*, New Haven: Yale University Press, 2021, pp. 12-13.

拉美的“贵族”（或考迪罗）不同于欧洲的战士，并不追求领土的最大化，而是选择那种有利于他们权力最大化的领土组合。[①] 一方面，他们采取的分离行动往往导致较大领土规模的国家解体（例如，派斯对于大哥伦比亚共和国解体的作用，拉斐尔·卡雷拉对于中美洲联邦解体的作用，以及拉蒙·卡斯蒂略对于秘鲁-玻利维亚邦联解体的作用）；另一方面，他们成为较小规模国家（委内瑞拉、危地马拉和秘鲁）的缔造者。

派斯在主政期间面临的最大挑战是如何使委内瑞拉保持现有领土规模，避免陷入进一步分裂。委内瑞拉基本承袭委内瑞拉都督区的领土。在西班牙殖民统治时期，都督区下辖各省之间的联系十分松散。东部是遥远的边疆地带，与英国控制的加勒比岛屿有着较多的贸易往来；中部谷地与加拉加斯形成比较紧密的经贸联系；西部的马拉开波地区和安第斯山区主要与哥伦比亚和加勒比地区开展贸易。圣地亚哥·马里尼奥、塔德奥·莫纳加斯等一批从独立战争英雄转变而来的地方实力派考迪罗不断挑战派斯。他们各自拥有一批武装力量和追随者，控制一块地盘，竭力谋求获得更大的政治经济利益。

长期盘踞委内瑞拉东部的塔德奥·莫纳加斯是最具实力的考迪罗之一。他公开反对 1830 年宪法和派斯的执政地位，声称捍卫大哥伦比亚共和国的完整和玻利瓦尔的领导地位。1831 年 3 月，他和马里尼奥达成合作协议，共同推动成立所谓的“东方国”（el Estado de Oriente），其控制范围包括库马纳（Cumaná）、巴塞罗那（Barcelona）、玛格丽塔（Margarita）和圭亚那（Guayana）。

派斯把权谋和武力相结合，一方面重拳打击敢于作乱的考迪罗，另一方面竭力对其进行拉拢，力图把竞争对手转化为国家形成的合作者。在双方力量相当的情况下，他竭力以怀柔手段拉拢竞争对手。他在 1831 年 6 月发布特赦令，保证塔德奥·莫纳加斯及其盟友不会受到惩罚。于是，后者放弃反叛，“东方国”停止存在，委内瑞拉得以克服一场国家分裂的危机。

1835 年，塔德奥·莫纳加斯再度叛乱。他联合其他考迪罗发起所谓的

① Sebastián Mazzuca, *Latecomer State Formation: Political Geography and Capacity Failure in Latin America*, New Haven: Yale University Press, 2021, pp. 13-14.

“改革革命”，一度推翻派斯的继任者何塞·玛丽亚·巴尔加斯（José María Vargas）总统，酿成委内瑞拉建国之后的又一场重大危机。派斯立即率军击败莫纳加斯的军队，恢复巴尔加斯的执政地位。此后，他默认莫纳加斯占据东部，没有与其再起战事。

1846 年，派斯和塔德奥·莫纳加斯达成妥协，前者同意后者在 1847 年接任总统。这一妥协意味着一名对中央政府最具威胁的挑战者被转化为国家形成的合作者，从而缓和了精英集团的主要内部矛盾，使国家避免重蹈大哥伦比亚共和国解体的覆辙。自那时以来，最高执政权力实际上在来自不同地域的统治者之间轮动（见表 1-2）。这种做法提高了各地区对中央政府的向心力，有力地增强了领土的稳定性。由此产生的副作用则是：外围权力控制者没有在国家形成过程中被消除，反而获得制度权力，可以长期在国内政治事务中发挥作用。因此，包括委内瑞拉在内的拉美国家非常不同于早期现代西欧国家：在前者的国家形成过程中，中央政府权力缔造者和外围权力控制者为追求短期合作而达成的妥协抑制了国家能力的此后发展；对于后者，国家形成过程强调对暴力的垄断，为此要求更充分的财政汲取，这些因素导致地方实力派人物掌握的中间层级权力被消除。[①]

**表 1-2 委内瑞拉独立以来（至 1935 年）主要执政者的地域基础分布**

| 执政者 | 大致执政时期 | 地域基础 |
|---|---|---|
| 何塞·安东尼奥·派斯 | 1830～1848 年 | 南部草原地区 |
| 何塞·塔德奥·莫纳加斯 | 1848～1858 年 | 东部 |
| 胡安·克里索斯托莫·法尔孔（Juan Crisóstomo Falcón） | 1863～1868 年 | 西部 |
| 安东尼奥·古斯曼·布兰科（Antonio Guzmán Blanco） | 1870～1888 年 | 加拉加斯 |
| 华金·克雷斯波（Joaquín Crespo） | 1892～1898 年 | 南部草原地区 |
| 西普里亚诺·卡斯特罗（Cipriano Castro） | 1899～1908 年 | 安第斯地区 |
| 胡安·比森特·戈麦斯（Juan Vicente Gómez） | 1908～1935 年 | 安第斯地区 |

资料来源：John A. Peeler, *American Democracies: Colombia, Costa Rica, Venezuela*, Chapel Hill: The University of North Carolina Press, 1985, p. 80。

① Sebastián Mazzuca, *Latecomer State Formation: Political Geography and Capacity Failure in Latin America*, New Haven: Yale University Press, 2021, p. 2.

在确保领土稳定的基础上，发展对外贸易成为委内瑞拉国家形成的重要动力。派斯作为国家缔造者，逐渐从军人转变为商人，依靠发展对外贸易推动国家形成。该国在独立之初地广人稀，人口数量不足 80 万。国家经济依赖农产品的出口，大庄园是经济生产的基本单位，各省之间的经济联系松散。在国内和平大体可以维系、暂无外敌入侵之忧的情况下，该国统治精英面临的紧迫任务是尽快恢复和振兴出口贸易，促进共同经济利益的实现。在这样一种背景下，委内瑞拉走上一条贸易催化型国家形成道路。国家缔造者力图为咖啡、可可等出口农产品创造较为有利的生产环境，以便扩大出口。国家存续依赖能否产生出口导向型的经济增长，国际贸易带来的关税往往成为政府最重要的财政收入来源。与之相对的类型是战争催化型国家形成（常见于西欧国家）。在这种国家形成过程中，地缘政治压力是国家缔造者进行决策的关键因素，他们的主要目标是为战争做好准备。政治存续依赖各种资源（土地、武器、税收和士兵）的积累。[①]

加勒比沿海领土是委内瑞拉的主要经济区域。马拉开波、卡贝略港（Puerto Cabello）、拉瓜伊拉（La Guaira）、卡鲁帕诺（Carúpano）、库马纳（Cumaná）等加勒比海港口对该国的贸易和生产融入加勒比/大西洋世界发挥关键作用。每一个港口都与一片内陆地区相连接。在 19 世纪末，马拉开波是主要的农产品输出港，来自安第斯各州的咖啡在这里装船出口；卡贝略港和拉瓜伊拉主要出口来自中部地区的可可、咖啡、蔗糖、牛和铜；东部的卡鲁帕诺主要出口当地的特色农产品，后开始出口沥青和煤炭。这片关键性领土在独立之后完整地保留下来，为该国发展国际贸易、实现经济繁荣奠定了基础。

19 世纪初，世界市场对咖啡的旺盛需求使委内瑞拉获得一个提振对外贸易、实现经济繁荣的机遇。1810 年之前，该国对外出口集中于可可。到 19 世纪初，一些种植园主开始尝试种植咖啡，加拉加斯省成为咖啡主要出

① Sebastián Mazzuca, *Latecomer State Formation: Political Geography and Capacity Failure in Latin America*, New Haven: Yale University Press, 2021, pp. 6-7.

产地。独立战争进一步推动该国出口经济从可可种植向咖啡种植转变。在独立战争期间，可可种植地（例如阿拉瓜和加拉加斯的谷地）往往是主战场，损毁严重，复产耗时较长；战争还使国家损失大量的人力资源，农场主缺乏用于采摘可可豆的人手。另一方面，咖啡种植更为有利可图。咖啡的生产周期远远短于可可，其种植密度也远远大于可可。在同样一块面积的土地上，种植咖啡的经济收益是种植可可的2倍。到19世纪30年代，委内瑞拉把主要出口产品从可可转换为咖啡，成为世界上最早大规模种植咖啡的国家之一。咖啡种植始于加拉加斯周边地带，然后向西南方向扩展到安第斯山区，直至与哥伦比亚毗邻的塔奇拉（Táchira）州。在20世纪20年代之前，咖啡一直是该国最大宗出口产品。

在推动咖啡经济发展的过程中，外资的重要作用逐渐显现。传统上，当地农业生产所需投资来自西班牙资本家、本地有钱人和教会。到18世纪末，来自西班牙的投资陷入停滞。在独立战争爆发之后，本地有钱人和教会因为战争损失而无力投资，资金短缺问题不断凸显。派斯政府开始竭力吸引外国投资，为此承诺按时归还各类外债，尤其是同意向英国偿还委内瑞拉在独立之后分摊的大哥伦比亚共和国外债。于是，来自欧洲和美国的资金成为替代性的投资来源，逐步渗入该国经济之中。

委内瑞拉的政府、贸易商和种植园主携手合作，致力于推动咖啡的生产和出口。在1830年至1850年的第一轮咖啡繁荣周期，种植园主、贸易商和银行家竭力利用咖啡价格处于高位的机会扩大生产。1830年至1842年，该国的咖啡产量几乎增加3倍。[①] 派斯政府大力推动咖啡的种植和出口。1831年至1841年，政府废除针对农产品的销售税、烟草专卖、什一税和出口税。国会在1834年颁布信贷法，废除西班牙殖民时期对缔结合同的种种限制。此举意在便利咖啡种植者获得资金，以便购买土地，扩大生产规模。政府在1836年设立专门的商业法庭处理经济纠纷案件。此外，政府努力招揽移民，

① John V. Lombardi and James A. Hanson, "The First Venezuelan Coffee Cycle 1830-1855", *Agricultural History*, Vol. 44, No. 4, 1970, pp. 355-367.

以便获得劳动力；修建交通路网，降低运输成本。在这些措施推动下，委内瑞拉的出口实现了稳步的增长（见表 1-3）。

**表 1-3 拉美国家的出口额、人口规模和人均出口额（1850 年前后）**

| 国家 | 出口额 | 人口 | 人均出口额 |
|---|---|---|---|
| 阿根廷 | 1131 万美元 | 110 万人 | 10.3 美元 |
| 玻利维亚 | 750 万美元 | 137.4 万人 | 5.5 美元 |
| 巴西 | 3585 万美元 | 723 万人 | 5.0 美元 |
| 智利 | 1130.8 万美元 | 144.3 万人 | 7.8 美元 |
| 哥伦比亚 | 413.3 万美元 | 220 万人 | 1.9 美元 |
| 哥斯达黎加 | 115 万美元 | 10.1 万人 | 11.4 美元 |
| 古巴 | 2633.3 万美元 | 118.6 万人 | 22.2 美元 |
| 多米尼加 | 50 万美元 | 14.6 万人 | 3.4 美元 |
| 萨尔瓦多 | 118.5 万美元 | 36.6 万人 | 3.2 美元 |
| 危地马拉 | 140.4 万美元 | 84.7 万人 | 1.7 美元 |
| 海地 | 449.9 万美元 | 93.8 万人 | 4.8 美元 |
| 洪都拉斯 | 112.5 万美元 | 23 万人 | 4.9 美元 |
| 墨西哥 | 2431.3 万美元 | 766.2 万人 | 3.2 美元 |
| 尼加拉瓜 | 101 万美元 | 27.4 万人 | 3.7 美元 |
| 巴拉圭 | 45.1 万美元 | 35 万人 | 1.3 美元 |
| 秘鲁 | 750 万美元 | 200.1 万人 | 3.7 美元 |
| 乌拉圭 | 725 万美元 | 13.2 万人 | 54.9 美元 |
| 委内瑞拉 | 486.5 万美元 | 149 万人 | 3.3 美元 |
| 拉美 | 159 亿美元 | 3038.1 万人 | 5.2 美元 |

资料来源：Victor Bulmer-Thomas，*The Economic History of Latin America since Independence*（Second Edition），Cambridge：Cambridge University Press，2003，p. 37。

加拉加斯省的地位在国家独立之后日益凸显。早在 18 世纪下半叶，该省崛起为委内瑞拉都督区和西班牙帝国之间的核心纽带，两者之间 90%的货物贸易通过位于该省的港口——拉瓜伊拉——完成。该省的优势源于它在农产品生产领域的巨大优势。委内瑞拉 80%的可可产自该省，另外两大出口产品——咖啡和靛蓝——也主要产自当地。此外，该省还是人口中心，都督区 80 万人口中的几乎一半分布于此。位于该省的加拉加斯市则长期是都督区首府。独立之后，加拉加斯省延续既有的经济人口优势。加拉加斯市成为共和国的首都，确立了自己作为全国政治经济中心的地位。

1850 年至 1875 年，大多数拉美国家完成国家形成。① 另一种相似的看法认为，这些国家的国家形成大体在 1875 年前后完成，地区各国形成与现在相差不大的政治版图。② 该地区此后出现的一些涉及独立和领土范围的变化，例如太平洋战争（1879~1884）和查科战争（1932~1935）改变了玻利维亚的版图，古巴在 1902 年独立，巴拿马在 1903 年脱离哥伦比亚，但这些变化不足以改变拉美地区国家形成的整体状况。

委内瑞拉的国家形成也大致在 19 世纪 70 年代完成。自由派领袖安东尼奥·古斯曼·布兰科率众在 1870 年夺取执政权，开启本国历史上一段较为和平、发展成效显著的时期。他是自由派先驱安东尼奥·莱奥卡迪奥·古斯曼（Antonio Leocadio Guzmán）的儿子，曾长期担任法尔孔的助手，被后世视为委内瑞拉在 19 世纪涌现的最杰出统治者。1870 年至 1888 年，他以直接或间接的方式统治委内瑞拉，使这个国家初具现代国家的雏形。③

## 第三节　国家建构的曲折之路

拉美是世界上率先把国家建构作为一种整体计划付诸实施的地区。④ 美国革命是一场经过深思熟虑的实验，法国大革命也是这样一种政治实验。与它们相反，拉美的爱国者采用了经过验证且被赞赏的政治制度模式，而非

---

① Sebastián Mazzuca, *Latecomer State Formation: Political Geography and Capacity Failure in Latin America*, New Haven: Yale University Press, 2021, p. 2.

② Gerardo L. Munck and Juan Pablo Luna, *Latin American Politics and Society: A Comparative and Historical Analysis*, Cambridge: University Printing House, 2022, p. 115.

③ Judith Ewell, *Venezuela: A Century of Change*, Stanford: Stanford University Press, 1984, p. 14.

④ Miguel A. Centeno and Agustin E. Ferraro, "Republics of the Possible: State Building in Latin America and Spain", in Miguel A. Centeno and Agustin E. Ferraro (eds.), *State Building in Latin America and Spain: Republics of the Possible*, New York: Cambridge University Press, 2013, p. 6.

“追求乌托邦式的政治理念”。[①] 它们的效仿对象是那些进行革命的国家，或通过革命取得独立的国家（例如英国、美国、法国和荷兰）。因此，在“国家建构”这个概念在 20 世纪被创造之前，拉美国家已经以十分相似的方式开始建设自己的国家。[②]

国家形成和国家建构之间的差异被视为导致西欧与拉美发展差异的关键所在。如前所述，“国家形成可以定义为一片领土被巩固和这片领土范围内强制力被垄断的过程，而国家建构则是指一国中央政府以越来越有效的和领土均衡的方式提供公共产品的能力得到发展；两者既可以相互联系，也可以各自进行”。[③] 在西欧，国家形成与国家建构存在多重联系；对暴力的垄断需要更多进行财政汲取，也就导致地方实力派人物所控制的中间层级权力被削夺，并激发针对新公共产品的社会需求。在拉美，国家形成不仅与国家建构相分离，还对国家能力的发展形成长期的制约。在国家形成初步完成之际，拉美国家已经包含不利于国家能力建设的强大“抗体”。[④] 因此，西欧的现代国家天生就很强大，其国家形成进程使它们能够不断提升自己的能力；与之相反，拉美国家天生就很软弱，19 世纪的国家形成过程使它们在培育国家能力时面临巨大的困难。[⑤]

拉美国家能力发展的障碍首先源于中央政府缔造者和地方实力派之间讨价还价（所导致的不利后果）。[⑥] 委内瑞拉经历贸易催化型国家形成，国际

---

① Miguel A. Centeno and Agustin E. Ferraro, “Republics of the Possible: State Building in Latin America and Spain”, in Miguel A. Centeno and Agustin E. Ferraro (eds.), *State Building in Latin America and Spain: Republics of the Possible*, New York: Cambridge University Press, 2013, p. 3.

② Miguel A. Centeno and Agustin E. Ferraro, “Republics of the Possible: State Building in Latin America and Spain”, in Miguel A. Centeno and Agustin E. Ferraro (eds.), *State Building in Latin America and Spain: Republics of the Possible*, New York: Cambridge University Press, 2013, p. 3.

③ Sebastián Mazzuca, *Latecomer State Formation: Political Geography and Capacity Failure in Latin America*, New Haven: Yale University Press, 2021, p. 6.

④ Sebastián Mazzuca, *Latecomer State Formation: Political Geography and Capacity Failure in Latin America*, New Haven: Yale University Press, 2021, p. 6.

⑤ Sebastián Mazzuca, *Latecomer State Formation: Political Geography and Capacity Failure in Latin America*, New Haven: Yale University Press, 2021, p. 1.

⑥ Sebastián Mazzuca, *Latecomer State Formation: Political Geography and Capacity Failure in Latin America*, New Haven: Yale University Press, 2021, p. 2.

贸易机遇是国家缔造者主要考虑的问题，执政者无意获得对本国领土的绝对控制权。就当时的力量对比而言，派斯拥有本国最强大的军事实力，但不足以讨平其他考迪罗。因此，派斯不得不与其他考迪罗达成妥协：前者承诺不干预后者控制的地盘，后者承认前者的执政地位。简言之，大小考迪罗的一个基本共识是维持现状。[①] 这就意味着这些地方实力派没有在国家形成过程中被清除，反而获得可以巩固其地位的制度权力。此后，他们屡屡挑战中央政府权威，严重威胁国家政治稳定和政令统一。

影响拉美国家建构进程的一个重要因素是政治体制的选择。19 世纪初爆发的独立战争不仅挑战了西班牙殖民统治，还挑战了君主专制统治，为拉美国家引入新的政治原则、塑造新的政治权威。早在独立战争爆发之前，支持共和制的言论和文章就在西属美洲殖民地广为流传。自由主义的主要政治原则，例如人民主权、代议制政府、政治分权和宪政后来都成为独立革命诉求的组成部分。待到战争结束时，绝大多数新生拉美国家确定将人民主权作为建立政府的基本原则，建立共和体制，引入宪法和代议制政府，就公民权做出明确规定。

缔造共和国的实验使拉美国家进入前景难以预测的自我体制建构进程。这是一个双方面的、同步的过程，不仅包含政治体制的激进变革，还包含新主权实体的建设（成为主权国家），国家建构与共和制的发展需要得到同步推进。[②] 拉美国家的奠基者普遍面临一大挑战：如何按照人民主权原则重建政治权威？它既是一个理论问题，又是一个实践问题；拉美国家破解这一问题的尝试是多种多样的，但都是局部性的。历史上的和同时期的共和国能够为拉美国家带来经验借鉴，但没有固定的套路或现成的办法可以仿照。它们必须以自己的方法应对伴随共和制而来的各种挑战。

委内瑞拉的情况与其他拉美国家相仿。1830 年宪法为该国确立一套现

---

① H. Micheal Tarver and Julia C. Frederick, *The History of Venezuela*, Westport: Greenwood Press, 2005, p. 66.

② Hilda Sabato, *Republics of the New World: The Revolutionary Political Experiment in Nineteenth-Century Latin America*, Princeton: Princeton University Press, 2018, p. 205.

代意义的政治体制，设置总统和国会，建立联邦架构，引入选举制度。但是，这些制度设计难以真正产生效力。例如，该国总统通过间接选举而产生。具体而言，国会选举总统，而总统负责任命国会议员。这种安排非常有利于在任总统操纵选举。因此，总统必须由掌握军队的实权人物担任，或得到实权人物的支持，否则就无法站稳脚跟。

派斯曾三任总统，长期在幕后操纵权力。1835 年 2 月，派斯向新当选的总统何塞·玛丽亚·巴尔加斯交权。后者在从政之前是著名的医生，在 1834 年被国会选举为下任总统。他的就职意味着委内瑞拉产生了第一位文职总统。然而就在几个月之后，莫纳加斯等人发动叛乱，推翻巴尔加斯政府。派斯不得不亲自率军击退叛乱者，才使政府得以恢复。没有军权的巴尔加斯深感自己无力维持局面，很快在 1836 年 4 月辞去总统职务。

拉美的历史上充斥着类似派斯的考迪罗人物。他们刚刚跳下马鞍，转身就坐上总统宝座。[①] 自派斯以来，军人出身的考迪罗通过直接或间接的方式控制委内瑞拉国家政治权力。从 1811 年宣布独立至 1958 年，该国仅出现 8 位文职总统。但他们都不得不按照军人的意愿治理国家。[②]

在政治斗争和经济危机的作用下，委内瑞拉精英集团逐渐出现保守派和自由派之间的分化。保守派主要代表从事进出口贸易的商人及其外国合作伙伴、放债人、高级官员和大地主的利益，把派斯视为他们的最高领袖。在反对者看来，保守派就是一帮“野蛮人”，他们的统治与西班牙殖民统治没什么两样。[③] 自由派团结在委内瑞拉的第一个正式政党——自由党（Partido Liberal）——周围。该党在 1840 年成立，其领袖为安东尼奥·莱奥卡迪奥·

① John J. Johnson, “The Latin-American Military as a Competing Group in Transitional Society”, in John J. Johnson (ed.), *Role of the Military in Underdeveloped Countries*, Princeton: Princeton University Press, 1962, pp. 101-102.

② William Arceneaux, “The Venezuelan Experience: 1958 and the Patriotic Junta”, LSU Historical Dissertations and Theses, 1969, https://digitalcommons.lsu.edu/cgi/viewcontent.cgi?article=2631&context=gradschool_disstheses.

③ Benjamin Keen and Keith Haynes, *A History of Latin America* (8th Edition), Boston: Houghton Mifflin Harcourt Publishing Company, 2009, p. 238.

古斯曼，其支持者包括背负重债的种植园主、城市中间阶层成员、手工业者和知识分子。1842 年，该党开始出版《委内瑞拉人报》（*El Venezolano*），呼吁废除奴隶制，扩大选举权，保护欠债人的权益。

塔德奥·莫纳加斯接任总统代表着执政权力首次在不同考迪罗集团之间实现流动。他在执政期间（1848～1851）倒向自由派，任用大量自由派人士担任政府要职。派斯对此无法容忍，于是在 1848 年 1 月发动叛乱，在失败后流亡国外。塔德奥·莫纳加斯卸任之后，他的兄弟何塞·格雷格里奥·莫纳加斯（José Gregorio Monagas）将军接任总统（1851～1855）。这届政府的一个重大举措是在 1854 年废除奴隶制。1855 年，塔德奥·莫纳加斯不顾外界反对，强行接任总统。此后，兄弟二人试图制定新宪法，延长总统任期，取消总统连任限制。这些做法导致国内政治矛盾激化，反对派在 1858 年 3 月合力把企图长期把持权力的莫纳加斯兄弟赶下台。

在莫纳加斯兄弟下台之后，委内瑞拉国内的暴力冲突持续加剧，酿成长达 5 年的内战——联邦战争（1858～1863）。这场内战的直接成因是自由派和保守派之间的激烈权力争夺。前者主张实行联邦制，赞同有限度的社会改革；后者支持中央集权，力求维持社会现状。这场内战在很大程度上意味着精英集团内部分歧的激化。它的爆发也表明，独立战争并未触动该国在殖民地时期形成的社会结构。对大多数委内瑞拉人而言，独立没有给他们的生活带来实质性的改变。刚刚获得自由的黑奴、无地农民和城市贫民都对现状不满，许多人站在自由派一方参与作战。保守派抨击自由派掀起一场“种族战争”，但有色人种把这场战争视为穷人对富人的反抗。

埃塞基耶尔·萨莫拉（Ezequiel Zamora）是在联邦战争期间涌现的平民英雄。他毕生追求平等，支持广大受剥削的雇农和佃户夺取大庄园，主张由民众选举产生地方政府。1859 年，他指挥起义军在草原上火攻政府军，赢得圣伊内斯（Santa Ines）战役的胜利。他在下层民众中的威信急速上升。但是，他在 1860 年遇刺身亡，未能有机会实现其政治抱负。查韦斯对他尤为推崇，认为他是委内瑞拉土地改革和社会公正事业的伟大牺牲者。

在联邦战争期间，中央政府的控制权多次易手。保守派内部逐渐分化为两大派别：一方为立宪派，主张保持文职政府，支持相继担任总统的佩德罗·瓜尔（Pedro Gual）和曼努埃尔·费利佩·托瓦尔（Manuel Felipe de Tovar）；另一方为专制派，支持派斯，认为他是唯一能够使国家恢复和平的领导者。1861 年，派斯代表保守派重掌大权。此后，交战各方打打谈谈，最终在 1863 年缔结《科切协定》（Treaty of Coche），正式结束联邦战争。这场内战是委内瑞拉历史上持续时间最长的内战，这段时期也是该国最为血腥的历史时期之一。据估计，有 15 万人至 20 万人死亡（相当于该国当时人口的 8%～11%）。①

随着联邦战争的结束，自由派开始执掌大权。1863 年，自由派领袖人物胡安·克里索斯托莫·法尔孔将军接任总统。此后，1864 年宪法获得颁布，其内容包括男性普选权和更高程度的州自治权。但是，它未能为政治稳定和国家团结奠定基础，中央集权的努力一再受到地方实力派的抵制。国家的和平十分脆弱。1868 年，以前总统塔德奥·莫纳加斯为首的反叛势力把法尔孔赶下台，迫使他流亡国外。

1870 年，自由派领袖安东尼奥·古斯曼·布兰科率众夺取执政权，开启了委内瑞拉历史上一段较为和平、发展成效显著的时期。他是自由派先驱安东尼奥·莱奥卡迪奥·古斯曼的儿子，曾长期担任法尔孔的助手，被后世视为委内瑞拉在 19 世纪涌现的最杰出执政者之一。1870 年至 1888 年，他以直接或间接的方式统治委内瑞拉，使这个国家初具现代国家的雏形。②

古斯曼·布兰科总统与加拉加斯的商人、各地的考迪罗和外国经济利益集团达成合作。在他就任总统之际，世界经济正在从萧条中恢复，咖啡市场价格逐步回升。为扩大咖啡生产，政府积极吸引外国投资者，承诺保护他们的资产。1879 年，英国投资者决定投资兴建一条连接加拉加斯和拉瓜伊拉的

---

① H. Micheal Tarver and Julia C. Frederick, *The History of Venezuela*, Westport: Greenwood Press, 2005, p. 68.

② Judith Ewell, *Venezuela: A Century of Change*, Stanford: Stanford University Press, 1984, p. 14.

铁路。到古斯曼·布兰科离任时，委内瑞拉已经有 11 条在建和完工的铁路。[①] 这些铁路都用于进出口贸易，把首都加拉加斯、农矿产品产地与沿海港口连接起来。

古斯曼·布兰科政府深感委内瑞拉要想依托咖啡以及其他原材料的出口贸易实现繁荣，就必须保持政治稳定、增强政府的作用。因此，它注重建设一个独立的国家机器，能够遏制暴力和恢复经济。在中央层面，政府大力推动官僚体系建设，扩大公共管理范围，加强对武装力量的控制，构建国家军队。

委内瑞拉联邦政府的规模和公共管理的范围逐步扩大。1863 年，发展部成立。古斯曼·布兰科政府在 1874 年设立公共工程部，在 1881 年设立教育部。在此后很长时间里，联邦政府只设立 7 个部：内政部、发展部、教育部、财政公共信贷部、陆军海军部、外交部和公共工程部。1931 年，该国设立了卫生部、农业部和畜牧部。在古斯曼·布兰科政府时期，公共管理的范围扩大，但政府的规模和财政支出依然十分有限。

委内瑞拉越来越依赖出口经济，为此需要大量廉价劳动力。古斯曼·布兰科总统通过提供补贴吸引欧洲移民，希望推进种族的“白化”。但是，该国对欧洲移民的吸引力仍然十分有限。众多来自加勒比群岛的黑人和亚洲人持续流入该国，填补人口缺口。

在古斯曼·布兰科执政时期，地方考迪罗在委内瑞拉国家政治生活中的重要性有所下降，但仍然能够发挥作用。古斯曼·布兰科竭力对他们进行怀柔和拉拢，以各种妥协换取他们的合作。因此，他的执政体系被称为“考迪罗的全国联盟”。[②] 由联邦政府代表和各地考迪罗组成的联邦委员会（el Consejo Federal）在 1879 年成立，负责协调中央和地方关系。在没有政党代言利益的情况下，政治精英依靠这个机构作为制度工具，确保联邦政府尊重

---

① Benjamin Keen and Keith Haynes, *A History of Latin America* (8th Edition), Boston: Houghton Mifflin Harcourt Publishing Company, 2009, p. 269.

② Benjamin Keen and Keith Haynes, *A History of Latin America* (8th Edition), Boston: Houghton Mifflin Harcourt Publishing Company, 2009, p. 268.

各地区的权力。同时，古斯曼·布兰科允许各州州长在任命下任州长的过程中发挥主导作用。这就意味着，州长的产生需要尊重本地政治力量的意愿，而非由联邦政府自上而下任命。在税收领域，古斯曼·布兰科政府和各地考迪罗达成“1881 年妥协”：前者控制矿业税和盐税；作为交换，前者同意向各州提供财政补贴。这一收入分享安排意味着，矿业税在石油繁荣到来之前已经成为联邦政府的收入，而非被置于州政府管辖之下。这一安排受到 1881 年宪法的保护，并在石油时代到来之后发挥巨大作用。

19 世纪末期，委内瑞拉的经济社会结构仍然呈现比较传统的状态。该国是人口密度最低的拉美国家之一，全国人口数量仅 250 万。北部沿海地带较为发达，大多数国民聚居于此。换言之，大约 60% 的国民定居于 20% 的国土之上。[①] 在这片广袤的国土上，大多数地区是孤立分离的，缺少相互之间的连接和交融。零星的城市犹如“文明的孤岛”，其四周是落后乡村组成的“汪洋”。不同种族群体的社会地位极不平等。统治者是一群人数很少、掌握大量财富的白人，被统治者则是在贫困中挣扎的肤色较深人群。城市精英往往是白人，他们自视为现代文明的传播者；农村居民的主体则是印第安人、黑人或混血人，他们往往被视为迷信、愚昧和落后的同义词。除了咖啡以及少数几种用于出口的农产品，委内瑞拉经济在独立以后没有取得多少实质性的发展。全国仅有少量轻工业，主要生产食品、纺织品、烟草和木制品。国家的经济高度依赖咖啡和可可的出口（见表 1-4）。19 世纪 90 年代初，咖啡产量的增加和国际市场咖啡价格的上涨使委内瑞拉呈现一派繁荣景象。1898 年，咖啡价格出现暴跌，该国经济随即遭受重创。经济的脆弱性使该国严重受制于欧美列强。这些强国在委内瑞拉享受优惠贸易条件，将信贷作为换取特权的条件，以各种方式要求委内瑞拉政府保障它们的权益。

---

① Miguel Tinker Salas, *Venezuela: What Everyone Needs to Know*, New York: Oxford University Press, 2015, pp. 55-56.

**表 1-4　拉美国家初级产品出口集中度（1913 年前后）**

单位：%

| 国家 | 第一大宗出口产品 | 出口占比 | 第二大宗出口产品 | 出口占比 | 两者合计占比 |
|---|---|---|---|---|---|
| 阿根廷 | 玉米 | 22.5 | 小麦 | 20.7 | 43.2 |
| 玻利维亚 | 锡 | 73.3 | 银 | 4.3 | 76.6 |
| 巴西 | 咖啡 | 62.3 | 橡胶 | 15.9 | 78.2 |
| 智利 | 硝酸盐 | 71.3 | 铜 | 7.0 | 78.3 |
| 哥伦比亚 | 咖啡 | 37.2 | 黄金 | 20.4 | 57.6 |
| 哥斯达黎加 | 香蕉 | 50.9 | 咖啡 | 35.2 | 86.1 |
| 古巴 | 糖 | 72.0 | 烟草 | 19.5 | 91.5 |
| 多米尼加 | 可可 | 39.2 | 糖 | 34.8 | 74.0 |
| 厄瓜多尔 | 可可 | 64.1 | 咖啡 | 5.4 | 69.5 |
| 萨尔瓦多 | 咖啡 | 79.6 | 贵金属 | 15.9 | 95.5 |
| 危地马拉 | 咖啡 | 84.8 | 香蕉 | 5.7 | 90.5 |
| 海地 | 咖啡 | 64.0 | 可可 | 6.8 | 70.8 |
| 洪都拉斯 | 香蕉 | 50.1 | 贵金属 | 25.9 | 76.0 |
| 墨西哥 | 银 | 30.3 | 铜 | 10.3 | 40.6 |
| 尼加拉瓜 | 咖啡 | 64.9 | 贵金属 | 13.8 | 78.7 |
| 巴拿马 | 香蕉 | 65.0 | 椰子 | 7.0 | 72.0 |
| 巴拉圭 | 巴拉圭茶 | 32.1 | 烟草 | 15.8 | 47.9 |
| 秘鲁 | 铜 | 22.0 | 糖 | 15.4 | 37.4 |
| 乌拉圭 | 羊毛 | 42.0 | 肉类 | 24.0 | 66.0 |
| 委内瑞拉 | 咖啡 | 52.0 | 可可 | 21.4 | 73.4 |

资料来源：Victor Bulmer-Thomas，*The Economic History of Latin America since Independence*（Second Edition），Cambridge：Cambridge University Press，2003，p. 12。

委内瑞拉在独立之后没有遭遇严重的外部入侵，但欧洲列强的干涉屡屡出现。1849 年，该国政府宣布延迟偿还伦敦银行的贷款，英国随即派遣军舰前往拉瓜伊拉施加压力。1856 年，荷兰舰队前往委内瑞拉，逼迫该国为荷兰公民蒙受的财产损失提供赔偿。1858 年，英国和法国舰队一起封锁拉瓜伊拉，要求该国释放被迫下台的前总统莫纳加斯。1860 年，法国和西班牙多次派出军舰，要求委内瑞拉为它们的公民蒙受的财产损失提供赔偿。在古斯曼·布兰科政府时期，多个欧洲国家的军舰多次进入委内瑞拉近海，逼迫它偿还贷款。

在古斯曼·布兰科下台之后，委内瑞拉继续沿着现代化道路前进，但整体制度化水平有限，政治人物的个人影响力仍然至关重要。华金·克雷斯波在19世纪末期（1892～1898）掌握国家最高执政权。他在1898年与叛军作战时战死，导致国家陷入权力真空。1899年，西普里亚诺·卡斯特罗率军攻入加拉加斯，夺取执政权。在此后半个世纪中，5名来自塔奇拉州的“安第斯人”（Andinos）相继执政。①

西普里亚诺·卡斯特罗和胡安·比森特·戈麦斯的相继执政引导委内瑞拉迈向第一次真正的现代化。② 他们在执政期间延续古斯曼·布兰科执政时期的中央集权做法，继续扩充和加强官僚队伍，大力加强军队的国家化建设，逐步使各地的考迪罗服从自己的命令。

卡斯特罗总统（1899～1908）面对咖啡出口价格下跌导致的不利经济形势、保守派的叛乱和列强的敌意，坚持奉行民族主义色彩浓厚的对外政策，希望唤起国民的爱国情绪，增强民族团结。他对美国在加勒比地区扩张势力感到担忧，也反对欧洲列强在委内瑞拉扩张势力。

卡斯特罗总统面临的一大挑战是确定本国的东部边界。③ 早在19世纪30年代，委内瑞拉声称其东部边界应当是埃塞奎博（Esequibo）河。这一

---

① 上述5人分别是西普里亚诺·卡斯特罗总统（1899～1908）、胡安·比森特·戈麦斯总统（1908～1935）、埃莱亚萨·洛佩斯·孔特雷拉斯（Eleazar López Contreras）总统（1935～1941）、伊萨亚斯·梅迪纳·安加里塔（Isaías Medina Angarita）总统（1941～1945）和佩雷斯·希门尼斯（Pérez Jiménez）总统（1951～1957）。

② Judith Ewell, *Venezuela: A Century of Change*, Stanford: Stanford University Press, 1984, p. 37.

③ 委内瑞拉与其他周边国家的边界线基本在20世纪上半期确定下来。委内瑞拉的南方邻国为巴西。1859年，两国在多年谈判的基础上签订协议，确定了边界。1905年，两国签订了一份议定书，就委内瑞拉西南边陲的未勘界领土达成妥协。委内瑞拉的西部邻国为哥伦比亚。根据1842年条约，两国同意以仲裁方式解决争议领土归属问题。1881年，西班牙国王受邀成为仲裁者。1891年，西班牙国王为两国划定的边界线始于里奥-德奥罗（Río de Oro）河源头。1901年，一个专门委员会继续推动两国划界工作，但委内瑞拉拒绝接受它给出的结果。此后，一批瑞士专家为两国划界争端提供方案。1941年，两国达成进一步妥协，大部分边界得到确认。1952年，哥伦比亚承认委内瑞拉对瓜希拉（La Guajira）半岛附近的蒙赫斯（Los Monjes）群岛的主权。

领土诉求涉及英属圭亚那 2/3 的国土。此后，委英两国就争领土归属进行长时间的外交谈判。在 1841 年划定的尚伯克线（Schomburgk Line）把奥里诺科（Orinoco）河河口确定为两国边界线。由于英国拒绝就争议领土的归属进行仲裁，委内瑞拉在 1887 年断绝与英国的外交关系。1895 年，美国宣布英国违背门罗主义，要求就争议领土进行仲裁。英国被迫接受这一决定。1899 年，一个位于巴黎的仲裁法庭做出有利于英国的裁决。它基本按照尚伯克线划定委内瑞拉和英属圭亚那的边境线，奥里诺科河河口被划归委内瑞拉。卡斯特罗政府对这一结果强烈不满，主张成立一个包括拉美国家在内的国际组织进行仲裁，但未能如愿。

卡斯特罗政府面临的另一项重大挑战是委内瑞拉与欧洲列强之间的债务问题。1902 年，英国、意大利和德国采取联合行动，以武力迫使委内瑞拉偿债。具体而言，它们要求委内瑞拉偿还一条铁路的建设款，赔偿这些国家公民因多场委内瑞拉内战损失的财产。这一年 12 月，英国和德国的军舰封锁委内瑞拉多个港口，夺取该国军舰，甚至炮轰卡贝略港。卡斯特罗政府做出强硬回应，动员国民加入军队，准备进行武装抵抗。在美国的调停下，委内瑞拉同意以卡贝略港和拉瓜伊拉的关税收入偿还外债。卡斯特罗总统的对外强硬立场遭到列强的厌恶，却得到委内瑞拉民族主义者的认可。在欧洲三国武力索债期间，许多委内瑞拉人自愿加入军队，爱国情绪空前高涨。

卡斯特罗因病在 1908 年前往欧洲寻医问诊，时任副总统比森特·戈麦斯借机发动政变。戈麦斯向国际社会承诺其政府将遵守各项承诺和履行义务，因而很快得到外交承认与国际支持。当卡斯特罗试图返国夺权时，美国总统塔夫脱（William Howard Taft）下令美国军舰前往委内瑞拉，以示对戈麦斯的支持。卡斯特罗的计划终告失败，而美国对委内瑞拉内政的影响力至此开始显现。这种状况也表明：在受到列强主导的国际环境之中，一国构建国家权威的努力必然受制于自身的国际权力不对称性。①

① Terry Lynn Karl, "The Political Challenge of Escaping the Resource Curse: The Case for a Transparent Fiscal Social Contract", 2007, https://inequality.stanford.edu/sites/default/files/media/_media/working_papers/karl_terry_wp_20070330a.pdf.

在戈麦斯执政时期（1908～1935），委内瑞拉真正发展成为一个中央集权的国家。这既是因为政府获得石油收入这样一种前所未有的收入来源，也是因为外国石油公司希望与单个对手（中央政府）打交道，而非与无数个地方考迪罗纠缠。因此，委内瑞拉国家权力的确立与石油开发有着密切联系。时至 20 世纪初，当政府转变为国家和外国石油公司之间的调停者，获得了足够的政治能力和财政资源，从而能够向全社会施加其控制力。①

石油收入使戈麦斯政府迅速改变了自身的财政状况。第一次世界大战爆发之后，主要工业国转向战时经济，对石油这种战略性资源的需求激增。于是，委内瑞拉的石油生产和出口迅速扩大。到 1926 年，石油取代咖啡，成为该国最重要的出口产品。历史上，从未有哪一种出口产品给委内瑞拉带来如此丰厚的收入。1908 年至 1931 年，政府逐步偿还内外债务，实现财政预算盈余。

在石油收入的帮助下，戈麦斯政府大力扩张官僚体系，建立和发展一套全国性的管理体制；增加公共工程投资，大力建设公路交通体系；进一步扩充政府军，使之成为南美洲装备最为精良的军队之一。为提升军队质量，政府大力实施军事改革，以国家军队取代以个人关系、地域关系为基础的旧式军队，建设中央集权的指挥系统，打造标准化的装备（例如制服、武器）。戈麦斯还设立委内瑞拉历史上第一所军事学院，用于培养军事人才和推进军队的专业化。

1935 年 12 月，戈麦斯病逝于总统任上。在他统治委内瑞拉的 27 年间，委内瑞拉从一个农业国转变为世界第一大石油出口国，从一个默默无闻的西半球小国崛起为世界霸主（英国和美国）的战略伙伴。

---

① Fernando Coronil, *The Magical State: Nature, Money, and Modernity in Venezuela*, Chicago: University of Chicago Press, 1997, p. 4.

# 第二章　石油和现代委内瑞拉

委内瑞拉在20世纪初崛起为世界主要石油生产国和出口国。对该国而言，石油的大规模商业开发是发展进程的一道分水岭，成为推动国家开启现代化进程的“催化剂”。在石油开发到来之前，它是最缺少经济活力的拉美国家之一；在此之后，它迅速从一个普通的咖啡出口国转变为国际石油生产中心，在短时间内跻身该地区最富有国家行列。

在石油开发的推动下，委内瑞拉出现长时间、结构性的经济社会转型，也就是所谓的“石油化”（petrolization）。[①] 委内瑞拉转变为一个典型的石油经济体，石油业成为国民经济的支柱，石油出口收入成为国家最大的出口收入来源。在石油繁荣的带动下，委内瑞拉的人口出现大规模流动，城市化进程得到快速推进，新的社会阶层和社会集团崛起，国家的政治体制得到重塑，对外关系呈现新的格局。

20世纪中期以来的委内瑞拉被分析者视为典型的食利国家（a rentier state）。该国高度依赖一种初级产品（石油），石油租金（oil rent）收入成为所有经济活动的支柱，其出口收入的不稳定性较一般类型的矿业国家（mining states）更加剧烈。事实表明，一国获得的资源租金收入越多，就越是无意致力于构建更加广泛的国内税收基础，而这势必制约或损害该国的制度建设和能力提升。[②] 一国

---

① Terry Lynn Karl, *The Paradox of Plenty: Oil Booms and Petro States*, Berkeley: The University of California Press, 1997, p. 80.

② 参见 Terry Lynn Karl, *The Paradox of Plenty: Oil Booms and Petro States*, Berkeley: The University of California Press, 1997; Jonathan Di John, *From Windfall to Curse? Oil and Industrialization in Venezuela, 1920 to the Present*, University Park: The Pennsylvania State University, 2009。

对资源租金的长期依赖还使国民产生所谓的“食利心理”（rentier mentality）[①]，也就是国民高度依赖国家的恩惠，缺少个人奋斗进取精神。

相较于其他拉美国家，委内瑞拉的发展状况易于使人们产生强烈的错觉。该国一度实现长期繁荣，也一度拥有拉美最高的人均国内生产总值。实际上，它的整体生产效率十分低下，石油收入未能充分地用于提升国家的生产能力；政府对石油收入的分配有失公平，非石油经济的发展缺乏成效；政府承担大量经济社会职责，体制建设和政策落实能力却长期滞后。在批评者眼中，委内瑞拉是一场虚假成功的牺牲品，是自然资源过于丰富的牺牲品，没有学会如何做出艰难的抉择和进行革新。[②]

在石油发展模式的动力趋于枯竭时，委内瑞拉这样的石油国家往往难以改变国家发展轨迹，因为权力和石油资源异常紧密地捆绑在一起。换言之，那些在其他国家足以改变发展轨迹的重大事件无法在石油国家产生同样的作用。对委内瑞拉而言，创建一种能够自我维持、最终摆脱石油的发展模式将是无可回避的选择，伴随这个选择而来的道路却是无比漫长而崎岖的。

## 第一节 石油时代的到来

委内瑞拉有着丰富的石油储藏。很长时间以来，当地的印第安人一直收集从地底渗出的石油，用于照明、造船和营建房屋。1539 年，根据国王卡洛斯五世（Carlos V）的命令，一桶石油被运送至西班牙。这件事成为文献中有关委内瑞拉石油出口的最早记录。[③] 19 世纪后期，外国投资者开始在当地投资设厂，从石油中提取沥青，并将其出口美国，用于修建道路。

---

① 参见 Hazem Beblawi，“The Rentier State in the Arab World”，in Hazem Beblawi and Giacomo Luciani（eds.），*The Rentier State*，London：Routledge，1987，p. 52。

② Michael Fairbanks，“Changing the Mind of a Nation：Elements in a Process for Creating Prosperity”，in Lawrence E. Harrison and Samuel P. Huntington（eds.），*Culture Matters：How Values Shape Human Progress*，New York：Basic Book，2000，p. 274.

③ Marius S. Vassiliou，*Historical Dictionary of the Petroleum Industry*（Second Edition），Lanham：Rowman & Littlefield，2018，p. xxvi.

随着第二次工业革命在19世纪末兴起，石油对现代工业和运输业的巨大作用逐渐显现，成为资本主义体系的核心初级产品。在拉美国家中，墨西哥和委内瑞拉相继掀起石油开发的热潮。

委内瑞拉的大规模石油开发始于20世纪初。1907年，多家外国企业在苏利亚州（Zulia）马拉开波湖一带进行勘探。1914年7月，加勒比石油公司在大梅内（Mene Grande）钻探的苏马克（Zumaque）1号井开始出油。1917年，委内瑞拉的第一座炼油厂在圣洛伦索（San Lorenzo）建成。苏马克油井的投产和圣洛伦索炼油厂的建成标志着委内瑞拉正式进入石油商业化生产时代。

1914年以来，委内瑞拉石油生产规模持续扩张。石油勘探者不仅在西部的苏利亚（Zulia）州、拉腊（Lara）州、梅里达（Merida）州和特鲁希略（Trujillo）州找到油田，还在东部的莫纳加斯（Monagas）州、安索阿特吉（Anzoategui）州和新埃斯帕塔（Nueva Esparta）州发现新的石油储藏，并在中部地区发现奥里诺科石油带（Orinoco Belt）。

委内瑞拉不仅有着巨大的石油储量，还有优越的开采、开发条件。第一，当地油井的开采寿命很长，石油生产成本远远低于美国。一份1932年的材料显示，委内瑞拉石油开采成本是0.65美元/桶，美国的成本则是1.98美元/桶。[①] 第二，委内瑞拉的油田靠近港口，易于外运。跨国石油公司在靠近委内瑞拉海岸的两处岛屿——库拉索（Curacao）和阿鲁巴（Aruba）——兴建大型炼油厂，专门用于提炼该国石油。相较于同样盛产石油的中东，委内瑞拉在地理上更为靠近美国，对美输油的成本十分低廉。第三，委内瑞拉的宽松石油政策非常吸引外国石油公司。墨西哥政府在1917年试图加强对石油资源的管控，许多外国石油企业就把更多的注意力转向委内瑞拉。

20世纪初，委内瑞拉成为世界石油出口景气的主要受益者（见表2-1）。

---

① B. S. McBeth, *Juan Vicente Gomez and the Oil Companies in Venezuela, 1908-1935*, New York: Cambridge University Press, 1983, p. 1.

当时，拉美国家普遍面对困难的外贸形势，不得不寻找新的贸易策略。一方面，20世纪初的世界贸易增长缓慢，对初级产品的需求低迷。另一方面，日益激烈的外部竞争使拉美国家不断丧失传统初级产品的市场份额。例如：亚洲种植园橡胶的大量出口导致巴西和玻利维亚的天然橡胶出口市场份额不断萎缩；随着非洲可可出口量不断攀升，委内瑞拉、巴西、厄瓜多尔等拉美国家的市场份额日益减少。在第一次世界大战爆发后，主要工业国转向战时经济，对战略原材料（铜和石油）的需求激增。即便有这一利好因素，拉美国家初级产品出口状况仍然不容乐观。在该地区当时用于出口的22种主要初级产品中，只有3种产品（石油、可可和橡胶）的出口额在1913年至1928年达到超过5%的年均增长率。[①]

**表2-1 拉美各国初级产品的世界市场份额变动情况（1913~1928）**

| 国家 | 市场份额上升 | 市场份额下降 |
|---|---|---|
| 阿根廷 | 小麦、黑麦、大麦、玉米、亚麻籽、牛肉、石油、棉花 | 牛、羊毛 |
| 玻利维亚 | 锡、银 | 橡胶 |
| 巴西 | | 咖啡、橡胶、可可 |
| 智利 | 铜、羊毛 | 硝酸盐 |
| 哥伦比亚 | 石油、香蕉、咖啡 | |
| 哥斯达黎加 | 可可、咖啡 | 香蕉 |
| 古巴 | 糖 | 可可 |
| 多米尼加 | 糖 | 可可 |
| 厄瓜多尔 | | 可可 |
| 萨尔瓦多 | 咖啡 | |
| 危地马拉 | 咖啡、香蕉 | |
| 海地 | | 可可 |
| 洪都拉斯 | 香蕉 | |
| 墨西哥 | 银、铅、香蕉、咖啡、棉花 | 石油、牛 |

① Victor Bulmer-Thomas, *The Economic History of Latin America since Independence* (Second Edition), Cambridge: Cambridge University Press, 2003, p. 161.

续表

| 国家 | 市场份额上升 | 市场份额下降 |
| --- | --- | --- |
| 尼加拉瓜 | 香蕉、咖啡 | |
| 巴拿马 | 香蕉、可可 | |
| 巴拉圭 | | |
| 秘鲁 | 铜、银、石油、糖、棉花 | |
| 乌拉圭 | 亚麻籽、小麦 | 牛、羊毛 |
| 委内瑞拉 | 石油 | 黄金、可可、咖啡 |

资料来源：Victor Bulmer-Thomas，*The Economic History of Latin America since Independence*（Second Edition），Cambridge：Cambridge University Press，2003，p. 164。

在外部需求的推动下，委内瑞拉石油的产量和出口量双双增长。到1926年，石油取代咖啡，成为该国最重要的出口产品。大致在20世纪20年代末30年代初，它崛起为世界第一大石油出口国。据估计，它的石油产量和出口量在1928年分别达到29万桶/日和27.5万桶/日。[①] 此后，该国石油产量持续增长，在1970年达到历史峰值（378万桶/日）。1928年至1970年，该国一直是世界第一大石油出口国。[②]

石油出口收入的增长带动委内瑞拉政府收入的快速增长。1920年至1930年，该国石油出口额从微不足道急剧攀升至每年6.431亿玻利瓦尔；政府收入翻一番，从每年1.044亿玻利瓦尔攀升至每年2.437亿玻利瓦尔（见表2-2）。随着“大萧条”的结束，该国石油出口恢复增长势头，政府获得的石油出口收入继续攀升。据估算，委内瑞拉在1948年至1957年从石油业获得150多亿玻利瓦尔税收，从出售石油特许经营权获得20亿玻利瓦尔，另从其他渠道获得80亿玻利瓦尔。这就意味着，该国在这10年间获得

① PDVSA，“The History”，2016，http：//www.pdvsa.com/index.php？option=com_ content&view=article&id=6541&Itemid=888&lang=en.

② PDVSA，“The History”，2016，http：//www.pdvsa.com/index.php？option=com_ content&view=article&id=6541&Itemid=888&lang=en，另见 Juan Pablo Pérez Alfonzo，*Hundiéndonos en el Excremento del Diablo*，Caracas：Fundación Editorial El perro y la rana，2010，p. 39。

的政府收入多达 250 亿玻利瓦尔（相当于 70 多亿美元）。这一数额超过该国自西班牙殖民统治以来的政府收入总和。[①]

**表 2-2 戈麦斯政府时期（1920～1935）政府收入和石油出口额**

单位：玻利瓦尔，%

| 年份 | 政府收入 | 出口总额 | 石油出口额 | 石油出口额占出口总额的比重 |
|---|---|---|---|---|
| 1920 | 1.044 亿 | 1.706 亿 | 0.033 亿 | 1.9 |
| 1925 | 1.476 亿 | 3.300 亿 | 1.375 亿 | 41.6 |
| 1930 | 2.437 亿 | 7.625 亿 | 6.431 亿 | 83.2 |
| 1935 | 2.064 亿 | 7.117 亿 | 6.493 亿 | 91.2 |

资料来源：Franklin Tugwell, *The Politics of Oil in Venezuela*, Stanford: Stanford University Press, 1975, p. 182。

石油经济兴起导致委内瑞拉农业的衰败。“石油美元”持续涌入所导致的币值高估使咖啡、可可等传统出口产品丧失竞争力；同时，大量的“石油美元”使国家可以大规模进口外国农产品，导致国内农产品失去市场。到“大萧条”时期，该国的咖啡和可可出口宣告终结。农业占国内生产总值的比重从 20 世纪 20 年代中期的 1/3 降至不足 1/10（1950 年）。到 1935 年，委内瑞拉已经沦为粮食进口国。

随着石油收入的不断增长，委内瑞拉国内各界对于如何看待和使用这笔财富进行了广泛而激烈的讨论。早在 1917 年，该国有关石油和石油收入的讨论已经出现。知识界著名人士比森特·莱库纳（Vicente Lecuna）和时任发展部部长古梅辛多·托雷斯（Gumersindo Torres）都高度认同石油收入对委内瑞拉经济的重要性。两人的立场差异在于：前者坚持让地主参与石油收入分配，也就是使石油收入私有化；后者主张国家享有石油收入的控制权。最终，后者的主张获胜。这一主张沿袭了西班牙殖民统治时期和委内瑞拉独

① ECLAC, “Economic Development in Venezuela since the 1950's”, *Economic Bulletin for Latin America*, Vol. 5, No. 1, March 1960, pp. 21-62.

立以来的做法，即国家拥有地下资源的绝对所有权。

20 世纪 30 年代，委内瑞拉知识界代表人物乌斯拉尔·彼得里（Arturo Uslar Pietri）成为“播种石油”（sembrar el petróleo）理念的主要倡导者。在他看来，石油是一种引发毁灭、助长寄生性的资源，石油经济是以牺牲未来为代价满足眼前的需求；委内瑞拉的 1/3 多公共财富源于对地下财富的破坏性使用，而且这种生产完全依赖外部力量和外部意愿；地下财富只会减少，不会增加，而农业生产的质量和数量都在急剧退化；长此以往，委内瑞拉将沦为非生产性国家，沦为石油“寄生虫”。因此，委内瑞拉需要“播种石油”，把石油带来的财富用于创造一种进步的经济。[①]

“播种石油”的逻辑建立在国家根据法律享有矿产资源所有权的基础之上。矿产资源被出售意味着一种国家资产被交易和变现，国家有权利为此获得补偿。据此而论，对石油开采征税在本质上是政府为出售一种属于国家的资产获得回报。国家从出售石油获得的现金收入并非生产行为带来的收益，而是源于一种“神圣的借贷”；石油收入应当如同贷款一样得到审慎的、明智的使用，必须考虑获得经济回报。[②] 因此，彼得里的主要考虑不是让委内瑞拉如何从石油利润中获得“公平的份额”，而是如何使来自石油的短期收入转化为这个国家的永久财富。

“播种石油”成为推动工业化的隐喻。1936 年，彼得里正式提出“播种石油”理念，呼吁国家通过投资和政府支出把石油收入导向非石油生产领域，把石油带来的财富用于推动生产和出口结构的多元化。在这一理念的推动下，历届委内瑞拉政府把大量石油收入用于兴办企业，极大地促进了进口替代工业走向深化。

石油的开发为委内瑞拉带来有关国家干预的持久政治共识。这一倾向在

---

① Arturo Úslar Pietri，“Sembrar el Petróleo”，14 de julio de 1936，http：//webdelprofesor. ula. ve/economia/ajhurtado/lecturasobligatorias/sembrar%20el%20petroleo. pdf.

② María del Mar Rubio-Varas，“Oil Illusion and Delusion：Mexico and Venezuela over the Twentieth Century”，in Marc Badia-Miró，Vicente Pinilla and Henry Willebald（eds.），*Natural Resources and Economic Growth：Learning from History*，London：Routledge，2015，p. 169.

20 世纪 40 年代得到进一步强化。第二次世界大战期间，该国石油产量大幅下降，与发达国家的市场联系暂时断裂。洛佩斯·孔特雷拉斯政府（1935~1941）和梅迪纳·安加里塔政府（1941~1945）都出现了高额财政赤字，国家陷入严重的经济衰退，民众的不满情绪加剧。经济财政危机使许多人改变了想法，原本立场保守的贸易界和金融界人士开始支持制订国家经济发展计划、保护本国市场和依托本国丰富的自然资源推进工业化。他们相信，只有政府能够把石油美元导向私营部门，也只有政府能够提供形成替代性经济生产基础所需的市场保护。在乌斯拉尔·彼得里等人看来，如果委内瑞拉想避免萧条、内战或政治激进化，干预型国家是唯一的替代选择。在第二次世界大战即将结束时，委内瑞拉各界就扩大政府职能达成广泛的共识，国家主义发展理念逐步确立，以往那种最小政府的理念日益式微。[①]

## 第二节 石油政策：从自由化到国有化

委内瑞拉的石油政策经历三个发展阶段：第一个阶段是自由化发展阶段，委内瑞拉在此期间成为世界主要石油出口国；第二个阶段是第二次世界大战之后民族主义情绪抬头阶段，委内瑞拉在此期间推动成立石油输出国组织（OPEC）（以下简称“欧佩克”）；第三个阶段是国有化阶段，委内瑞拉在 1976 年实现石油国有化。

委内瑞拉石油业在兴起初期经历长时间的自由化发展阶段。戈麦斯治下的委内瑞拉实行“拉美最自由化的石油政策”，欢迎外国石油公司前往该国开采石油。[②] 这些公司几乎完全控制该国石油的勘探和生产，石油主要用于出口。外国企业，尤其是英资企业是开采委内瑞拉石油的主导力量。时至

① Terry Lynn Karl, *The Paradox of Plenty: Oil Booms and Petro States*, Berkeley: The University of California Press, 1997, p. 80.

② William Sullivan, “Situación económica durante el período de Juan Vicente Gómez: 1908–1935”, in Miquel Izard (ed.), *Politica y economia en Venezuela: 1810–1991*, Caracas: Fundación John Boulton, 1992, p. 258.

1928 年，有 107 家外国石油企业在该国运营。最大 3 家外国石油企业——壳牌石油公司（Shell）、海湾石油公司（Gulf）和标准石油公司（Standard Oil）——控制该国约 98%的原油产量。

美国石油企业是委内瑞拉石油开发的后来者，但很快崛起为最重要的参与者。美国有很高的国内石油产量，并在墨西哥有大量的石油投资，最初并不关注委内瑞拉。在第一次世界大战期间，美国的石油进口需求不断攀升，对委内瑞拉石油的关注度随之提升。美国石油企业凭借母国的外交压力，从戈麦斯政府手中获得越来越多的特许经营权。20 世纪 20 年代，英资壳牌石油公司在委内瑞拉石油生产方面占据主导地位；到 30 年代中期，美资标准石油公司的原油产量超过前者；到 1945 年，标准石油公司的原油产量已经相当于委内瑞拉原油年产量的一半。[①]

在石油业持续繁荣的情况下，如何占有更大份额的石油收入成为委内瑞拉面临的一个核心问题。1938 年墨西哥石油国有化对委内瑞拉产生深远的影响。委内瑞拉政府没有跟随实行石油国有化，但在 20 世纪 40 年代实施一系列改革，使权力的天平逐渐从外国石油企业一方向委内瑞拉一方倾斜。

第二次世界大战期间，梅迪纳·安加里塔政府利用委内瑞拉作为英美石油供应国的关键地位，在 1943 年颁布《碳氢化合物法》。该法强调委内瑞拉政府对石油的征税具有主权性质，把石油公司的矿税税率大幅上调至 50%，并向石油公司开征所得税（税率同样为 50%）。按照它的规定，石油企业能够享有委内瑞拉石油的 40 年开采权；到期之后，包括企业资产在内的一切都属于委内瑞拉国家所有。这部法律沿用至 1976 年，其间只经历过一系列较小的改动。它的颁布第一次表明，委内瑞拉已经形成新的国家利益，政府愿意为捍卫国家利益而对抗外国石油公司。梅迪纳·安加里塔总统明确表示，石油是一种不可再生资源，石油公司从开采石油中获取的净利润份额不能超过国家获取的份额。

---

① Judith Ewell, *Venezuela: A Century of Change*, Stanford: Stanford University Press, 1984, p. 63.

1943 年《碳氢化合物法》被视为 2001 年《碳氢化合物法》颁布之前最重要的此类法律。它吸收墨西哥 1938 年石油国有化的经验，大幅上调了石油公司的矿税税率。此后，该国历届政府以这部法律为依据同外国石油公司展开博弈，不断谋求从外国石油公司那里获得更大份额的石油收入。该法实施以来，委内瑞拉政府一半以上的财政收入来自石油。到 1974 年，这一比重上升至 85%。①

委内瑞拉逐渐减少颁发特许经营权，力图加强国家对石油业的控制权。早在 1866 年，该国首次颁发石油特许经营权。② 1920 年，该国颁布第一部《碳氢化合物法》，允许石油企业享有长期的特许经营权。戈麦斯政府在 1909 年和 1912 年颁发为数众多的石油特许经营权。这些经营权几经转手，大多落入英国企业手中。1945 年至 1948 年，当时执政的民主行动党（AD）没有向私营石油公司颁发特许经营权，也没有延长特许经营权的时效。在希门尼斯执政时期，委内瑞拉大致延续了“不再有特许经营权”的做法，仅在 1956 年和 1957 年再次颁发了特许经营权。1959 年，委内瑞拉设立碳氢化合物保护和交易协调委员会（CCCCH），加强对石油资源的保护。

在第二次世界大战结束之后，世界石油生产格局出现显著变动，委内瑞拉面对越来越激烈的市场竞争。由于委内瑞拉石油的开采成本高于中东，跨国石油公司的投资重点转向后者，中东石油逐渐崛起（见表 2-3）。随着苏伊士运河危机结束，委内瑞拉在世界市场面临中东产油国不断加剧的竞争。委内瑞拉不再是世界最大的石油出口国，委内瑞拉石油在世界石油贸易中所占市场份额也从 1948 年的 46%降至 1958 年的 33%。③ 委内瑞拉石油出口市场越来越集中于西半球（美国），对西欧的出口量不断下降。即便在美国的大西洋沿岸市场，中东石油也具有明显的价格竞争力。到 1950 年，中东石

① María del Mar Rubio-Varas, “Oil Illusion and Delusion: Mexico and Venezuela over the Twentieth Century”, in Marc Badia-Miró, Vicente Pinilla and Henry Willebald (eds.), *Natural Resources and Economic Growth: Learning from History*, London: Routledge, 2015, p. 164.

② Judith Ewell, *Venezuela: A Century of Change*, Stanford: Stanford University Press, 1984, p. 58.

③ ECLAC, “Economic Development in Venezuela since the 1950's”, *Economic Bulletin for Latin America*, Vol. 5, No. 1, March 1960, pp. 21-62.

油的出口价格和运输成本已经低于委内瑞拉运往西欧的石油价格和运输成本。这种状况导致委内瑞拉石油在美国进口石油中所占比重出现下降。

**表 2-3　世界主要石油生产国的产量占比（1948~1958）**

| 年份 | 美国 | 委内瑞拉 | 伊朗 | 伊拉克 | 科威特 | 沙特阿拉伯 | 苏联 | 世界石油产量（百万公吨） |
|---|---|---|---|---|---|---|---|---|
| 1948 | 58% | 15% | 5% | 1% | 1% | 4% | 6% | 468 |
| 1949 | 53% | 15% | 6% | 1% | 3% | 5% | 7% | 466 |
| 1950 | 51% | 15% | 6% | 1% | 3% | 5% | 7% | 523 |
| 1951 | 51% | 15% | 3% | 1% | 5% | 6% | 7% | 593 |
| 1952 | 50% | 16% | — | 3% | 6% | 7% | 8% | 623 |
| 1953 | 48% | 14% | — | 4% | 7% | 6% | 8% | 659 |
| 1954 | 45% | 15% | 1% | 4% | 7% | 7% | 9% | 689 |
| 1955 | 43% | 15% | 2% | 4% | 7% | 6% | 9% | 773 |
| 1956 | 42% | 16% | 3% | 4% | 7% | 6% | 10% | 840 |
| 1957 | 40% | 17% | 4% | 3% | 7% | 6% | 11% | 884 |
| 1958 | 36% | 15% | 4% | 4% | 8% | 5% | 12% | 910 |

资料来源：ECLAC，“Economic Development in Venezuela since the 1950's”，*Economic Bulletin for Latin America*，Vol. 5，No. 1，1960，pp. 21-62。

市场环境的变化迫使委内瑞拉采取主动的应对行动，以便更有力地影响石油的市场价格。在委内瑞拉决策者看来，外国石油公司和主要石油消费国有意使石油价格处于低位。因此，委内瑞拉不但寻求提高国家获得的石油利润份额，还寻求捍卫国际市场的石油价格，为此开始谋求与主要竞争对手协调石油生产和出口政策。1959 年春，委内瑞拉石油部长胡安·巴勃罗·佩雷斯·阿方索（Juan Pablo Pérez Alfonzo）前往埃及首都开罗，参加阿拉伯石油出口国会议。1960 年 9 月，委内瑞拉携手沙特阿拉伯、科威特、伊朗、伊拉克等国，共同成立欧佩克。

在长期的石油生产过程中，委内瑞拉逐渐形成开发石油的人才储备和知识储备。20 世纪 40 年代以来，外国石油公司推动其在委分支企业的“委内瑞拉化”，任用当地人担任一些重要管理职务，从而使企业和当地社会形成更为紧密的联系，也有利于企业利益得到更充分的保障。1960 年，第一家委内瑞拉国有的石油公司成立。

20 世纪 40 年代末，委内瑞拉迎来一波石油繁荣。1948 年至 1957 年，该国处于生产状态的石油钻井数量从大约 6000 个增加至 1 万个，由此带来约 70 亿美元的财政收入。[①] 时人目睹该国在各个领域出现的巨变，开始发出“委内瑞拉奇迹”的赞叹。

20 世纪 70 年代，石油繁荣给委内瑞拉带来巨额的新增收入。阿拉伯国家发起的石油禁运酿成第一次全球性能源危机，原油价格暴涨。1973 年至 1974 年，国际市场原油价格在短时间内上涨 4 倍之多。1960 年至 1972 年，委内瑞拉的原油出口价格在 2 美元/桶至 2. 80 美元/桶波动；1972 年至 1974 年，这一价格区间上升至 2. 5 美元/桶至 10. 50 美元/桶。[②] 委内瑞拉的石油出口额在 1973 年至 1974 年增加 3 倍。该国财政收入从 112. 21 亿玻利瓦尔（1973 年）激增至 289. 91 亿玻利瓦尔（1976 年），同一时期的国际储备从 24 亿美元增至 93 亿美元。[③]

欧佩克的成立和石油繁荣的到来加速委内瑞拉的石油国有化进程。1970 年，委内瑞拉国会批准设立一套石油基准价格体系，以便作为税收基础，从而提升政府从石油业获利的能力。1971 年，委内瑞拉国会批准 832 号法令，扩大政府对外国石油公司的管理权，要求这些企业提交勘探、生产和销售方面的计划。由于委内瑞拉此前颁发的石油特许权即将到期，外界认为 832 号法令意味着该国将把石油业国有化。1974 年，委内瑞拉对铁矿业实行国有化，成为石油国有化的前奏。

1975 年 8 月 29 日，时任总统卡洛斯·安德烈斯·佩雷斯签署法案，宣

---

① Lisa Blackmore, *Spectacular Modernity Dictatorship, Space, and Visuality in Venezuela, 1948–1958*, Pittsburgh: University of Pittsburgh Press, 2017, p. 4.

② Alan Gelb and Associates, *Oil Windfalls: Blessing or Curse?* New York: Oxford University Press, 1988, p. 293.

③ María del Mar Rubio-Varas, "Oil Illusion and Delusion: Mexico and Venezuela over the Twentieth Century", in Marc Badia-Miró, Vicente Pinilla and Henry Willebald (eds.), *Natural Resources and Economic Growth: Learning from History*, London: Routledge, 2015, p. 172.

布对石油业实行全行业国有化。这项法案在 1976 年 1 月 1 日生效。当日，佩雷斯政府在位于大梅内的苏马克 1 号井举行庆祝仪式，升起一面鲜艳的国旗，象征着石油国有化正式启动。国有的委内瑞拉石油公司随即成立，负责接管国有化之后的石油资产，此前成立的各家国有石油企业也被并入该公司。

石油国有化在委内瑞拉被视为一个自然而然的选择。20 世纪初以来，如何掌握和分配石油收益成为该国政治的核心议题。国家需要控制石油的勘探、生产和销售，以便最大限度地获取石油收益，继而将其用于发展非石油经济部门和改善大众的福利。1917 年至 1975 年，委内瑞拉合计开采约 386.64 亿桶石油（见表 2-4）。按照公开宣布的平均价格，这些资源能够变现为 1041.67 亿美元。它们都是委内瑞拉人共有的财富。但是，委内瑞拉国库仅从中获得 439.05 亿美元。换言之，它仅获得这笔巨额财富的 42%。[①]

**表 2-4 委内瑞拉石油产量、石油产值和石油财政收入（1917～1975）**

| 年份 | 石油产量 | 占比 | 石油产值 | 占比 | 财政收入 | 占比 |
|---|---|---|---|---|---|---|
| 1917～1967 | 266.51 亿桶 | 69% | 534.47 亿美元 | 51% | 166.89 亿美元 | 38% |
| 1968～1975 | 120.13 亿桶 | 31% | 507.20 亿美元 | 49% | 272.16 亿美元 | 62% |
| 1917～1975 | 386.64 亿桶 | 100% | 1041.67 亿美元 | 100% | 439.05 亿美元 | 100% |

资料来源：Juan Pablo Pérez Alfonzo, *Hundiéndonos en el Excremento del Diablo*, Caracas: Fundación Editorial El perro y la rana, 2010, p. 40。

第二次世界大战结束以来，委内瑞拉逐步为石油国有化铺垫政策基础。在“三年时期”（1945～1948），该国政府第一次讨论了石油国有化的途径和可能性。此后，政府不断提升其石油收入份额。政府和石油企业的利润分成比重从 1957 年的 52%和 48%逐步调整为 1973 年的 87%和 13%。委内瑞拉积极推动成立欧佩克，以便提升石油生产国对国际石油价格的影响力。到

① Juan Pablo Pérez Alfonzo, *Hundiéndonos en el Excremento del Diablo*, Caracas: Fundación Editorial El perro y la rana, 2010, p. 39.

1970 年，委内瑞拉政府颁布一部法律，从而能够单方面确定本国出产石油的价格。同时，政府在勘探、投资、产量等领域不断加强对跨国石油公司的控制。因此，委内瑞拉石油国有化顺利付诸实施，没有在国内外引发激烈争议。执政的民主行动党和规模较小的反对党——民族主义公民运动（CCN）——在国会投票支持石油国有化的提案。主要反对党——基督教社会党（COPEI）、争取社会主义运动（MAS）和委内瑞拉共产党（PCV）——没有投票支持这项提案，但表态支持石油国有化。

美国政府和美国石油公司为委内瑞拉石油国有化的到来进行了长期的准备。它们一直在密切观察委内瑞拉的政治经济形势和石油政策走势，注意到委内瑞拉的石油民族主义情绪不断上升。在 1938 年墨西哥石油国有化之后，美国石油企业的最大利益关切是防止委内瑞拉变成另一个墨西哥。与此同时，它们深感自身需要适应委内瑞拉的政局和社会变化，以便在当地实现稳定的运营。美国石油企业不仅履行其作为企业的职能，还成为美国实施对拉美、对委内瑞拉外交的重要抓手。因此，美国国务院密切观察委内瑞拉政局走势，尤其关注该国政府和美国石油公司之间的关系。在美国看来，委内瑞拉的石油国有化是温和的，强行对其进行阻止并不明智。① 在佩雷斯政府承诺做出赔偿和保障对美石油供应的前提下，它们接受了佩雷斯政府的石油国有化决定。美国石油公司不但获得了巨额补偿，并且能够继续同委内瑞拉石油业保持合作，通过履行服务承包合同、提供贷款和进行直接投资（投向石油业或其他行业）获得高额收益。

国有化被视为委内瑞拉控制石油以及相关收益的漫长进程的顶峰。截至 20 世纪 70 年代，该国石油国有化是第三世界国家实施的最重大国有化行动。② 石油繁荣和国有化使该国获得巨额石油出口收入。1974 年至 1985 年，该国石油出口收入达到 2470 亿美元；相较而言，巴西（其人口规模几乎 10

① Miguel Tinker Salas, *Venezuela: What Everyone Needs to Know*, New York: Oxford University Press, 2015, p. 105.

② Vegard Bye, "Nationalization of Oil in Venezuela: Re-defined Dependence and Legitimization of Imperialism", *Journal of Peace Research*, No. 1, Vol. XVI, 1979, pp. 57-78.

倍于委内瑞拉）同期的石油出口收入仅为 1940 亿美元。[①] 该国的财政收入随之出现激增。1974 年至 1978 年，委内瑞拉财政总收入达到 824 亿玻利瓦尔（2001 年币值），而该国在此前 50 年间获得的财政总收入仅为 848 亿玻利瓦尔。[②]

20 世纪 70 年代初至 80 年代中期，委内瑞拉石油产量不断下降。这一状况源于政策环境变动（例如石油国有化）导致的投资减少，以及油井数量减少和油井单产萎缩。在石油产能下降的同时，该国的石油收入却因为油价上涨而增长。1980 年，该国人均石油产量较 1958 年下降 62%，人均石油出口额和人均石油财政收入却分别高出 109%和 234%。[③] 对政府而言，向石油公司增加税收的政策是有效的，因而被长期延续下来。1981 年之后，石油价格持续下跌，该国的人均石油财政收入随之下降。1986 年之后，该国开始尝试扩大石油产量，以便增加石油出口收入和财政收入。

20 世纪 90 年代，委内瑞拉经历一段“石油开放”（apertura）时期（1989~1998）。[④] 当时，该国面对极为不利的发展环境。国际市场的石油价格不断走低，拉美地区经济形势动荡对委形成剧烈冲击，债务压力不断加剧。在这种情况下，该国内部调整石油政策的呼声高涨，希望重新引入外资，以便提高生产效率、扩大原油产量。

“石油开放”在第二届佩雷斯政府时期（1989~1992）启动，在卡尔德拉政府时期（1994~1999）得到加速推动。委内瑞拉允许外资企业与国有的委内瑞拉石油公司建立战略合作（成立合资企业）、签署运营协定，推动下游生产的国际

---

① Jonathan Di John, *From Windfall to Curse? Oil and Industrialization in Venezuela, 1920 to the Present*, University Park: The Pennsylvania State University, 2009, p. 22.

② Jonathan Di John, *From Windfall to Curse? Oil and Industrialization in Venezuela, 1920 to the Present*, University Park: The Pennsylvania State University, 2009, pp. 22-23.

③ Osmel Manzano, "Venezuela after a Century of Oil Exploitation", in Ricardo Hausmann and Francisco Rodríguez (eds.), *Venezuela before Chávez: Anatomy of an Economic Collapse*, University Park: Pennsylvania State University Press, 2014, p. 68.

④ Bernard Mommer, "Venezuela, Política y Petróleos: El Ingreso Fiscal y la Pobreza", Enero 1999, https://www.ucab.edu.ve/wp-content/uploads/sites/2/2017/09/INV-IIES-REV-024-Venezuela_-politicas-y-petroleos.pdf.

化。1995 年，国会通过《石油对外开放法案》，对外资全面开放石油新区的勘探、开采和经销活动。卡尔德拉政府甚至有意对委内瑞拉石油公司进行局部私有化。

委内瑞拉石油公司的独立性不断增强，成为国家石油政策的实际主导者。在路易斯·朱斯蒂（Luis Giusti）担任总裁期间（1994~1999），该公司推动国家石油政策从“限产保价”转向低价高产，实际上不再遵守欧佩克的生产配额。公司管理层越来越把企业利益置于国家利益之上，不断呼吁对公司进行私有化。1976 年至 1993 年，该国每通过出口石油赚取 1 美元，其中的 66 美分归属政府；而在 1993 年至 2002 年，政府的相应收入从 66 美分降至 33 美分。[①]

随着查韦斯在 1998 年当选总统，这种状况被扭转。在他执政期间，该国以宪法规定保障政府对委内瑞拉石油公司的完全所有权，并实行大规模的石油国有化，从而使国家再度全面控制石油的生产和开发。

## 第三节 石油国家与“虚弱的巨人”

对矿产租金的依赖使“外围”世界出现一种特殊的国家——矿业国家。[②] 通常而言，这类国家在经济上依赖单一资源，在试图摆脱既有发展模式时遇到巨大的困难，且缺乏能力构建新的发展模式。

石油出口国是典型的矿业国家。就规模和金额而言，石油是最重要的国际交易初级产品。相较于其他矿业国家，石油出口国对于单一资源的依赖程度尤其严重，其出口收入不稳定性更剧烈，而这种不稳定性对其经济增长率、投资水平和通胀状况的影响更显著。

矿业国家都是食利国家。[③] 食利国家理论（the rentier state theory）始于

① Nikolas Kozloff, *Hugo Chávez: Oil, Politics, and the Challenge to the U. S.*, New York: Palgrave MacMillan, 2006, p. 10.

② Terry Lynn Karl, *The Paradox of Plenty: Oil Booms and Petro States*, Berkeley: The University of California Press, 1997, p. 15.

③ Terry Lynn Karl, *The Paradox of Plenty: Oil Booms and Petro States*, Berkeley: The University of California Press, 1997, p. 49.

20 世纪 60 年代末，在 80 年代得到广泛应用。侯赛因 · 马赫达维（Hossein Mahdavy）认为，食利国家系指那些经常性地收到大量外部租金（external rent）的国家。"外部租金"被定义为外国个人、外国企业或外国政府支付给某一国家的个人、企业或政府的租金。石油出口国政府获得的石油收入可以被视为"外部租金"。[①] 具体而言，食利国家可以定义为：矿业或能源产值至少相当于国内生产总值的 10%，矿业或能源出口额至少相当于该国出口额的 40%。[②] 哈齐姆 · 贝卜拉维（Hazem Beblawi）在分析食利国家时指出：外国行为体向一国支付租金，这些租金由国家直接掌握；该国仅有小部分人参与租金的产生，而大部分人只是参与租金的分配和使用。[③]

食利国家包含以下四个基本特点。第一，食利国家的经济高度依赖某一种大宗商品，势必受到繁荣-萧条周期更替带来的经济冲击。一旦经济形势恶化，国家的分配能力也会随之恶化。第二，食利国家的经济权力和政治权力依赖它们从全球市场获取租金和在国内分配这些租金的双重能力。食利国家的政府是来自外部的租金收入的主要接收者，而这意味着该国的少数人控制了这些租金；而控制了这些租金，也就控制了政治权力。第三，食利国家模式意味着：一国从"非劳动收入"（例如资源租金或国际援助）获得的收益越多，该国决策者就越是无意从国内税收获取收益。第四，食利国家的经济特点使其国民产生一种特殊的心理——食利心理，也就是对国家庇护的依赖切断了个人行为之中付出与回报之间的联系，导致国民在经济生活中无意进取和在政治上消极被动。[④]

① Hossein Mahdavy, "The Patterns and Problems of Economic Development in Rentier States: the Case of Iran", in M. A. Cook (ed.), *Studies in the Economic History of the Middle East*, London: Oxford University Press, 1970, p. 428.

② Gobind Nankani, "Development Problems of Mineral-Exporting Countries", World Bank Staff Working Paper No. 354, August 1979, http://documents.worldbank.org/curated/en/777281468741386714/pdf/multi0page.pdf.

③ Hazem Beblawi, "The Rentier State in the Arab World", in Hazem Beblawi and Giacomo Luciani (eds.), *The Rentier State*, London: Routledge, 1987, p. 51.

④ Hazem Beblawi, "The Rentier State in the Arab World", in Hazem Beblawi and Giacomo Luciani (eds.), *The Rentier State*, London: Routledge, 1987, p. 52.

特里·林恩·卡尔（Terry Lynn Karl）结合委内瑞拉的石油出口国地位和食利国家理论，把委内瑞拉定义为“石油国家”（petro-states）。[①] 石油国家通常具有以下特点：高度依赖一种初级产品（石油），石油租金收入成为所有经济活动的支柱，石油业需求往往被置于其他产业需求之上；石油业与本国经济缺少生产环节的联系，财政联系（也就是国家对石油收入的征税、转移和支出）处于支配地位；国家占有和支配石油收入，力图在“石油枯竭”到来之前实现加速发展；政府偏好高度资本密集型重工业，轻视农业和其他出口活动。[②] 这就意味着，石油国家在经济结构上非常不同于发达国家和其他发展中国家，特别是农产品出口国或制成品出口国。对农产品出口国和制成品出口国而言，它们的出口产品不会枯竭，它们的出口收入不是由国家掌握，农业或制造业也没有像石油业那样具有战略重要性、资本密集或外国控制。石油国家的经济实力和政治权威都建立在两种能力之上：第一，在全球能源市场汲取租金（也就是获得石油收入）；第二，以政治标准为核心的石油收入分配机制。[③]

第二次世界大战结束以来委内瑞拉的石油政策完全是以寻租为导向的。[④] 一种共同的看法是：石油是一种不可再生资源，会在几十年间趋于枯竭。由此推导产生的结论是：公共政策应当使石油租金收益在最低生产水平上实现最大化。[⑤] 有鉴于此，委内瑞拉社会越来越倾向于限制、摆脱外国石油公司对石油业的把控。委内瑞拉采取这样一种做法：首先是政府向外国石油企业征税，然后推动石油生产国结成联盟（在 1960 年推动成立欧佩克），

---

① Terry Lynn Karl, *The Paradox of Plenty: Oil Booms and Petro States*, Berkeley: The University of California Press, 1997, p. 15.

② Terry Lynn Karl, "The Perils of the Petro-State: Reflections on the Paradox of Plenty", *Journal of International Affairs*, Vol. 53, No. 1, Fall 1999, pp. 31-48.

③ Terry Lynn Karl, "The Perils of the Petro-State: Reflections on the Paradox of Plenty", *Journal of International Affairs*, Vol. 53, No. 1, Fall 1999, pp. 31-48.

④ Bernard Mommer, "Integrating the Oil: A Structural Analysis of Petroleum in the Venezuelan Economy", *Latin American Perspectives*, Vol. 23, No. 3, 1996, pp. 132-158.

⑤ Bernard Mommer, "Integrating the Oil: A Structural Analysis of Petroleum in the Venezuelan Economy", *Latin American Perspectives*, Vol. 23, No. 3, 1996, pp. 132-158.

其次是成立国有的石油生产企业（从而为独立开发石油奠定技术的、人员的、组织的基础），最后是对石油业的国有化。[①] 20 世纪 40 年代以来，该国实施一系列改革，力图使国家占有更大份额的石油收入。1943 年《碳氢化合物法》把石油公司的矿税税率大幅上调至 50%，并向石油公司开征所得税。这部法律沿用至 1976 年，其间只经历过一系列较小的改动。1976 年，石油国有化使这一寻租进程达到顶峰。

石油国家或食利国家属于分配型国家。“分配型国家”系指这样一类国家：其收入主要来自石油或其他外部资源（超过 40%），其政府支出占国内生产总值的很大一部分。[②] 石油国家的政府是外部租金的主要接收者，继而在向大众分配这种财富方面发挥核心作用（生产型国家和分配型国家的区别就在于此）。[③] 石油国家的政治权威建立在把政治标准作为核心的分配机制，在国内分配石油收入上。这就导致经济权力和政治权力之间联系紧密，形成基于统治权和发财权之间的经典交换。[④]

在国家治理过程中，委内瑞拉政府高度依赖分配型政策。这一政策是指政府把财政资源、公共服务、成本或义务分配给不同类型人群享受或承担；它在本质上属于非零和博弈，特定个人或群体的所得不会导致其他个人或群体的损失。[⑤] 分配型政策承受的压力低于管制型政策和再分配型政策承受的压力。政府实施分配型政策时，各群体皆可获得一定利益，从而避免社会矛

---

① Janet Kelly and Pedro A. Palma, “Economic Decline and the Quest for Change”, in Jennifer L. McCoy and David J. Myers (eds.), *The Unraveling of Representative Democracy in Venezuela*, Baltimore: The Johns Hopkins University Press, 2004, p. 205.

② Giacomo Luciani, “Allocation vs. Production: A Theoretical Framework”, in Hazem Beblawi and Giacomo Luciani (eds.), *The Rentier State*, London: Routledge, 1987, p. 69.

③ Hazem Beblawi, “The Rentier State in the Arab World,” in Hazem Beblawi and Giacomo Luciani (eds.), *The Rentier State*, London: Routledge, 1987, p. 52.

④ Terry Lynn Karl, “The Perils of the Petro-State: Reflections on the Paradox of Plenty”, *Journal of International Affairs*, Vol. 53, No. 1, Fall 1999, pp. 31-48.

⑤ Jennifer L. McCoy and David J. Myers, “Introduction”, in Jennifer L. McCoy and David J. Myers (eds.), *The Unraveling of Representative Democracy in Venezuela*, Baltimore: The Johns Hopkins University Press, 2004, p. 25.

盾的激化。一种看法认为，民主行动党政府在“三年时期”实施的再分配政策是引发 1948 年军事政变的重要原因。[①] 因此，对分配型政策的高度依赖在委内瑞拉成为一种长期存在的现象，从蓬托菲霍时期延续至查韦斯时期。

石油收入由国家分配，有关收入分配的关键性决定建立在政治考虑之上。在分配型政策的实施过程中，经济合理性与政治合理性往往难以区分。委内瑞拉历届政府往往按照自身政治利益分配“石油美元”。1974 年以来，该国国内生产总值的 65%～75%用于公共消费和私人消费，也就是指向支持石油国家政府的关键性选民群体。[②] 大量的资金用于向不同的社会群体、众多的朋友、家族和政府的政治支持者提供资金补助，提供的方式是以非市场的方式授予合同。[③] 剩余资金的很大一部分用于军费支出。“石油美元”用于为燃油、住房、公共服务和公用事业支付价格补贴。

委内瑞拉政府在管理石油收入方面缺乏效率。到 20 世纪 70 年代中期，它一直是制造业增长速度最快的拉美国家之一。尽管制造业规模迅速扩张，但生产效率十分低下。60 年代中期以来，非石油经济，尤其是制造业的全要素生产率和劳动力生产率的增长速度都出现急剧的下降。在 20 余年间（1960～1982），该国制造业生产率增长速度只有拉美平均水平的一半多一点（见表 2-5）。公共非石油部门全要素生产率的增长率从年均 1.10%（1950～1968）降至-1.45%（1968～1984）；这一增长率后来恢复至 0.31%（1984～1998），但不及 1950 年至 1968 年水平的 1/3（见表 2-6）。

① Jennifer L. McCoy and David J. Myers, “Introduction”, in Jennifer L. McCoy and David J. Myers (eds.), *The Unraveling of Representative Democracy in Venezuela*, Baltimore: The Johns Hopkins University Press, 2004, p. 25.

② Terry Lynn Karl, “The Perils of the Petro-State: Reflections on the Paradox of Plenty”, *Journal of International Affairs*, Vol. 53, No. 1, Fall 1999, pp. 31-48.

③ Terry Lynn Karl, “The Perils of the Petro-State: Reflections on the Paradox of Plenty”, *Journal of International Affairs*, Vol. 53, No. 1, Fall 1999, pp. 31-48.

表 2-5　委内瑞拉制造业生产率年均增长状况

单位：%

| | | 经济增长 | 资本增长 | 制造业生产率 |
|---|---|---|---|---|
| 工业化经济体(1960~1981) | | 4.7 | 5.1 | 4.4 |
| 拉美经济体(1960~1980) | | 6.5 | — | 3.0 |
| 委内瑞拉 | 1960~1982 | 7.1 | 10.7 | 1.6 |
| | 1960~1974 | 7.6 | 8.8 | 2.6 |
| | 1974~1978 | 7.9 | 20.2 | -2.1 |

资料来源：Asdrúbal Baptista，“Más allá del optimismo y del pesimismo：Las transformaciones fundamentales del país”，in Moisés Naím and Ramón Piñango（eds.），*El caso Venezuela：Una ilusión de armonía*，Caracas：Ediciones IESA，1984，p. 286。

表 2-6　1950~1998 年委内瑞拉公共非石油部门全要素生产率增长情况

单位：%

| 年份 | 生产率 | | | |
|---|---|---|---|---|
| | 1968 年价格 | | 1984 年价格 | |
| | 同质的 | 异质的 | 同质的 | 异质的 |
| 1950~1968 | 0.84 | 1.33 | 1.10 | 1.59 |
| 1968~1984 | -1.39 | -1.62 | -1.45 | -1.68 |
| 1984~1998 | 1.11 | 1.16 | 0.31 | 0.36 |
| 1950~1998 | -0.03 | 0.36 | -0.19 | -0.04 |

资料来源：Francisco Rodríguez，“The Anarchy of Numbers：Understanding the Evidence on Venezuelan Economic Growth”，*Canadian Journal of Development Studies*，Vol. 27，No. 4，2006，pp. 503-529。

委内瑞拉实际石油出口价格和非石油经济部门增长之间的相关性呈现逐渐弱化之势。1920 年至 1965 年，两者之间的相关系数为 0.58。这一情况表明，石油价格上升和非石油经济部门增长之间有着紧密的正相关关系。在这一时期，政府利用这种财政联系有效地“播种石油”。但是，从 1965 年至 1998 年，这一关系发生显著的逆转，相关系数变为负值（-0.44）。①

① Jonathan Di John，*From Windfall to Curse? Oil and Industrialization in Venezuela，1920 to the Present*，University Park：The Pennsylvania State University，2009，p. 24.

在“播种石油”或经济多元化方面，现实与石油生产国最初的设想相差甚远。几乎所有的欧佩克国家都降低了石油业在经济中的比重，但这种降低转化为服务业比重的急剧上升和农业的急剧萎缩或严重停滞。委内瑞拉的情况也不例外（见表 2-7）。

**表 2-7 1950~1970 年部分年份委内瑞拉国内生产总值结构**

单位：%

| 年份 | 农业 | 矿业 | 制造业 | 建筑业 | 基础服务业 | 其他服务业 |
|---|---|---|---|---|---|---|
| 1950 | 8. 5 | 26. 1 | 9. 6 | 4. 6 | 6. 3 | 44. 9 |
| 1955 | 7. 3 | 27. 0 | 9. 4 | 5. 0 | 6. 0 | 45. 3 |
| 1960 | 7. 2 | 27. 3 | 10. 7 | 3. 9 | 5. 2 | 45. 7 |
| 1965 | 6. 5 | 23. 3 | 11. 5 | 2. 5 | 5. 5 | 50. 7 |
| 1970 | 6. 9 | 19. 8 | 12. 2 | 2. 5 | 6. 9 | 51. 7 |

资料来源：Celso Furtado，*Economic Development of Latin America*，Cambridge：Cambridge University Press，1976，pp. 132-133。

委内瑞拉越来越依赖扩大政府支出保持经济增长，随之而来的是公共债务负担的加剧。1948 年至 1957 年，委内瑞拉在 10 年间累计获得的公共收入多达 250 亿玻利瓦尔（相当于 70 多亿美元）。即便如此，该国在这 10 年间公共债务增加 40 多亿玻利瓦尔。[①] 第一届佩雷斯政府（1974~1979）的情况同样如此，国家获得巨额石油暴利收入，但以更快的速度举借外债。

委内瑞拉税收结构呈现明显的失衡。在委内瑞拉这样的石油国家，国家收入首先来自石油企业所得税。因此，政府势必希望使这些企业缴纳更多的税收，然后依靠石油收入解决社会问题和政治问题。这两种行为产生双重影响：一方面，政府形成与外国企业打交道的很强能力，竭力从外部汲取资源；另一方面，石油企业税取代了其他形式的国内税收，政府也就无意进一步向其他经济社会领域渗透，无意形成更多样化的收

① ECLAC，“Economic Development in Venezuela since the 1950's”，*Economic Bulletin for Latin America*，Vol. 5，No. 1，March 1960，pp. 21-62.

入结构。对委内瑞拉和哥伦比亚税收结构进行的比较表明，前者攫取更多石油收入的动能得到制度化。委内瑞拉税收规模达到国民生产总值的20%（1977~1979），哥伦比亚则达到12.2%（1979~1981）。委内瑞拉在石油业征收极高的公司所得税，其税率达到14.1%，而哥伦比亚的税率为1.6%。委内瑞拉其他税种的税率明显低于哥伦比亚，该国个人所得税税率仅为哥伦比亚的1/3。[①]

石油国家的政府职能在扩张，体制的进步却是缓慢和滞后的，石油国家变成“虚弱的巨人”。[②] 一方面，石油国家有着更为强烈的国家干预冲动。开发石油需要巨额的资本和复杂的组织，因而使国家处于政治舞台中心。由于石油收入注入国家而非私人企业，新发现石油储量或石油价格攀升都在加强国家的作用。资源集中于行政部门，行政部门负责制定石油政策。只要石油收入不断进入国库，而且没有通过有意识的行为扭转这一过程，中央集权和政府干预就是自然而然的。另一方面，就国家能力而言，石油国家落后于许多国家。国家能力（State Capacity）应当被视为一国物质能力（控制、汲取和分配资源）和政治能力（形成、执行和落实集体决策）的总和。对其进行衡量的指标包含征税、提供服务、创造共识和选择/改善政策。[③] 在这些指标领域，石油国家的表现普遍不佳。

以委内瑞拉为例，政府承担广泛的干预功能和软弱的国家能力之间形成一个巨大的缺口。政府缺乏能力构建一个有渗透力和凝聚力的管理体制，以便成功地制定和实施政策。对委内瑞拉而言，外国企业、食利资本家、依靠国家权力而生的政治精英和有组织劳工受益于现状。它们为改变石油财富的分配状况而你争我夺，却都主张维持依靠石油财富度日的现状。石油收入先是转化为公共资金，然后转化为针对个人或组织的私人产品。这种产品可以

---

① Terry Lynn Karl, *The Paradox of Plenty: Oil Booms and Petro States*, Berkeley: The University of California Press, 1997, p. 88.

② Terry Lynn Karl, *The Paradox of Plenty: Oil Booms and Petro States*, Berkeley: The University of California Press, 1997, p. 59.

③ Terry Lynn Karl, *The Paradox of Plenty: Oil Booms and Petro States*, Berkeley: The University of California Press, 1997, p. 45.

是巨额的利润、过度的就业、过高的薪水、极高的贸易壁垒、臃肿的合同，或猖獗的腐败。既得利益集团通过寻租行为占用国家资源，最终挤压了真正的生产活动。

石油收入往往掩盖体制的脆弱性，导致执政者以扩大财政支出维系政治秩序。同时，国家无力真正使其管控深入社会的各个角落，以便形成和实施具有综合性、决断力的政策。政治人物不断许诺分配石油财富，却很少有效地扩大公共服务。委内瑞拉政府存在的突出问题可以总结为以下三点：第一，政府的职能增加了，但政府的管理能力没有得到相应的提升，尤其是为本国民众找到替代性的收入来源的能力；第二，政府没有认真讨论把公共资源用于私营部门的标准；第三，政府没有讨论如何利用石油补贴提高其他生产部门的生产率，从而最终实现可持续的发展。①

石油国家易于出现这样一种政治状况：政治人物以夸夸其谈的方式谈论如何用钱解决问题；一旦无法用钱解决问题，他们就竭力推迟做出那些艰难的抉择，直到下一场石油繁荣到来。如此一来，整个国家的问题越积越多，且日益恶化。最后，只有严重的政治危机和经济危机才能带来重大的改变。②

对委内瑞拉和其他石油国家而言，改变国家发展轨迹将面对巨大的障碍。石油国家获得的租金收入极为丰厚，这些国家的政府能够在不增加投资的情况下从本国的资源中获取非同寻常的高收入。石油不仅在很长的时间段里带来极高的租金，还使石油国家易于获得国际借贷（也就是使石油国家寅吃卯粮）。这种状况使石油国家在宏观经济出现问题时，比其他发展中国家更长时间地规避实施必要的结构性改革。就这种意义而言，“石油美元”被“套牢”，强化了以往以石油为基础的发展选择，导致制度的固化和极高

① Terry Lynn Karl, *The Paradox of Plenty: Oil Booms and Petro States*, Berkeley: The University of California Press, 1997, p. 85.

② Terry Lynn Karl, “The Perils of the Petro-State: Reflections on the Paradox of Plenty”, *Journal of International Affairs*, Vol. 53, No. 1, Fall 1999, pp. 31-48.

的改革“门槛”。[①] 权力和资源紧密地联系在一起，替代性的权力来源往往是脆弱的。国家利益就是推动现行的发展模式、使国家的传统财政基础固化、培育支持国家政策的社会利益集团。换言之，石油租金收入对石油国家的决策架构产生直接的影响，在其他国家足以改变发展轨迹的重大事件无法在石油国家产生同样的效果。

## 第四节　石油时代的委内瑞拉社会

20 世纪初以来，石油在各个领域给委内瑞拉带来深远的影响，不仅成为经济发展的主导因素，还塑造了社会结构和社会心理，带来政治发展的新动力。

石油推动委内瑞拉实现人口的大规模流动、碰撞和融合，使国家建构进程向前迈进一大步。自 19 世纪初的独立战争结束后，该国很少出现大规模人口流动。至 20 世纪初，日益繁荣的石油业成为社会融合的“搅拌器”。那些长期在咖啡种植园、大庄园或牧场谋生的农牧民平生第一次离开家乡，前往遥远的石油营地寻找工作机会，希望谋取一份报酬更高的工作。石油业不是劳动密集型行业，但与之相关的基础设施建设和服务业需要大量劳动力。要想使油田真正运转起来，石油企业通常需要人手清理植被、修建港口、铺设公路和搭建职工住房，提供各式各样的后勤服务。因此，油田周围的石油营地往往能够产生大量的工作岗位。石油营地既是生产石油的工作场所，也成为委内瑞拉各地区、各阶层民众彼此交流、融合以及与外国人进行互动的“实验室”。委内瑞拉人是石油业劳动力的主力，在石油营地体验了一种与以往完全不同的生活，形成有关职业道德和个人发展的新观念，消费新的商品，形成新的家庭生活、公民身份和种族等级。随着时间流逝，这些源于石油营地的新兴的规范、价值观和生活标

① Terry Lynn Karl, *The Paradox of Plenty: Oil Booms and Petro States*, Berkeley: The University of California Press, 1997, p. 225.

准演化为“一套影响广泛的社会假设和阶层预期”，开始对委内瑞拉社会产生深远的影响。①

石油业的兴起使委内瑞拉迎来新一波跨国移民浪潮。在石油繁荣的吸引之下，来自加勒比群岛、墨西哥、东亚、中东的新移民纷纷前往委内瑞拉“淘金”，填补当地的劳动力缺口。吃苦耐劳的加勒比黑人常常从事最艰苦的油田清理和油井开采工作。具有工作经验的加勒比黑人和华人往往在石油公司从事记账、打字、后勤等行政工作。许多加勒比黑人还担任电工、木匠、司机、水手和机械师。

不同于同样曾在委内瑞拉广泛活动的德国人，美国人给委内瑞拉社会留下不可磨灭的印记。② 美国控制之下的委内瑞拉石油业，数量众多的外国石油工作人员，都在促进来自外部世界，尤其是来自美国的习俗和文化在委内瑞拉广泛传播。那些在石油业供职的委内瑞拉人，尤其是专业技术人员和管理人员，与美国形成持久的联系。美国的价值观和理念弥散于公司的文化氛围之中。不仅那些在美国石油公司供职的委内瑞拉人变得越来越“美国化”，一些美国的习俗和价值观也开始向委内瑞拉社会扩散，得到一些社会阶层的认可。美式的饮食、服装和运动以及英语越来越多地融入委内瑞拉人日常生活。美国人酷爱的棒球运动最终成为在委内瑞拉最受欢迎的运动项目。

新老移民的交融过程折射深藏于委内瑞拉社会的种族主义传统。在石油营地，来自美国的白人占据高层职位，肤色较白的委内瑞拉本地中上阶层人士担任专业管理职务，混血人、黑人和华人则充当一般劳动者。按照肤色分层的工资架构，按照肤色区别的生活条件，种族歧视引发的劳资纠纷，都日复一日地出现在营地。这种状况实际上就是当时委内瑞拉的社会状况。一个人的社会地位不仅来自其家庭背景、受教育程度、经济状况等因素，还在很

---

① Iselin Åsedotter Strønen, *Grassroots Politics and Oil Culture in Venezuela: The Revolutionary Petro-State*, Cham: Palgrave Macmillan, 2017, p. 46.

② Miguel Tinker Salas, *The Enduring Legacy: Oil, Culture, and Society in Venezuela*, Durham: Duke University Press, 2009, p. 241.

大程度上来自其种族属性。因此，在批评者看来，石油加剧而非缓和了委内瑞拉固有的种族歧视行为。

在20世纪初，委内瑞拉的上层、知识分子，甚至新兴中间阶层许多成员都对有色人种带有歧视。[①] 当地民族主义情绪的主要目标并非英美控制的石油企业，而是那些来自加勒比的有色人种（黑人和华人）。一些学者非常担心伴随加勒比黑人涌入而可能出现的整个国家“黑化”问题。当时的知识界代表人物乌斯拉尔·彼得里、马里亚诺·皮康·萨拉斯（Mariano Picón Salas）、布兰科·丰博纳（Blanco Fombona）等人都讨论和分析了黑人和华人新移民的到来将给该国的种族构成带来怎样的不利影响。许多执政集团成员和知识分子希望吸引欧洲移民大量到来，以便“白化”这个国家。

一方面，石油业兴起使委内瑞拉的农村和农业急剧衰败。时至1913年，该国仍然是典型的农业社会，绝大多数劳动力集中于农业部门（见表2-8）。此后，石油收入的持续增长导致本币出现币值高估，抑制了咖啡、可可等传统农产品的生产与出口。随着进口能力增强，大量廉价进口食品充斥该国国内市场。在这种情况下，农业产量不断下滑。到1935年，委内瑞拉已经转变为粮食净进口国。农业的衰败、石油的开发和城市的繁荣使越来越多的农民离开农村，前往油田或城市谋生。农业的衰败和劳动力的持续流失使地主无力维持其土地经营。他们只能变卖土地，迁居城市，转而从事贸易、金融或其他营生，实际上转变为依赖“石油美元”的新社会集团的一员。简言之，石油收入实际上为委内瑞拉提供了一个“出口”，使农村劳动力大规模流向城市和非农产业，帮助缓和农民与地主之间的矛盾，使农村地区不存在导致政治激进化的因素。因此，委内瑞拉不存在其他拉美国家常见的、引爆革命所必需的零和冲突。[②]

---

① Miguel Tinker Salas, *The Enduring Legacy: Oil, Culture, and Society in Venezuela*, Durham: Duke University Press, 2009, p. 150.

② Terry Lynn Karl, "Petroleum and Political Pacts: The Transition to Democracy in Venezuela", *Latin American Research Review*, Vol. 22, No. 1, 1987, pp. 63-94.

表 2-8　拉美国家的经济社会指标（1913）

| 国家 | 人均出口额（美元现价） | 人均国内生产总值（美元现价） | 每千人拥有铁路里程 | 农业劳动力人口占比 | 识字率 | 预期寿命 |
|---|---|---|---|---|---|---|
| 阿根廷 | 67 美元 | 188 美元 | 4.4 千米 | 34.2% | 63% | 46 岁 |
| 玻利维亚 | 20 美元 | — | 0.7 千米 | — | 21% | 29 岁 |
| 巴西 | 13 美元 | 44 美元 | 1.0 千米 | 66.7% | 35% | 31 岁 |
| 智利 | 75 美元 | 140 美元 | 2.3 千米 | 37.7% | 56% | 30 岁 |
| 哥伦比亚 | 6 美元 | 45 美元 | 0.2 千米 | 70.5% | 41% | 31 岁 |
| 哥斯达黎加 | 28 美元 | 76 美元 | 1.6 千米 |  | 50% | 34 岁 |
| 古巴 | 69 美元 | 148 美元 | 1.5 千米 | 48.9% | 59% | 36 岁 |
| 多米尼加 | 13 美元 | — | 0.3 千米 | 67.6% | — | — |
| 厄瓜多尔 | 12 美元 | — | 0.4 千米 | — | 39% | — |
| 萨尔瓦多 | 13 美元 | 39 美元 | 0.9 千米 | — | 14% | 24 岁 |
| 危地马拉 | 6 美元 | 65 美元 | 0.1 千米 | — | 8% | — |
| 海地 | 5 美元 | — | 0.4 千米 | — | 31% | — |
| 洪都拉斯 | 9 美元 | 67 美元 | 1.4 千米 | — | 31% | 30 岁 |
| 墨西哥 | 13 美元 | 78 美元 | 0.6 千米 | 63.7% | — | — |
| 尼加拉瓜 | 14 美元 | 54 美元 | 0.2 千米 | 83.7% | 31% | — |
| 巴拿马 | 9 美元 | — | 0.6 千米 | — | 40% | 30 岁 |
| 巴拉圭 | 10 美元 | — | 0.8 千米 | — | 30% | — |
| 秘鲁 | 9 美元 | 37 美元 | 0.3 千米 | — | 27% | — |
| 乌拉圭 | 59 美元 | 195 美元 | 2.1 千米 | 28.0% | 67% | 52 岁 |
| 委内瑞拉 | 9 美元 | — | 0.3 千米 | 72.0% | 30% | 30 岁 |

资料来源：Enrique Cárdenas, José Antonio Ocampo and Rosemary Thorp, "Introduction", in Enrique Cárdenas, José Antonio Ocampo and Rosemary Thorp (eds.), *An Economic History of Twentieth-Century Latin America*, *Volume 1*, Basingstoke: Palgrave, 2000, p. 26。

另一方面，农业的衰落和农村的凋敝使委内瑞拉未来的选举场域里没有出现强大的右派集团。地主阶层在石油时代处于弱势状态，无力推动成立保守的农民党，因而支持成立基督教社会党。当委内瑞拉在 1958 年转向民主体制时，没有出现土地精英们的有组织反抗。委内瑞拉和智利的社会发展状况比较相似，矿产品出口成为经济主导现象产生巨大的社会影响。相较于中美洲国家，委内瑞拉和智利能够相对容易地实现协议民主的制度化。

委内瑞拉的城市化进程伴随石油业兴起而急速推进。在石油繁荣到来之后，大量农村人口持续不断地涌向加拉加斯等大城市。1936 年，该国农村人口占总人口的比重为 71%；至 1971 年，这一比重急剧下降至 27%（见表 2-9）。城市化进程削弱了长期盛行的地方认同，打破传统的政治联系，产生大量的城市个体。这种状况为大众型政党进行政治动员创造良好的社会条件。

**表 2-9 1936~1971 年委内瑞拉的人口分布**

单位：%

| 年份 | 农村人口 | 城市人口 |
| --- | --- | --- |
| 1936 | 71 | 29 |
| 1941 | 69 | 31 |
| 1950 | 52 | 48 |
| 1961 | 37 | 63 |
| 1971 | 27 | 73 |

资料来源：Daniel Levine, "Venezuela since 1958: The Consolidation of Democratic Politics", in Juan Linz and Alfred Stepan (eds.), *The Breakdown of Democratic Regimes: Latin America*, Baltimore: Johns Hopkins University Press, 1978, p. 87。

石油使委内瑞拉形成不同于其他拉美国家的阶层模式。石油美元的涌入和流通，石油租金而非实际生产活动的作用，最终推动委内瑞拉形成一个很大程度上非生产性的城市中间阶层。相较于发展缓慢的工人阶级，中间阶层出现更早，其人数更多。在工人阶级中，石油工人率先崛起。他们的人数一直很少。1941 年，委内瑞拉所有石油企业的雇员数量相当于劳动力总量的 1.55%；到 1948 年，这一比重上升至 4.50%。[①] 在 20 世纪 50 年代和 60 年代，该国石油业从业者继续保持这一总体规模。但是，他们的工资水平是委内瑞拉各个行业之中最高的。许多人往往依靠家庭背景或个人关系在石油业取得职位。石油工会极为强大，为本行业职工取得诸多权益。因此，石油业

① Walter F. Dupouy, "Consideraciones sobre algunos efectos económicos y sociales de la industria del petróleo en Venezuela", *El Farol*, Julio 1949, p. 8.

工人往往被委内瑞拉人视为“劳工贵族”。

石油收入不仅成为委内瑞拉经济现代化的驱动力，还成为政治变革（尤其是民主化）的催化剂。普通民众，尤其是中间阶层越来越不满外国主宰委内瑞拉经济，也不满国家存在的垄断、裙带关系和腐败。20 世纪初期，委内瑞拉开始形成第一场“全国性”讨论，其内容集中于如何管理石油，以便实现石油收入的最大化。此外，它还涉及公民的义务和权利，对民族意识的发展具有关键作用。各派政治力量普遍希望国家能够积极干预经济、推动重新分配国家的财富。左派政党尤其希望国家在推动建设一个更加公平、平等的社会方面发挥作用，更有力地控制石油业。

戈麦斯在 1935 年去世之后，城市中间阶层和工人阶级变得日益活跃。他们支持加强国家干预，主张从外国石油公司那里获取更大份额的石油利润，要求更加公平地分配石油收入。在工人中，石油工人率先崛起。他们的政治代言人最初是委内瑞拉共产党，然后是民主行动党。但是，他们的人数较少，且常在石油营地（远离城市）活动，因此，他们的政治影响力较为有限。到 50 年代，该国制造业工人的力量依然薄弱。因此，民主行动党和基督教社会党这种代表跨阶级利益的中间立场政党逐渐成为政坛主流。土地精英无力推动成立保守的农民党，无力形成独立的政治影响力，只能借助全国性政党代表其利益。

滚滚而来的石油收入对委内瑞拉人的社会心理产生深远影响。20 世纪 50 年代以来，许多人相信委内瑞拉已经是一个富裕的国家，随之形成一种“应得权益文化”。在他们看来，石油是国家财富，国家是富有的，所有委内瑞拉人生来就应当享有石油创造的财富。政治斗争的焦点是如何分配石油财富，而非如何将其有效地用于扩大和提升生产能力。批评者指出，石油（也就是 20 世纪的金银）的发现使委内瑞拉强化了它的寻租/食利传统，也成为抑制形成一种以生产为基础文化的主要不利因素。[①] 一个人只要与政府

---

① Lawrence E. Harrison, *The Central Liberal Truth: How Politics Can Change a Culture and Save It from Itself*, New York: Oxford University Press, 2006, p. 149.

有联系、获得公共部门职位，就可以轻松享受石油财富带来的好处。石油仿佛化身为一个天然的“魔术师”，让这个国家无须付出巨大的努力就可以实现众多的目标。许多委内瑞拉人把发展视同消费，把现代化视为一种个人经验而非社会事业；在取得丰厚石油收入如此长时间之后，委内瑞拉的生产组织、生产体制仍然在沿袭前石油时代的食利方式。换言之，石油没有为生产性投资创造机遇，反而延续既有的社会心理（主要表现为一种消费文化）。因此，乌斯拉尔·彼得里担忧委内瑞拉产生“石油寄生性”。在他看来，该国在 1976 年至 1995 年产生的数十亿石油美元财富在很大程度上被挥霍浪费 。[①]

石油使委内瑞拉国内形成有关如何看待本国历史的新观点和新讨论。在许多人看来，委内瑞拉发现石油之后的时代是代表传统的落后力量和代表现代性的现代力量相遇，进而重构这个国家灵魂的时代。[②] 对他们而言，“石油时代到来之前的委内瑞拉是独裁者的乐园，经济处于落后状态，热带传染病和迷信充斥社会各个角落”。[③] 许多委内瑞拉人把石油和外国石油公司视为委内瑞拉现代化进程的启动者，认为它们为这个国家注入现代性。在许多委内瑞拉石油从业者看来，现代委内瑞拉是随着石油业兴起而产生的。他们甚至认为自己是本国现代化进程的支柱。外国石油公司被许多人视为破解一国落后性和第三世界属性（thirdworldism）的办法。[④] 对批评者而言，这些源于外国人和委内瑞拉精英的负面描述折射了他们对委内瑞拉人口结构的种族主义立场；这场有关现代性和传统的争论实际上是为了使外国石油公司在委内瑞拉的经营活动得到认可。[⑤]

---

① Arturo Uslar Pietri, “El paratismo petrolero”, *El Nacional*, August 3, 1997, § A, 4.

② Miguel Tinker Salas, *The Enduring Legacy: Oil, Culture, and Society in Venezuela*, Durham: Duke University Press, 2009, p. 238.

③ Miguel Tinker Salas, *The Enduring Legacy: Oil, Culture, and Society in Venezuela*, Durham: Duke University Press, 2009, p. 238.

④ Iselin Åsedotter Strønen, *Grassroots Politics and Oil Culture in Venezuela: The Revolutionary Petro-State*, Cham: Palgrave Macmillan, 2017, pp. 46-47.

⑤ 参见 Miguel Tinker Salas, *The Enduring Legacy: Oil, Culture, and Society in Venezuela*, Durham: Duke University Press, 2009; Iselin Åsedotter Strønen, *Grassroots Politics and Oil Culture in Venezuela: The Revolutionary Petro-State*, Cham: Palgrave Macmillan, 2017。

大多数委内瑞拉人愿意相信，石油业的兴起使这个国家进入一个新的时代。但是，石油业及其塑造的新社会秩序从未取代传统的生活方式。石油业在其发展高峰时期也只是雇用人数很少的一批劳动力。在马拉开波湖畔的新建油井旁，老百姓仍然延续着以往数代人的生活方式，他们住在水上或是湖边，勉强糊口度日。这些贫困人口的存在时刻提醒人们：世界有两个委内瑞拉，一个尽情享受石油，另一个只能在石油的阴影中挣扎度日。[①]

尽管委内瑞拉多次出现石油繁荣，社会不平等依然是一个根深蒂固的问题。从 1958 年到 1998 年，该国依靠石油赚取 3000 亿美元。这相当于 20 个马歇尔计划的资金规模。[②] 政治人物有关公平分配石油财富的许诺从未得到兑现。时至 20 世纪 70 年代末，1/3 的委内瑞拉人赚取的工资仍然低于该国最低工资水平。该国居民在名义上全体享有免费医疗、教育等社会保障，但是，真正的受益者通常来自两大传统政党、军队、正规部门就业人员和两党控制的工会。相当多的人口，尤其是农村人口没有被纳入社会保障体系。在 20 世纪 90 年代进行的多次民意调查显示，80%的委内瑞拉受访者认为，他们的国家是“世界上最富有的国家之一”，因为这里蕴藏石油；同时，多达 80%的受访者表示，政府和政客应当为他们的贫困承担责任。[③]

在委内瑞拉，石油既是一个政治问题，也是一个伦理道德问题。该国流行这样一种说法：哥伦布发现我们，玻利瓦尔解放我们，石油毁掉我们！西蒙·玻利瓦尔大学的政治学教授阿尼瓦尔·罗梅罗（Aníbal Romero）这样说道：“这是一个病态的社会；它之所以病态，是因为它得了一种叫作‘石油’的病。石油很容易生产，人们可以用进口而来的设备把石油采出来，

① Miguel Tinker Salas, *The Enduring Legacy: Oil, Culture, and Society in Venezuela*, Durham: Duke University Press, 2009, p. 239.

② Michael McCaughan, *The Battle of Venezuela*, London: Latin America Bureau, 2003, p. 31.

③ Larry Rohter, “Venezuela Finds Source of Wealth Is Also a Curse”, August 20, 2000, http://www.nytimes.com/2000/08/20/world/venezuela-finds-source-of-wealth-is-also-a-curse.html.

石油也总是能卖出去。因此，石油不仅窒息了其他经济部门，还让大多数委内瑞拉人相信：如果他们没钱，就是因为有人偷走了应当属于他们的钱。”① 政治精英也承认，下层民众因为无法分享石油财富而不满。曾经担任委内瑞拉贸易和工业部长的莫伊塞斯·纳伊姆（Moisés Naím）这样说道：“如果你是委内瑞拉人，你在出生之时就被告知你是有钱人。事实却是，你是一个穷人。这就意味着有人偷走了你的钱。这就是查韦斯一直在利用的社会情绪。”②

委内瑞拉逐渐形成这样一种社会认同的分野：一部分人是石油财富的受益者，另一部分人被剥夺了从石油受益的天赋权利。集团利益、政治利益都与对石油业的控制权紧密关联。这样一幅图景“使我们能够理解查韦斯为何不断强调对石油业的控制权，以及由此所带来的委内瑞拉社会大重组”。③

---

① Larry Rohter, “Venezuela Finds Source of Wealth Is Also a Curse”, August 20, 2000, http://www.nytimes.com/2000/08/20/world/venezuela-finds-source-of-wealth-is-also-a-curse.html.

② Deborah Sontag, “In the Time of Hugo Chávez”, June 2, 2002, http://www.nytimes.com/2002/06/02/magazine/in-the-time-of-hugo-chavez.html.

③ Iselin Åsedotter Strønen, *Grassroots Politics and Oil Culture in Venezuela: The Revolutionary Petro-State*, Cham: Palgrave Macmillan, 2017, p. 48.

# 第三章　蓬托菲霍时期：光荣与迷途

委内瑞拉是最晚尝试建立民主体制的拉美国家之一。在“三年时期”（el Trienio Adeco）（1945～1948），该国首次建立民主体制，成为第二波民主化浪潮的重要组成部分。1958 年，在各派政治力量的共同努力之下，民主体制得到重建。

精英合作成为委内瑞拉顺利完成从威权统治到民主政治转型的关键因素。该国三大政党签订的《蓬托菲霍协定》（Pacto de Punto Fijo）以及一系列相关协定，最终使该国形成以精英和解与权力共享为基础的协议民主体制。[①] 有鉴于此，1958 年至 1998 年的委内瑞拉政治体制被称为“蓬托菲霍体制”，这一时期也被称为“蓬托菲霍时期”。

在蓬托菲霍时期，委内瑞拉确立了一套国家主导型的经济社会发展模式。源源不断的石油收入成为这一模式的物质基础。政府负责掌握和分配石油收入，大力推动进口替代工业化，在不同阶层、不同利益集团之间发挥仲裁者、调节者的作用。至 20 世纪 70 年代，该国崛起为拉美第四大经济体，其人均国内生产总值一度跃居拉美地区首位。

委内瑞拉在蓬托菲霍时期形成制度化水平很高的政党体系。1958 年以来，执政权在两大政党（民主行动党和基督教社会党）之间轮动。一个以政党为首的多方合作体系逐步形成，私营部门、工会组织、天主教

① “协议民主”系指一国的民主体制建立在不同的精英集团通过签署协定所达成的合作之上。这意味着原本相互敌视的强大利益集团达成和解，共同维护它们的特权。参见 Gregory Wilpert，“The Economics, Culture, and Politics of Oil in Venezuela”，August 30, 2003, https://venezuelanalysis.com/analysis/74/。

会和军队都被纳入其中，共同支撑民主体制的运转。政党在国家政治社会中发挥如此重要的作用，以至于分析者把该国政权形态定义为“政党统治”。①

在拉美地区，委内瑞拉一度依靠其卓越的政治经济表现而与众不同。20世纪60年代和70年代，军事政变浪潮席卷该地区，它的民主体制却能够保持平稳运转、有效应对反体制力量的挑战，因而被誉为拉美的“民主楷模”。与此同时，石油暴利收入使这个国家变得前所未有的繁荣，许多委内瑞拉人怀有“委内瑞拉例外论”带来的乐观情绪，相信自己的祖国距离发达国家已不再遥远。

时至20世纪80年代，委内瑞拉随着世界市场石油价格走低而陷入经济停滞，“蓬托菲霍体制”的脆弱性随即暴露出来。1983年2月，陷入经济困境的埃雷拉政府被迫允许本币“玻利瓦尔”的汇率浮动，引发严重的经济动荡。这个“黑色星期五”标志着该国以石油收入为基础的增长模式已经无法维持，也意味着“蓬托菲霍体制”走向衰落。1989年初，成立伊始的佩雷斯政府单方面推出重大经济改革，引发剧烈社会动荡，进一步加剧“蓬托菲霍体制”的危机，从而为新兴政治力量的崛起奠定了基础。

## 第一节　民主政治的兴起

在戈麦斯统治委内瑞拉的27年间（1908~1935），委内瑞拉的面貌发生巨大的改变，从一个四分五裂的政治实体转变为一个民族认同感不断增强的国家。② 在他的铁腕推动下，委内瑞拉开始其政治、社会和经济的现代化。

---

① Michael Coppedge, “Explaining Democratic Deterioration in Venezuela through Nested Inference”, in Frances Hagopian and Scott P. Mainwaring (eds.), *The Third Wave of Democratization in Latin America: Advances and Setbacks*, Cambridge: Cambridge University Press, 2005, p. 291.

② Miguel Tinker Salas, *Venezuela: What Everyone Needs to Know*, New York: Oxford University Press, 2015, p. 73.

在戈麦斯去世之时，该国已经有300多万人，石油带来的巨大收益推动城市的发展，新兴的工人阶层开始崛起，加拉加斯等城市变得欣欣向荣。与此同时，国内政治力量出现新的分化组合。戈麦斯政权的主要受益者是戈麦斯的追随者、土地寡头、经济精英、教会和外国石油公司。石油财富并未充分造福大众，也没有提升整体的经济发展水平，社会不满情绪不断酝酿和发酵。

20世纪上半叶，随着委内瑞拉日益富裕，城市中间阶层不断壮大。出身该阶层的政治人物逐渐跻身政治精英集团；中间阶层关注的社会经济问题逐渐取代了传统的政治-宗教问题，成为国家政治生活的主要问题；政党取代了家族，成为主要的政治行为体。中间阶层主张通过大众选举而非武力获得执政地位，因而支持扩大选举权，主张放宽针对选举权的财产限制、年龄和识字率要求，给予女性投票权。来自中间阶层的政治领导人承诺不仅要给国家带来经济发展，还要实现社会进步；主张国家承担改善下层民众生活和提升福利水平的义务，并把这些义务明确写入宪法之中。与此同时，经济民族主义也成为把各派政治力量和大众团结起来的"黏合剂"。在"大萧条"之后，相关主张被逐步纳入政府工作议程中。[①]

1928年，一群大学生走上加拉加斯街头，公开反对戈麦斯独裁统治。这些大胆的学生自称"1928年一代"。罗慕洛·贝当古（Rómulo Betancourt）、霍维托·比利亚尔瓦（Jóvito Villalba）、拉斐尔·卡尔德拉（Rafael Caldera）和劳尔·莱昂尼（Raúl Leoni）是其中的代表性人物，也是城市中间阶层的政治领袖，在日后成长为国家政治社会转型进程的领导者。

罗慕洛·贝当古是委内瑞拉中央大学（UCV）法律系学生和委内瑞拉大学生联合会（FEV）成员，在政治上深受秘鲁政治家维克多·劳尔·阿亚·德拉托雷（Victor Raúl Haya de la Torre）倡导的改良主义思潮的影响。在他看来，委内瑞拉首先应当实行一场资产阶级革命，通过工业化实现经济

① John J. Johnson, "The Latin-American Military as a Competing Group in Transitional Society", in John J. Johnson (ed.), *Role of the Military in Underdeveloped Countries*, Princeton: Princeton University Press, 1962, p. 118.

的多元化，最终摆脱对石油的依赖；提高大众的生活水平，从而扩大国内市场；实行土地改革，以便提升农业的生产率。所有这些目标都应当在议会民主体制的架构下实现。

随着独裁者戈麦斯的病逝，委内瑞拉在 1936 年迈入现代国家时期。[①] 戈麦斯的继任者是同样来自塔奇拉州的埃莱亚萨·洛佩斯·孔特雷拉斯将军。在他执政期间（1935～1941），政府实施有限度的政治改革，释放一批政治犯，许多流亡海外的政治人物返回委内瑞拉。孔特雷拉斯政府推出委内瑞拉历史上第一个经济发展“国家计划”，其关键内容是“播种石油”、依靠石油收入推动经济发展。

新兴政治力量在 1941 年大选中初露锋芒。当时，著名作家罗慕洛·加列戈斯（Rómulo Gallegos）代表新兴政治力量，在总统选举中挑战孔特雷拉斯总统的政治继承人伊萨亚斯·梅迪纳·安加里塔（Isaías Medina Angarita）将军。最终，后者当选总统，并在同年与洛佩斯·孔特雷拉斯总统实现权力交接。

相较于前任，梅迪纳·安加里塔有着更加自由派的政治立场。他在执政期间（1941～1945）释放政治犯和实行政党合法化，一批在未来对委内瑞拉产生重大影响的政党随即成立，其中包括在 1941 年成立的民主行动党、在 1945 年成立的民主共和联盟（URD）和在 1946 年成立的基督教社会党（COPEI）。在 1931 年成立的委内瑞拉共产党（PCV）长期处于地下状态，后在 1945 年获得合法地位。在 1943 年颁布的《碳氢化合物法》使委内瑞拉能够获得更大份额的石油收入。

民主行动党是委内瑞拉最早出现的现代政党之一。它在成立初期持比较激进的民族主义、反帝国主义立场。该党领袖贝当古等人认为，该党应当大力推动争取民主体制的斗争，对大众进行广泛的政治动员，形成具有全国性、跨阶层和跨种族的政治影响力。由于美国支持戈麦斯政府，早期

① Judith Ewell, *Venezuela: A Century of Change*, Stanford: Stanford University Press, 1984, p. 13.

的民主行动党人普遍具有反美情绪，力图以反抗这一外部威胁促成全国团结。

民主行动党对戈麦斯政府执政以来的石油政策持强烈批评态度。贝当古和他的政治盟友乌斯拉尔·彼得里和胡安·巴勃罗·佩雷斯·阿方索认为，戈麦斯政府把特许经营权授予外国石油公司的做法意味着委内瑞拉不能充分享有石油带来的收益。他们主张加强国家对石油的控制权，获取更大份额的石油收入；石油收入应当成为促进发展和投资的“种子”，用于推动非石油经济部门的发展；全体人民都应当受益于石油财富和民主改革带来的发展机遇。

基督教社会党是在 20 世纪 40 年代兴起的另一个重要政党。1936 年，一部分政治立场保守的学生在卡尔德拉的带领下脱离委内瑞拉大学生联合会，组建一个新的学生联盟。该联盟经过一系列演变，在 1946 年改组为独立政治选举组织委员会（COPEI）。1948 年，该委员会重组为基督教社会党。该党主张走中间道路，宣称既反对社会非正义，也反对阶级斗争，提倡意识形态多元化和劳资协调，用非暴力方式建立一个公平正义的社会。

1945 年，委内瑞拉第一次建立民主体制。当时，梅迪纳·安加里塔的自由派立场引发大地主和部分高级军官的不满，而他疏远“安第斯人”的做法引发军人执政集团的分裂，他和前总统洛佩斯·孔特雷拉斯的分歧逐步公开化。在这一年夏天，有关军人政变的传言四下传播。在梅迪纳·安加里塔竭力防范洛佩斯·孔特雷拉斯等人时，另一股政治势力趁势崛起。1945 年 10 月 18 日，少壮派军官组成的爱国军人联盟（UPM）和民主行动党联手发动政变，推翻梅迪纳·安加里塔政府。爱国军人联盟的为首者是一批中下级军官，其中包括卡洛斯·德尔加多·查尔沃德（Carlos Delgado Chalbaud）少校和佩雷斯·希门尼斯少校。尽管军人在政变过程中发挥最重要的作用，但没有在政变成功之后接掌权力，而是由贝当古担任临时总统。此后，委内瑞拉进入“三年时期”。

“三年时期”是委内瑞拉当代发展进程的一个“关键节点”。在这一时期，一段漫长的、不曾被打断的历史时期终结，新的发展道路显现出来。[①]具体而言：第一，“三年时期”推动该国实现一场政治变革，长达一个多世纪的寡头军人统治走向终结，民主体制初步建立起来，大众政治逐渐铺开；第二，国家对经济社会生活的广泛干预作用得到确立，政府努力获取更大份额的石油收入和“播种石油”；第三，强大政党开始成为国家政治生活主要行为体，民主行动党等多阶级政党将在国家政治进程中发挥主导作用，军人逐步退出政治舞台。

在“三年时期”，执政力量寻求建立美国式的民主体制，改变这个国家陈旧过时的经济-社会结构。1946 年 10 月 27 日，140 万名委内瑞拉人参加投票，选举产生制宪大会。这是委内瑞拉历史上第一场自由公开的全国性选举；对大多数委内瑞拉人而言，这是他们首次参加投票。民主行动党大获全胜，赢得大约 100 万张选票。以民主行动党人为主体的全国制宪大会在同年成立，制定完成宪法草案。新宪法在 1947 年生效，大选在同年 12 月 14 日举行，民主行动党候选人罗慕洛·加列戈斯成为该国历史上第一位通过全民直接选举产生的总统。随着他在 1948 年 2 月正式就职，该国首次出现政党执政。

加列戈斯政府在成立之后迅速采取许多具有时代进步意义的措施：颁布新的税收法，提升政府获得的石油收入份额；鼓励成立工会，允许工会开展劳工斗争；政府投资推动医疗、住房、教育、农业和工业的发展。1946 年，政府对所有盈利超过 2800 万玻利瓦尔的公司（实际上就是针对石油公司）征收 26% 的附加税。此举使 1947 年政府收入较 1938 年激增230%。[②]

“三年时期”是政党政治勃兴的时期。根据新颁布的选举法，每一个政党挑选一种象征自身的颜色，以便选民辨识。民主行动党选择白色，基督教

① Julia Buxton, “Continuity and Change in Venezuela's Bolivarian Revolution”, *Third World Quarterly*, Vol. 41, No. 8, pp. 1371-1387.

② Benjamin Keen and Keith Haynes, *A History of Latin America* (8th Edition), Boston: Houghton Mifflin Harcourt Publishing Company, 2009, p. 485.

社会党选择绿色，共产党选择红色，民主共和联盟选择黄色。民主行动党在执政期间扩大自身影响力，成为全国最大的政党。它力图成为一个跨阶级联盟，既与工商界建立紧密联系，也积极争取农民和有组织劳工的支持。它在1946年至1948年的3场选举（制宪大会选举、总统/国会选举和市政选举）中连续获胜，得票率都超过70%。

同样在“三年时期”，有组织劳工崛起为委内瑞拉政治、经济和社会变革进程的重要组成部分。当时，逐步推进的工业化进程，大量欧洲移民的到来，都助推工会组织的成立。有组织劳工希望积极参与政治事务，争取分享更多的国家财富，为此竭力谋求影响政府在相关领域的决策。另外，政党和政府也需要得到有组织劳工的支持。工会不同于其他社会组织之处是，工会具有高度的纪律性，能够采取支持或反对政党/政府的集体行动。因此，工会能够在选举政治中发挥重要作用。民主行动党意识到工会的重要作用，因而积极争取它们的支持。在“三年时期”，工会高度支持民主行动党，帮助它赢得了这一时期的所有重大选举。

在“三年时期”，民主行动党人的跨种族民主体制理念经受检验。委内瑞拉精英内部有这样一种看法：联邦战争是国家独立以来不同种族群体之间的最后一场混战；战后执政的自由派包含来自各个种族群体的成员，种族歧视不再存在，本国的种族特征是“咖啡配牛奶”（café con leche）。[①] 民主行动党领导层认为，委内瑞拉的民主体制是一种跨种族民主体制，国家的主要社会分化是阶层而非肤色。这种强调种族平等的看法有利于维护全国团结，有利于把占据人口多数的混血人纳入政治进程，却不符合事实。即便在该党内部，一些人也从未放弃借助选择性移民对本国人口进行肉体的、文化的“白化”。[②] 该党领导层受到欧洲实证主义和种族主义的影响，担心占人口大多数的混血人无法在民主体制之下管理好自己。在加列戈斯看来，对大众的

① Winthrop R. Wright, “The Todd Duncan Affair: Acción Democrática and the Myth of Racial Democracy in Venezuela”, *The Americas*, Vol. 44, No. 4, 1988, pp. 441-459.

② Doug Yarrington, “Populist Anxiety: Race and Social Change in the Thought of Romulo Gallegos”, *The Americas*, Vol. 56, No. 1, 1999, pp. 65-90.

动员要求同时对他们的破坏欲进行限制，教导他们做出“负责任的”行动。[①]

委内瑞拉的首个民选政府成立不到1年就被一场军事政变推翻。加列戈斯政府相对激进的政策主张使国内保守力量（例如教会和工商业集团）感到担忧。随着形势趋于紧张，加拉加斯街头巷尾不断出现军方密谋政变的传闻。民主行动党和在野党之间矛盾丛生，无法团结应对军人干政的威胁。1948年11月，以时任国防部长卡洛斯·德尔加多·查尔沃德、佩雷斯·希门尼斯和路易斯·略韦拉·派斯（Luis Llovera Páez）为首的军人集团发动军事政变，推翻加列戈斯政府。

1948年军事政变迫使民主行动党领袖流亡国外，但基督教社会党继续留在国内活动。该党对加列戈斯政府的激进政策持批评态度，主张维护教会的利益。军事政变发生之后，它先是加入军人执政委员会（la Junta Militar），后在1950年退出。在佩雷斯·希门尼斯独裁统治时期（1951~1958），该党名义上为合法政党，实际上受到各种限制和打击。在1957年大选前夕，该党坚决要求举行自由公正的选举，因而遭到当局镇压，该党领袖卡尔德拉被迫流亡国外。

佩雷斯·希门尼斯的执政既是1898年以来安第斯将军掌权传统的延续，又是这一传统的断裂。如同这些将军总统，他也来自塔奇拉州；不同之处是，他在军事院校接受正规训练，同情那些持民族主义立场的青年军官，但反对激进左派。美国驻委内瑞拉大使馆一度担心他可能是一个庇隆式人物，损害美国在委内瑞拉的权益。但是，他很快与美国就石油政策和意识形态达成共识。在1952年大选中，他依靠操纵选举而当选总统。在他执政前期，委内瑞拉的石油出口收入继续增长，政府有财力修建住房、发展道路交通网络和兴办工矿企业。政府宣传其“新民族理念”（Nuevo Ideal Nacional），推动民族音乐、舞蹈的发展，以便提升民族自豪感。随着委内瑞拉日益富裕，

① Doug Yarrington, “Populist Anxiety: Race and Social Change in the Thought of Romulo Gallegos”, *The Americas*, Vol. 56, No. 1, 1999, pp. 65-90.

来自欧洲和拉美的移民大量涌入。

希门尼斯的军事独裁未能长久维持。到 20 世纪 50 年代末，石油出口繁荣告一段落，政府无力维持经济增长和创造就业岗位，社会不满情绪开始加剧。民众对石油财富的分配状况、腐败和经济压力感到不满，希望建立具有更大参与空间的政治体制。随着又一个大选年（1958 年）到来，希门尼斯试图再次连任，为此他逮捕了主要竞选对手卡尔德拉，并宣布将把总统选举改变为一场是否允许他连任的公民投票。这些做法严重地激化了国内矛盾，反对希门尼斯的政治力量逐渐团结起来。1957 年，一个名为“爱国委员会”（Junta Patriótica）的秘密组织成立，致力于把反对派力量团结起来，民主行动党、基督教社会党、民主共和联盟和委内瑞拉共产党都参与其中。

1957 年末，委内瑞拉政局开始加速演化。12 月 15 日，希门尼斯毫无悬念地赢得是否允许他连任总统的公民投票。委内瑞拉中央大学的学生不断举行罢课抗议活动，反对希门尼斯的做法。1958 年 1 月 1 日，以乌戈·特雷霍（Hugo Trejo）中校为首的一批少壮派军人举行反对希门尼斯的武装起义。这场起义行动很快失败，但军队内部的分裂状况暴露无遗。同年 1 月 21 日，爱国委员会呼吁举行全国大罢工。在罢工期间，越来越多的军人倒向爱国委员会一方，许多军队作战单位拒不服从政府进行弹压的命令。1 月 23 日，大势已去的希门尼斯被迫逃亡海外。

1958 年 12 月，民主行动党候选人贝当古成功当选总统，民主体制得到确立，委内瑞拉迈入一个新的发展阶段。到此时为止，委内瑞拉相继经历 4 个“共和国”：第一共和国从 1811 年（该国初次宣告独立）延续至 1812 年（西班牙军队夺取加拉加斯）；第二共和国从 1813 年（玻利瓦尔率军夺回加拉加斯，重建共和国）延续至 1814 年（保皇派军队再度攻陷加拉加斯）；第三共和国从 1817 年（玻利瓦尔在委内瑞拉东部再度发起独立战争）延续至 1819 年（安戈斯图拉国会宣布委内瑞拉成为大哥伦比亚共和国的一部分）；第四共和国从 1830 年（委内瑞拉脱离大哥伦比亚共和国独立）延续至 1998 年。[①] “蓬托菲霍时期”（1958～1998）被视为第四共和国的组成部分。

## 第二节　拉美的“民主楷模”

委内瑞拉民主体制是第二波民主化浪潮的产物。根据塞缪尔·菲利普斯·亨廷顿（Samuel Phillips Huntington）的分析，第一波民主化浪潮始于 1828 年的美国，然后向其他地区扩散。在第一次世界大战爆发前夕，阿根廷初步建立民主体制；至 20 世纪 30 年代初，智利加入民主国家行列。第二波民主化浪潮始于第二次世界大战期间，至 1962 年结束。在此期间，一批拉美国家加入或重新加入民主国家行列，其中包括委内瑞拉以及乌拉圭、巴西、哥斯达黎加、哥伦比亚、秘鲁等。

1958 年是委内瑞拉迈向民主体制的关键一年。在推翻希门尼斯政府的斗争中，政党初步展现了它们广泛动员大众、独立进行政治斗争的能力。在希门尼斯下台之后，它们反对任何以新的军人政府取代希门尼斯政府的做法，坚决要求成立包含文职人员的临时政府。最终，主要政党和军人组成以海军军官沃尔夫冈·拉腊萨瓦尔（Wolfgang Larrazábal）为首的执政委员会，负责筹备大选。

精英合作为委内瑞拉再次建立民主体制发挥关键作用。在“三年时期”，民主行动党处于“一党独大”地位，与在野党龃龉不断，各行其是。在 1948 年军事政变爆发时，众多政党眼睁睁地看着加列戈斯政府倾覆，却无所作为。政党失和被视为这场军事政变能够成功的一个重要成因。为重建民主体制，该国的主要政党需要形成共识、开展合作和做出妥协，依靠政党团结来反制独裁力量。

早在 1957 年，民主行动党、基督教社会党和民主共和联盟的领导人在

① 参见 Julia Buxton，“National Identity and Political Violence：The Case of Venezuela”，in Will Fowler and Peter Lambert（eds.），*Political Violence and the Construction of National Identity in Latin America*，New York：Palgrave Macmillan，2006，p. 129。

美国纽约发表共同声明，呼吁国内民众推翻希门尼斯独裁政权，建立民主体制。《纽约声明》表明该国主要政党达成基本共识，能够为恢复和巩固民主体制开展合作。

在希门尼斯政府垮台之后，上述3党和委内瑞拉共产党各自控制的工会组织同意做出让步，与工商业联合会在1958年4月签署《劳资合作协定》。工商界承诺尊重民主秩序和保障劳工权益，劳工同意接受工资限制和工作合同协商机制。

1958年10月，民主行动党、基督教社会党和民主共和联盟的领导人共同签署《蓬托菲霍协定》。这项协定包含它们之间的一项最低合作纲领，即：任何签署该协定的政党都必须承认1958年大选结果，必须同当选政府合作，必须在重大问题上实行党派之间的协商合作。此举意味着委内瑞拉三大党派正式达成政治合作。

在大选即将到来之际（也就是1958年12月），3位总统候选人——贝当古、卡尔德拉和拉腊萨瓦尔——代表各自政党，共同签订《关于政府原则和最低执政纲领的声明》（以下简称《声明》），明确提出国家经济发展纲要。他们和他们所在政党同意接受一种允许外资和本国私人资本共同发挥作用的发展模式，同意为本土产业提供高关税保护。《声明》排除政府对私人资产进行罚没的可能性，没有提出对外国石油和钢铁企业实行国有化；提出进行土地改革，但承诺为土地所有权的变化提供补偿；国家谋求获得更大比例的石油收入，不再授予特许经营权，但允许外国企业继续参与委内瑞拉的采掘业。这项协定是该国主要政党防止政策激进化和党际冲突的又一重要协定。简而言之，各方都同意接受一个国家主导型发展模式。

《蓬托菲霍协定》以及一系列相关合作协定对委内瑞拉产生深远的影响。它们为该国从威权统治转型为民主政治提供了政治保障，为民主体制下的精英竞争设定了“游戏规则”，为经济领域公共部门和私营部门之间划定界限，最终使该国形成一套以精英交易与妥协为基础的协议民主体制（una democracia pactada）。有鉴于此，1958年至1998年的委内瑞拉民主体制被称为“蓬托菲霍体制”。蓬托菲霍体制在实际运转过程中形成的特点包括以下几点。

第一，政党成为国家政治生活的主要行为体，政党格局表现为民主行动党和基督教社会党的轮流执政。

第二，国家主导型的发展模式得以确立。国家在不同阶层、不同利益集团之间发挥仲裁者、调节者的作用，而石油收入成为国家发挥这一作用的物质基础。国家负责把石油收入用于社会福利、发展战略产业（例如钢铁和石化），实行进口保护和补贴本国私营部门。

第三，一个以政党为首的多方合作体系逐渐形成，用于支撑民主体制的运转。这个合作体系纳入主要政党、工会组织、私营部门、天主教会和军队，各方利益实现汇合，遏阻来自保守势力或激进力量的挑战。

第四，实行亲美外交政策。三大政党的领导人认为，美国的态度对委内瑞拉民主体制的存续至关重要；如果让委内瑞拉共产党进入政党合作进程，美国就可能对委内瑞拉民主体制产生疑虑。因此，委内瑞拉共产党被排除在政党合作进程之外。

1958 年 12 月 7 日，委内瑞拉举行大选。参加大选的主要政党包括民主行动党（在工人和农民中的影响力较大）、基督教社会党（其力量集中于较为保守的安第斯地区诸州）、民主共和联盟（与城市中间阶层结盟）和委内瑞拉共产党（主要得到石油工人和轻工业工人的支持）。在总统选举中，主要争夺者是温和立场的民主行动党候选人贝当古和相对激进的沃尔夫冈·拉腊萨瓦尔。前者主张把劳工更多纳入现行体制，创建社会保障体系，实施进口替代发展战略，在国内外得到较为广泛的认可（尤其是得到美国人的信任和支持）。后者的支持力量包括民主共和联盟、委内瑞拉共产党和一批政治独立人士。民主行动党有分布广泛的基层党组织，能够比较有效地动员选民尤其是农村选民投票支持自己的候选人。最终，该党候选人贝当古成功当选总统。

贝当古在 1959 年 4 月正式就任总统。他遵守此前的政党合作协议，吸收许多来自其他政党的政治人物进入政府任职，实际上组成一个多党联合政府。例如，外交部长伊格纳西奥·路易斯·阿卡亚·里韦罗（Ignacio Luis

Arcaya Rivero）来自民主共和联盟，教育部长拉斐尔·皮萨尼（Rafael Pizani）和卫生部长阿纳尔多·加瓦尔东（Arnoldo Gabaldón）都是无党派人士。这种正式的政党联盟持续10年之久，至1968年方告解体。

随着贝当古政府（1959~1964）成立，新宪法的制定成为国家政治议程之中的最紧迫事项。1959年至1960年，由国会两院议员共同组成的委员会负责起草宪法。为维护此前达成的政治共识，该委员会以较为保守的1953年宪法为蓝本，而非更具平等色彩的1947年宪法。

新宪法在1961年正式颁布，成为委内瑞拉独立以来的第25部宪法。到目前为止，它仍然是该国沿用时间最长的宪法。宪法起草委员会实际上把许多重要的政党合作协议书面化，并纳入宪法文本。因此，1961年宪法推动形成一套有利于主要政党的政治规则。这部宪法的内容还体现了该国的政治集权传统。总统成为一个超级仲裁者，总揽外交、国防、货币、税收、开发地下资源等众多权力，负责任命政府部长、州长和国有企业负责人，有权宣布国家处于紧急状态。另外，宪法规定总统不得连选连任。这既是为了防止总统的独裁，也是防止某个党派长期垄断这一职位。国会成为各派政治力量进行政策讨论和政治斗争的场所，但它的权力受到限制，以免党派竞争损害政治稳定。由于国会选举实行比例代表制，政党能够对本党国会议员发挥很强的控制力。

贝当古政府力图与私营部门、劳工和农村保持紧密联系。政府在推动进口替代工业化的过程中剥夺了私营部门参与重工业的权利，但没有寻求对其实行大规模国有化。私营部门通过向国有企业出售产品而获益，对国家的经济规划也有一定的发言权，一些重要的部长职位（如财政部长和央行行长）通常由那些与私营部门关系紧密的人物担任。与此同时，政府支持资方和工人签署合作协定，限制罢工；注意笼络工会，向其成员提供相当优厚的福利待遇；实行有限的土地改革，主要是分配国有土地和原先由希门尼斯政府成员掌握的土地。

委内瑞拉在1963年举行第二次大选。民主行动党候选人劳尔·莱昂尼赢得总统选举，并在1964年就职。这是该国首次实现两位民选总统之间的权力交接。基督教社会党退出执政联盟，由民主共和联盟取而代之。两届民主行动党政府保持很大的政策延续性。莱昂尼政府（1964~1969）继续依靠石油收入推动本国制造业的发展，尤其是发展汽车、化工和电子产业。古里（Guri）水电站在此期间开工兴建，后成为世界最大水电站之一，有力地保障了委内瑞拉全国的大部分电力需求。

基督教社会党人拉斐尔·卡尔德拉在1969年接任总统。这是该国最高执政权力第一次在不同政党之间实现和平交接。卡尔德拉政府（1969~1974）在很大程度上延续前两届政府政策。它利用国际市场石油价格高涨的机会，谋取更大份额的石油收入；颁布法律，加强对外国石油公司的管控；投资发展教育、政府和基础设施。卡尔德拉政府的一大成就是恢复国内和平。1969年，卡尔德拉总统兑现选举诺言，同意特赦那些愿意交出武器的游击队员。委内瑞拉共产党接受政府和谈条件，恢复合法政党地位。到卡尔德拉政府任期结束时，大多数游击队停止武装斗争。

委内瑞拉民主体制确立以来，国家在推动经济发展方面的作用日益凸显。时至20世纪50年代，该国工商界和主流政党的一个重大分歧是国家对经济事务的作用。前者希望政府发挥比较有限的作用，后者希望政府成为引领经济发展的“火车头”。与希门尼斯政府的合作使工商界意识到，国家对经济的干预有助于抑制来自外国的市场竞争，政府向私营企业提供的补贴更是直接有利于己。工商界人士逐步改变看法，普遍接受了一个干预型政府。

国家推动经济发展的作用集中表现为实施进口替代工业化。在拉美大型经济体中，委内瑞拉最晚启动国家主导的全面工业化进程，但取得快速的发展。[①] 贝当古政府在成立之后，高度强调工业化对委内瑞拉的重大意义，把很大一部分石油收入以贷款或直接补贴的方式用于国有企业。重工业被视为委内瑞拉追赶发达国家的主要动力。1958年以来，历届政府大力推动由国

① Moisés Naím, *Paper Tigers and Minotaurs: The Politics of Venezuela's Economic Reforms*, Washington, D. C.: The Carnegie Endowment for International Peace, 1993, p. 20.

家牵头实施的、以自然资源为基础的重工业化，在钢铁、铝业、石化、炼油、水电等领域成立一批大型国有企业，其中包括在1962年成立的大型国有钢铁企业——奥里诺科钢铁公司（SIDOR）。20世纪60年代末，该国为开发储量丰富的铝土资源而成立委内瑞拉铝业公司（Venalum）、卡洛尼铝业公司（Alcasa）等国有企业。到80年代中期，上述企业的铝产品成为该国重要的非石油出口产品。此外，该国还在镍矿、水泥、汽车组装等领域进行较大规模的投资。20世纪50年代至70年代，该国保持了快速而持续的经济增长（见表3-1）。

**表3-1 拉美国家国内生产总值增长率（1950~1970）**

单位：%

| 国家 | 国内生产总值增长率 | |
|---|---|---|
| | 1950~1960年 | 1960~1970年 |
| 阿根廷 | 2.8 | 4.4 |
| 玻利维亚 | 0.4 | 5.0 |
| 巴西 | 6.9 | 5.4 |
| 智利 | 4.0 | 4.3 |
| 哥伦比亚 | 4.6 | 5.2 |
| 哥斯达黎加 | 7.1 | 6.0 |
| 古巴 | 2.4 | 4.4 |
| 多米尼加 | 5.8 | 5.1 |
| 厄瓜多尔 | 4.9 | 5.2 |
| 萨尔瓦多 | 4.4 | 5.8 |
| 危地马拉 | 3.8 | 5.5 |
| 海地 | 1.9 | 0.8 |
| 洪都拉斯 | 3.1 | 5.3 |
| 墨西哥 | 5.6 | 7.1 |
| 尼加拉瓜 | 5.2 | 6.9 |
| 巴拿马 | 4.9 | 8.1 |
| 巴拉圭 | 2.7 | 4.6 |
| 秘鲁 | 4.9 | 5.5 |

续表

| 国家 | 国内生产总值增长率 | |
|---|---|---|
| | 1950~1960 年 | 1960~1970 年 |
| 乌拉圭 | 1.7 | 1.6 |
| 委内瑞拉 | 8.0 | 6.3 |
| 拉美 | 5.3 | 5.4 |

资料来源：Victor Bulmer-Thomas，*The Economic History of Latin America since Independence*（Second Edition），Cambridge：Cambridge University Press，2003，p. 300。

20 世纪 60 年代至 70 年代，民选政府保持对军队的基本控制。它按照“分而治之”的原则改革军队体制，取消了集权化的指挥架构，尤其是取消了总参谋部，允许每一个军种享有自主管理权。如此一来，陆军、海军、空军和国民警卫队需要为获取资源和权力进行竞争。政治人物能够直接影响高级军官的提拔任用。1961 年宪法规定，上校和将军的晋升必须得到国会和总统的批准。这就意味着，高级军官必须与政治人物或政党建立联系，以便在谋求晋升时得到支持。

委内瑞拉军官阶层对民主体制的敌意逐渐消散。民选政府通过提高军队预算、提供社会保障安抚军人，使其注意力集中于国防事务。军队能够在一个相对较小的政策范围（国防事务）内保持自主权。例如，国会负责批准 4 个军种（陆军、海军、空军和国民警卫队）的预算数额，但不参与预算的制定。军人的叛乱行动难以在军队内部获得支持。1960 年 4 月，退役的空军参谋长何塞·玛丽亚·卡斯特罗·莱昂（José María Castro León）将军试图策动反政府军事政变，因孤立无援而失败。

民选政府还成功地抑制了国内的激进政治力量。在贝当古当选总统之后不久，菲德尔·卡斯特罗（Fidel Castro）访问加拉加斯，受到民众的追捧。激进派人士认为，古巴革命为委内瑞拉创造一个可以效仿的模式。1962 年，革命左派运动（MIR）和委内瑞拉共产党分头在农村地区发动武装斗争。由于政府实施怀柔政策，游击队很难在农村居民中取得支持。1969 年，委内瑞拉共产党接受卡尔德拉政府的条件，转变为一个合法政党。革命左派运动陷入严重的内部分裂状态，逐渐丧失战斗力。到卡尔德拉政府结束时，游击队武装斗争已基本停息。

20 世纪 60 年代以来，委内瑞拉的稳定繁荣与邻国的动荡形势形成鲜明的对比。当军事政变浪潮席卷南美洲时，该国民主体制保持稳定运转，形成很高的制度化水平；等到南美洲国家在 70 年代末 80 年代初开始向民主体制转型时，该国已经是一个享有盛誉的老资格民主国家。因此，委内瑞拉在很长时间里一直被视为拉美政治之中的“特例”。[①] 在 1958 年之前，该国是民主化水平最低的拉美国家之一；在 1958 年之后，该国因其民主体制建设成就备受称赞，一度成为拉美的“民主橱窗”。[②]

在“冷战”时期，委内瑞拉成为美国在拉美的重要合作伙伴。贝当古政府延续了往届政府的亲美立场，允许美国企业继续按照原有合作条件在委内瑞拉采油。石油业对委内瑞拉的关键作用、美国石油企业的影响力和美国市场的重要性都使委内瑞拉高度重视对美关系，在“美国轨道”上运行被视为委内瑞拉石油经济的必然结果。[③] 德怀特·D. 艾森豪威尔（Dwight D. Eisenhower）总统和约翰·F. 肯尼迪（John F. Kennedy）总统对贝当古的做法予以公开称赞。两国总统在 60 年代初完成互访：先是肯尼迪总统在 1961 年访问委内瑞拉，然后是贝当古总统在 1963 年访问美国。

美国竭力宣传委内瑞拉的民主体制和发展成就，希望把该国塑造为拉美自由民主体制的象征，使其成为古巴革命的替代模式。美国《财富》杂志的一篇文章这样写道：为了完美展示美国的技术和资本能够为世界的“欠

---

① 参见 Michael Coppedge, “Explaining Democratic Deterioration in Venezuela through Nested Inference”, in Frances Hagopian and Scott P. Mainwaring (eds.), *The Third Wave of Democratization in Latin America: Advances and Setbacks*, Cambridge: Cambridge University Press, 2005; Rickard Lalander, *Suicide of the Elephants? Venezuelan Decentralization between and Chavismo*, Helsinki: Renvall Institute for Area and Cultural Studies, University of Helsinki; Stockholm: Institute of Latin American Studies, Stockholm University, 2004。

② Jennifer L. McCoy and David J. Myers (eds.), *The Unraveling of Representative Democracy in Venezuela*, Baltimore: The Johns Hopkins University Press, 2004.

③ Miguel Tinker Salas, *The Enduring Legacy: Oil, Culture, and Society in Venezuela*, Durham: Duke University Press, 2009, p. 242.

发达区域”做些什么，有必要创造委内瑞拉共和国。[①] 1958 年以来的委内瑞拉不仅是美国的重要石油来源地，还成为美国在拉美乃至世界上推广的经济-政治“楷模”。[②] 曾在 1984 年至 1989 年担任萨尔瓦多总统的何塞·拿破仑·杜阿尔特（José Napoleón Duarte）一度在加拉加斯流亡 7 年，深受委内瑞拉政治的影响，曾自比为萨尔瓦多的“罗慕洛·贝当古”。

## 第三节　从“黄金十年”到“大转型”

委内瑞拉在 20 世纪 70 年代迎来发展进程的高峰。在这一时期，中东战争以及阿拉伯国家的石油禁运使国际市场石油价格暴涨，委内瑞拉这样的石油输出国因此收入大增，迎来前所未有的“石油繁荣”。时至 20 世纪 70 年代中期，该国已经成为拉美第四大经济体（见表 3-2），其人均国内生产总值跃居拉美国家首位（见表 3-3）。按照人均国内生产总值衡量，委内瑞拉在 1970 年成为拉美最富有的国家，也是世界二十大富国之一，其人均国内生产总值甚至高于西班牙、希腊和以色列，仅比英国人均国内生产总值低 13%。[③]

**表 3-2　拉美国家国内生产总值**

单位：亿美元（1990 年水平）

| 国家 | 1820 年 | 1870 年 | 1913 年 | 1950 年 | 1973 年 | 1990 年 | 1998 年 |
|---|---|---|---|---|---|---|---|
| 阿根廷 | | 23. 54 | 290. 60 | 855. 24 | 2007. 20 | 2125. 18 | 3343. 14 |
| 巴西 | 29. 12 | 69. 85 | 191. 88 | 893. 42 | 4016. 43 | 7437. 65 | 9269. 19 |
| 智利 | | | 92. 61 | 232. 74 | 504. 01 | 840. 38 | 1442. 79 |

① “It's Hot in Venezuela”, *The Fortune*, Vol. 39, May 1949, p. 101.

② Miguel Tinker Salas, *The Enduring Legacy: Oil, Culture, and Society in Venezuela*, Durham: Duke University Press, 2009, p. 206.

③ Ricardo Hausmann and Francisco Rodríguez, “Introduction”, in Ricardo Hausmann and Francisco Rodríguez (eds.), *Venezuela before Chávez: Anatomy of an Economic Collapse*, University Park: The Pennsylvania State University Press, 2014, p. 1.

续表

| 国家 | 1820 年 | 1870 年 | 1913 年 | 1950 年 | 1973 年 | 1990 年 | 1998 年 |
|---|---|---|---|---|---|---|---|
| 哥伦比亚 | | | 64. 20 | 249. 55 | 807. 28 | 1590. 42 | 2051. 32 |
| 墨西哥 | 50 | 62. 14 | 259. 21 | 673. 68 | 2793. 02 | 5166. 92 | 6559. 10 |
| 秘鲁 | | | 45 | 172. 70 | 567. 13 | 649. 79 | 957. 18 |
| 乌拉圭 | | 7. 48 | 38. 95 | 102. 24 | 140. 98 | 201. 05 | 273. 13 |
| 委内瑞拉 | | 9. 41 | 31. 72 | 373. 77 | 1263. 64 | 1606. 48 | 2044. 33 |
| 玻利维亚 | | | | 53. 09 | 110. 30 | 144. 46 | 192. 41 |
| 哥斯达黎加 | | | | 17. 02 | 81. 45 | 143. 70 | 192. 72 |
| 古巴 | | | | 196. 13 | 291. 65 | 310. 87 | 239. 09 |
| 多米尼加 | | | | 24. 16 | 96. 17 | 175. 03 | 253. 04 |
| 厄瓜多尔 | | | | 62. 78 | 213. 37 | 402. 67 | 513. 78 |
| 萨尔瓦多 | | | | 28. 88 | 90. 84 | 108. 05 | 156. 27 |
| 危地马拉 | | | | 61. 90 | 185. 93 | 290. 50 | 405. 22 |
| 海地 | | | | 32. 54 | 48. 10 | 63. 23 | 55. 32 |
| 洪都拉斯 | | | | 18. 80 | 48. 66 | 88. 98 | 119. 29 |
| 牙买加 | | | | 18. 37 | 84. 11 | 88. 90 | 93. 08 |
| 尼加拉瓜 | | | | 17. 74 | 65. 66 | 52. 97 | 66. 51 |
| 巴拿马 | | | | 17. 10 | 70. 52 | 106. 88 | 156. 09 |
| 巴拉圭 | | | | 23. 38 | 54. 87 | 139. 23 | 167. 19 |
| 特立尼达和多巴哥 | | | | 23. 22 | 85. 53 | 111. 10 | 136. 83 |

资料来源：Angus Maddison, *The World Economy*, *Volume 1: A Millennial Perspective and Volume 2: Historical Statistics*, Paris: OECD, 2001, p. 194。

**表 3-3 拉美国家人均国内生产总值**

单位：美元（1990 年水平）

| 国家 | 1820 年 | 1870 年 | 1913 年 | 1950 年 | 1973 年 | 1990 年 | 1998 年 |
|---|---|---|---|---|---|---|---|
| 阿根廷 | | 1311 | 3797 | 4987 | 7973 | 6512 | 9219 |
| 巴西 | 646 | 713 | 811 | 1672 | 3882 | 4924 | 5459 |
| 智利 | | | 2653 | 3821 | 5093 | 6401 | 9756 |
| 哥伦比亚 | | | 1236 | 2153 | 3499 | 4822 | 5317 |
| 墨西哥 | 759 | 674 | 1732 | 2365 | 4845 | 6097 | 6655 |
| 秘鲁 | | | 1037 | 2263 | 3952 | 2955 | 3666 |
| 乌拉圭 | | 2005 | 3309 | 4660 | 4975 | 6473 | 8314 |

续表

| 国家 | 1820 年 | 1870 年 | 1913 年 | 1950 年 | 1973 年 | 1990 年 | 1998 年 |
|---|---|---|---|---|---|---|---|
| 委内瑞拉 | | 569 | 1104 | 7462 | 10625 | 8313 | 8965 |
| 玻利维亚 | | | | 1919 | 2357 | 2182 | 2459 |
| 哥斯达黎加 | | | | 1963 | 4319 | 4755 | 5346 |
| 古巴 | | | | 3390 | 3240 | 2948 | 2164 |
| 多米尼加 | | | | 1045 | 2012 | 2502 | 3163 |
| 厄瓜多尔 | | | | 1897 | 3219 | 3906 | 4165 |
| 萨尔瓦多 | | | | 1489 | 2358 | 2143 | 2717 |
| 危地马拉 | | | | 2085 | 3205 | 3016 | 3375 |
| 海地 | | | | 1051 | 1013 | 1045 | 816 |
| 洪都拉斯 | | | | 1314 | 1642 | 1877 | 2035 |
| 牙买加 | | | | 1326 | 4131 | 3605 | 3532 |
| 尼加拉瓜 | | | | 1616 | 2930 | 1475 | 1451 |
| 巴拿马 | | | | 1915 | 4251 | 4476 | 5705 |
| 巴拉圭 | | | | 1584 | 2038 | 3287 | 3160 |
| 特立尼达和多巴哥 | | | | 3674 | 8683 | 9274 | 12250 |

资料来源：Angus Maddison, *The World Economy*, *Volume 1: A Millennial Perspective and Volume 2: Historical Statistics*, Paris：OECD, 2001, p. 195。

民主行动党候选人卡洛斯·安德烈斯·佩雷斯（Carlos Andrés Pérez）以高得票率赢得 1973 年总统选举，从而能够在这样一个充满希望的时刻执政（1974～1979）。他一心要青史留名，在执政之初就推出雄心勃勃的《大委内瑞拉计划》（la Gran Venezuela），谋求加快改变国家的整体面貌。该计划的核心是《第五个国家规划（1976～1980）》。1974 年，佩雷斯总统在国会演讲中提出这一规划，谋求推动实施工业化项目，进行大规模的基础设施建设。在他看来，委内瑞拉将因这一规划的实施而实现发展水平的跨越。1979 年，他在接受美国学者采访时表示："很快就会有那么一天，美洲人将驾驶我们的工人在现代化工厂里生产的汽车。这些汽车的保险杠是用我们的铝制造，汽油是用我们的石油提炼。我们看起来就跟你们一样。"①

① Terry Lynn Karl, "The Perils of the Petro-State: Reflections on the Paradox of Plenty", *Journal of International Affairs*, Vol. 53, No. 1, Fall 1999, pp. 31-48.

佩雷斯政府加速推进国有化进程。1975 年，铁矿业被收归国有。同年 8 月 29 日，佩雷斯总统签署一项把石油业收归国有的法律。它在 1976 年 1 月 1 日生效，委内瑞拉石油业实现国有化，外国石油公司因此获得巨额赔偿。同时，政府保留了外国的技术人员和管理人员，以确保正常的石油生产。

在有利的经济形势面前，佩雷斯政府渴望实现跨越式发展。在包括佩雷斯总统在内的许多委内瑞拉人看来，这一次的石油暴利收入代表着委内瑞拉工业和出口领域实现重大的结构性转型所独有的机遇。佩雷斯政府推出到当时为止拉美各国之中最大胆、最雄心勃勃的发展计划。佩雷斯总统本人曾对其亲密助手这样说："我们将要改变世界！"①

佩雷斯政府在钢铁、铝业、铝土、石化、炼油、水电等部门推动国有企业的发展，力求增强进口替代工业化的垂直一体化、提升技术水平和促进产业结构/出口结构多元化。在众多国企之中：委内瑞拉瓜亚那公司（CVG）负责管控以自然资源为基础的工业化进程；在 1976 年成立的委内瑞拉石油公司负责管理那些被国有化的外国石油企业，从事石油的日常勘探、开采和提炼。随着石油国有化和非石油国有企业的大发展，国家成为主要的生产者、最大的外汇创造者和最大的雇主。到 1980 年，该国约 450 万名劳动力中的约 20%集中在公共部门。②

事实表明，佩雷斯政府的许多构想建立在对美好未来的畅想之上，却缺少对眼前困难的充分评估。该国在 20 世纪 70 年代经历前所未有的"石油繁荣"，石油出口额在 1973 年至 1974 年增加 3 倍；1973 年至 1976 年，该国财政收入从 112.21 亿玻利瓦尔激增至 289.91 亿玻利瓦尔。③ 如此巨额的石油

① Terry Lynn Karl, *The Paradox of Plenty: Oil Booms and Petro States*, Berkeley: The University of California Press, 1997, p. 71.

② Pablo Astorga, "Industrialization in Venezuela, 1936-83: The Problem of Abundance", in Enrique Cárdenas, José Antonio Ocampo and Rosemary Thorp (eds.), *An Economic History of Twentieth-Century Latin America Volume 3 Industrialization and the State in Latin America: The Postwar Years*, Basingstoke: Palgrave, 2000, p. 218.

③ María del Mar Rubio-Varas, "Oil Illusion and Delusion: Mexico and Venezuela over the Twentieth Century", in Marc Badia-Miró, Vicente Pinilla and Henry Willebald (eds.), *Natural Resources and Economic Growth: Learning from History*, London: Routledge, 2015, p. 172.

收入仍无法满足佩雷斯政府的资金需求。当资金不足时，它凭借石油收入大规模举借外债。1975 年至 1980 年，该国外债规模增加 4 倍多，每年向外国银行偿还的外债数额从 6.14 亿美元增至 30.58 亿美元。① 佩雷斯政府坚持其高指标、高投入和低回报的发展战略，却由此导致国家陷入债务泥潭，给经济危机的爆发埋下祸根。

委内瑞拉在 1979 年再次实现政党轮替，基督教社会党人路易斯·埃雷拉·坎平斯（Luis Herrera Campins）接任总统。在埃雷拉政府（1979~1984）末期，委内瑞拉已经开始面临经济增速放缓、通货膨胀加剧和失业人数上升的不利形势。1979 年的伊朗革命和两伊战争（1980~1988）使国际油价再次走高，该国石油出口收入一度大幅增加，暂时缓解了埃雷拉政府背负的经济压力。但是，它没有借机做出调整，而是沿着既定轨道推进。在这一时期推出的《第六个国家规划（1981~1985）》继续强调实施大规模的资本密集型发展计划，要求完成在上一个国家规划启动的电力和制造业项目，还要为交通（包括造价高昂的加拉加斯地铁工程）和通信项目大规模注资。政府向外国银行借入大量短期贷款，公共支出保持螺旋上升之势，政府外债从 1978 年的 110 亿美元急速攀升至 1984 年的 340 亿美元。②

1983 年，委内瑞拉陷入第二次世界大战以来最严重的经济危机之中。一方面，油价暴跌和债务利息上升导致国家偿债压力不断加剧；另一方面，石油收入大幅下降，政府无力提供公共补贴、弥补汇率损失和维持众多公共机构的运营。在此背景下，本币“玻利瓦尔”承受不断加剧的贬值压力。这一年 2 月 18 日，埃雷拉政府被迫宣布实行多重汇率体制，允许本币“玻利瓦尔”的汇率浮动。此举一出，该国随即出现 30 年来的第一次大幅度货币贬值，引发严重的资本外逃和市场波动，许多人的多年积蓄化为乌有。这

① Trudie O. Coker, “Globalization and State Capital Accumulation: Deteriorating Economic and Political Rights in Venezuela”, *Latin American Perspectives*, Issue 108, Vol. 26, No. 5, 1999.

② Miguel Tinker Salas, *Venezuela: What Everyone Needs to Know*, New York: Oxford University Press, 2015, p. 112.

个“黑色星期五”代表一场“盛宴”的结束。在此之前，这个国家的民众一直希望石油收入能够帮助本国避免陷入债务危机，却终未能如愿。

委内瑞拉在极为困难的经济社会形势中迎来 1983 年大选。民主行动党候选人海梅·卢辛奇（Jaime Lusinchi）主张实行扩张性的经济政策、缔结劳资合作协定和顶住国际货币基金组织的压力，最终以高得票率当选总统。此时，委内瑞拉正在承受巨额外债带来的重压。两伊战争一度导致石油价格上涨，由此增加的石油出口收入缓解了卢辛奇政府（1984～1989）的财政压力。但是，委内瑞拉石油出口价格很快出现大幅下跌，从 1985 年的 33 美元/桶跌至 1986 年的 15 美元/桶。[①] 政府不得不实施财政紧缩措施，削减公共支出和公共部门职工工资，动用外汇储备弥补财政赤字。它还设法重组外债，在与债权方的谈判中表现强硬立场，因为委内瑞拉当时的财政状况依然好于墨西哥、巴西和阿根廷。但是，到这届政府末期，石油价格的大幅下跌使偿债压力急剧放大，整个国家面对更加困难的形势。

20 世纪 80 年代是委内瑞拉“失去的十年”。随着国际石油价格的持续下挫，该国石油收入急剧萎缩，国民经济陷入下行。1980 年至 1985 年，该国国内生产总值的年均增长率为-4.0%，在拉美和加勒比各国之中垫底；在同一时期，它还出现该地区国家之中最大幅度的人均国内生产总值降幅（见表 3-4）。本币“玻利瓦尔”不断贬值：1983 年 2 月，1 美元可以兑换 4.3“玻利瓦尔”；到 1992 年 9 月，1 美元可以兑换 68“玻利瓦尔”。[②] 与此同时，通胀压力不断增大。20 世纪 70 年代中期，该国通胀率保持在个位数；到 1989 年，这一数值急剧攀升至 84.5%。[③] 外债持续攀升，从 1973 年

① Moisés Naím, *Paper Tigers and Minotaurs: The Politics of Venezuela's Economic Reforms*, Washington, D. C.: The Carnegie Endowment for International Peace, 1993, p. 27.

② World Bank, "Consumer Prices", http://data.worldbank.org/indicator/FP.CPI.TOTL.ZG?page=5.

③ World Bank, "Consumer Prices", http://data.worldbank.org/indicator/FP.CPI.TOTL.ZG?page=5.

的大约 20 亿美元上升至 1982 年的 350 多亿美元。[①] 该国每年向外国银行偿还的外债额随之一路攀升，从 1975 年的 6.14 亿美元上升至 1990 年的 49.9 亿美元。[②]

**表 3-4　拉美和加勒比国家国内生产总值和人均国内生产总值增长率（1980~1990）**

单位：%

| 国家 | 1980~1985 年年均增长率 | | 1985~1990 年年均增长率 | |
|---|---|---|---|---|
| | 国内生产总值 | 人均国内生产总值 | 国内生产总值 | 人均国内生产总值 |
| 阿根廷 | -1.4 | -2.9 | 0.0 | -1.4 |
| 玻利维亚 | -1.9 | -3.8 | 2.3 | 0.1 |
| 巴西 | 1.3 | -0.8 | 1.9 | 0.0 |
| 智利 | -0.2 | -1.7 | 6.3 | 4.6 |
| 哥伦比亚 | 2.6 | 0.5 | 4.8 | 2.8 |
| 哥斯达黎加 | 0.2 | -2.7 | 4.3 | 1.4 |
| 厄瓜多尔 | 1.8 | -0.9 | 1.6 | -0.8 |
| 萨尔瓦多 | -2.8 | -3.5 | 2.1 | 0.7 |
| 危地马拉 | -1.1 | -3.6 | 2.9 | 0.4 |
| 海地 | -1.0 | -3.3 | -0.0 | -2.5 |
| 洪都拉斯 | 1.5 | -1.7 | 3.2 | 0.1 |
| 墨西哥 | 1.9 | -0.3 | 1.8 | -0.2 |
| 尼加拉瓜 | 0.6 | -2.5 | -3.5 | -5.7 |
| 巴拿马 | 3.6 | 1.5 | -0.8 | -2.8 |
| 巴拉圭 | 2.2 | -0.7 | 3.9 | 0.7 |
| 秘鲁 | -0.5 | -2.8 | -1.8 | -3.8 |
| 多米尼加 | 2.1 | -0.2 | 2.7 | 0.5 |
| 乌拉圭 | -3.5 | -4.1 | 3.7 | 3.0 |
| 委内瑞拉 | -4.0 | -6.4 | 2.6 | 0.0 |

资料来源：ECLAC，"Statistical Yearbook for Latin America and the Caribbean 1999"，February 2000，http：//repositorio. cepal. org/bitstream/handle/11362/913/1/S2000502_ mu. pdf。

① Moisés Naím，*Paper Tigers and Minotaurs：The Politics of Venezuela's Economic Reforms*，Washington，D. C.：The Carnegie Endowment for International Peace，1993，p. 25.

② Trudie O. Coker，"Globalization and State Capital Accumulation：Deteriorating Economic and Political Rights in Venezuela"，*Latin American Perspectives*，Issue 108，Vol. 26，No. 5，1999.

至 20 世纪 80 年代末，委内瑞拉实行经济调整的紧迫性已经十分显著。石油价格的持续走低，宏观经济的严重失衡，都意味着以石油收入为基础的经济增长模式丧失活力。另外，大多数人还没有为可能发生的变故做好准备。因此，政府采取一些范围有限的调整措施，但避免像其他拉美国家那样实施大规模的经济紧缩。许多委内瑞拉人依然幻想，自己的母国是一个"例外的"国家，石油能够让他们延续现有的生活水平，下层民众期望国家能够继续提供一些基本的福利（例如食品补贴、低价交通和免费教育）。

正是在这样一种背景下，委内瑞拉在 1988 年 12 月举行大选。前总统佩雷斯依靠一个扩张性的执政纲领再度当选总统。他在竞选时把自己塑造为"民族主义者""人民的捍卫者"，承诺让这个国家重返"美好时光"，反对国际货币基金组织的改革方案。许多选民把手中的选票投给他，因为他代表着这个国家重返 70 年代繁荣盛景的最后希望。

佩雷斯是委内瑞拉历史上一位极具争议的政治领导人。他曾两次担任总统。在他的第一个总统任期（1974～1979），石油国有化、反对帝国主义和实行基于石油收入的分配政策成为政府三大支柱政策，获得民众的广泛认可。他在 1979 年卸任总统之后广泛参与国际事务，尤其是一度担任社会党国际（SI）副主席。这些活动使他与世界各国领导人进行广泛接触，深刻感知国际形势和意识形态风潮的变化，开始重新思考市场和国家的作用。西班牙首相费利佩·冈萨莱斯（Felipe Gonzalez）推行的经济改革给他留下深刻印象。因此，他谋求在再次当选总统之后实施重大改革，不惜让国民为此承受代价。他坚信：短期的政治代价能够通过长期收益得到补偿；这场改革能够使国家扭转衰落之势，也能够使自己青史留名。[①] 但是，他的经济主张没有在委内瑞拉政界、工商界、劳工组织和学界得到广泛认可，在民主行动党内部也难以得到响应。此外，他没有使自己的政治策略很好地与大众预期相协调。因此，他的第二个总统任期充满争议，他本人也在争议之中彻底丧

① Moisés Naím, *Paper Tigers and Minotaurs: The Politics of Venezuela's Economic Reforms*, Washington, D. C.: The Carnegie Endowment for International Peace, 1993, p. 46.

失了政治影响力。

第二届佩雷斯政府（1989~1992）成立伊始，一场名为“大转型”（el Gran Viraje）的新自由主义经济改革付诸实施。这场改革有三大目标：第一，恢复宏观经济指标的短期平衡，偿还外债；第二，实行经济结构性改革，从以国家为主导的、依赖石油的经济模式转变为以私营部门出口、非传统出口为基础的市场经济模式；第三，实现从“民粹主义”政治体制到“现代”政治体制的转型，从而使市场的运行不再受到干预。① 简而言之，佩雷斯总统及其支持者希望以这样一场改革解决国家面对的经济危机，恢复宏观经济的稳定，提升整体经济效率。

佩雷斯总统为实施这场改革进行了人事布局，选择一批年龄小、有留学经历、没有党派背景的政治新人担任政府部长。一批来自委内瑞拉著名商学院——高级管理研究学院（IESA）——的学者尤为引人注目，其代表人物包括米格尔·罗德里格斯（Miguel Rodríguez）、莫伊塞斯·纳伊姆和里卡多·奥斯曼（Ricardo Hausmann）。他们负责设计改革方案，其核心内容是通过实施“休克疗法”，改善宏观经济形势。

1989 年 2 月 2 日，佩雷斯正式开启第二个总统任期，经济改革随即启动。2 月 16 日，他在电视讲话中宣布实施经济改革的决定。在起步阶段，改革谋求恢复宏观经济稳定和消除价格扭曲。政府宣布实行单一汇率，允许汇率浮动；取消对绝大多数食品的价格管制；允许利息自由浮动；削减公共支出；提高公共部门产品的价格，使其能够覆盖生产成本；全面改革税收体系，引入增值税，以便降低对石油收入的依赖和缓解政府财政压力；提供谈判减轻外债负担，恢复与国际债权人的正常关系。政府的最终目标则是从国家主导的内向战略转变为出口增长型战略。②

基础商品价格的大幅上涨直接损害下层民众的利益，使社会矛盾迅速激

① Edgardo Lander and Luis A. Fierro, “The Impact of Neoliberal Adjustment in Venezuela, 1989-1993”, *Latin American Perspectives*, Vol. 23, No. 3, 1996, pp. 50-73.

② Moisés Naím, *Paper Tigers and Minotaurs: The Politics of Venezuela's Economic Reforms*, Washington, D. C.: The Carnegie Endowment for International Peace, 1993, pp. 49-50.

化。1989年2月26日，能源矿产部宣布，汽油价格将上涨30%，市内和市郊公共交通票价同样上涨30%。[①] 2月27日是物价上调措施生效的第一天，公共交通票价出现大幅上调。政府规定的公交车票价涨幅为30%，但公交车运营商认为这一涨幅不足以弥补成本缺口，票价的实际涨幅达到60%，甚至更高。[②] 那些在加拉加斯郊区居住、依靠公交通勤的市民怒不可遏，先是掀翻和焚烧公交车，继而劫掠超市和商场。与此同时，该国其他主要城市也爆发大规模抗议活动，全国陷入一片混乱之中。尽管如此，政府依然认为这场经济改革是国家为摆脱危机、重振经济而不得不吞服的一剂“苦药”。

佩雷斯总统发起的这场经济改革从一开始就充满争议，无法获得社会各界的广泛认可。它的巨大争议性首先来自他对竞选诺言的违背。种种情况表明，这场改革早已处于酝酿之中。佩雷斯本人或民主行动党在大选期间都没有表示要进行重大改革，但一些政策文件表明，改革的意图早已有之。[③] 据认为，改革方案源于一个国际货币基金组织代表团在1987年向委方提出的建议。它的核心内容是要求委内瑞拉实施正统的“休克疗法”，削减公共支出，以便改善宏观经济形势；唯有实现经济转型、改善宏观经济形势，该国才能获得新的贷款。[④] 从事后看，这份建议的内容转化为佩雷斯政府的主要改革措施。佩雷斯在1988年总统选举期间采取模棱两可的立场，既抨击国际货币基金组织是“邪恶的外部势力”，又暗示希望依靠它的资源解决本国债务问题，让经济重回正轨。[⑤] 他在当选总统之后与该组织进行频繁接触。

---

① Simon Garcia, “El Caracazo: 31 Years after the Popular Insurgency against Neoliberalism”, February 27, 2020, http://mppre.gob.ve/2020/02/27/caracazo-31-years-after-neoliberalism/.

② Jonathan Di John, “Economic Liberalization, Political Instability, and State Capacity in Venezuela”, *International Political Science Review*, Vol. 26, No. 1, 2005, pp. 107-124.

③ Jonathan Di John, “Economic Liberalization, Political Instability, and State Capacity in Venezuela”, *International Political Science Review*, Vol. 26, No. 1, 2005, pp. 107-124.

④ Edgardo Lander and Luis A. Fierro, “The Impact of Neoliberal Adjustment in Venezuela, 1989-1993”, *Latin American Perspectives*, Vol. 23, No. 3, 1996, pp. 50-73.

⑤ James M. Boughton, *Silent Revolution: The International Monetary Fund 1979-1989*, Washington, D. C.: International Monetary Fund, 2001, p. 516,

1989年1月，由时任政府代表和当选总统代表共同组成的委内瑞拉代表团前往华盛顿，与该组织就贷款问题进行会谈；同年1月底，该组织总裁康德苏（Michel Camdessus）与即将就任总统的佩雷斯在参加世界经济论坛期间会面，进一步讨论委内瑞拉进行经济改革和获得贷款事宜。简言之，佩雷斯政府之所以能够在成立伊始发起这场改革，就是因为它与国际货币基金组织进行了详尽的筹划和周密的准备。

佩雷斯政府的经济改革没有建立在精英共识的基础之上，也就是没有得到主要政党的认可和支持。尽管该国已经陷入长时间的经济停滞，却没有出现亟须采取非常应对措施的恶性通胀（例如阿根廷和秘鲁的情况），也没有出现游击队暴力活动（例如秘鲁和哥伦比亚的情况）。在许多人看来，这个国家仍然是一个富有的石油国家，没有必要进行一场重大经济改革。在主要政党内部，反对市场化改革的力量占据多数。在他们看来，这样一场改革既有损于既得利益者，也给本党的选民基础带来冲击。佩雷斯总统深切感受到这种反对态度带来的压力，因而选择依靠自己的支持者，单方面发起实施一场新自由主义改革。他和自己的亲信自诩为“现代的”改革者，把改革的反对者斥为“落后的”旧式政党人物。① 他们不但没有与在野党进行协商，甚至没有在执政党内部进行沟通。这种做法在民主行动党内部引发强烈的不满情绪，该党的许多国会议员公开反对佩雷斯。佩雷斯政府在国会的处境十分孤立，其改革提案屡屡遭到否决。

第二届佩雷斯政府实施的新自由主义改革是针对当时委内瑞拉经济困境做出的反应，并取得短期的、阶段性的成效。改革使政府取得财政收支盈余和贸易盈余，国际储备开始增加。委内瑞拉恢复偿债，也就能够从国际金融机构、外国银行获得新的贷款。国际货币基金组织兑现承诺，在此后3年间向委内瑞拉提供约45亿美元贷款。但是，许多基本商品的价格大幅上涨，通胀压力没有得到有效控制，国家对石油收入的依

① Jonathan Di John, *From Windfall to Curse? Oil and Industrialization in Venezuela, 1920 to the Present*, University Park: The Pennsylvania State University, 2009, p. 123.

赖有增无减。在批评者看来，这场改革的唯一作用就是使委内瑞拉恢复了偿债能力。[①] 1989 年至 1992 年，该国累计偿还 155 亿美元债务，其中包括 96 亿美元利息和 59 亿美元本金。[②]

这场经济改革以迅雷不及掩耳之势付诸实施，却很快丧失前进动能。佩雷斯政府的改革违背蓬托菲霍时期主要政党事前咨商、共同行动的传统，损害了执政党和主要政党之间的合作关系，也破坏了执政党的内部团结，引发总统和国会之间的对立冲突。剧烈的社会震荡也使这场改革遭遇巨大的阻力。政府不得不暂缓执行一些争议性很大的措施（例如银行改革、重构养老金体系和汽油价格自由化）。到 1992 年，该国经济形势再度恶化。对佩雷斯政府而言，要想恢复经济增长，唯一可行的方案就是扩大公共支出和发放新的贷款，但这些措施又是之前经济改革所要否定的。

第二届佩雷斯政府的经济改革使蓬托菲霍体制受到严重的动摇。佩雷斯政府先是极力掩盖改革意图，然后突然做出重大政策调整，直接损害了 1958 年以来的共识政治传统。经历此次改革的冲击，主要政党很难像以往那样保持合作。反对党合力反对佩雷斯政府发起的改革，却无法提出比这套改革方案更好的解决当前问题的办法。这场改革导致主要政党与工会之间的合作关系趋于破裂。企业私有化、限制工资水平、放宽失业标准等改革措施直接损害工会的利益。1989 年 5 月，该国最大工会——委内瑞拉工人联合会（CTV）——组织一场反对经济改革的 24 小时全国大罢工。这是该国在 30 年间首次出现全国范围的大罢工。

这场经济改革及由此引发的大规模抗议活动引发委内瑞拉社会心理的重大转变。改革以提升经济效率和提高经济效益为目标，却低估或无视改革对社会福利状况的巨大冲击。改革矛头直指与下层民众生活息息相关的各领域。取消食品补贴和大幅上调基础商品（汽油、电力、供水和天然气）价

① Edgardo Lander and Luis A. Fierro, "The Impact of Neoliberal Adjustment in Venezuela, 1989-1993", *Latin American Perspectives*, Vol. 23, No. 3, 1996, pp. 50-73.

② Daniela Campello, *The Politics of Market Discipline in Latin America: Globalization and Democracy*, New York: Cambridge University Press, 2015, p. 139.

格直接损害下层民众的利益，让他们在国家繁荣时期获得的福利丧失殆尽。1989 年至 1991 年，委内瑞拉的人均社会支出降至 1968 年以来的最低水平。[①] 与此同时，贫困状况呈现恶化之势，委内瑞拉的贫困发生率从 4.5%（1992 年）上升至 11.8%（1999 年）。[②] 贫富分化也在加剧，该国的基尼系数从 42.1（1992 年）上升至 47.8（1999 年）。[③] 曾经被扑灭的疾病死灰复燃，婴儿营养不良状况加剧，成人和婴儿死亡率也在上升。下层民众普遍抱有一种遭到背叛的愤怒情绪，对现行体制的不满弥漫开来。大多数委内瑞拉人在心理上和行动上开始与两大政党划清界限。[④]

严重的腐败问题进一步加剧民众对两大政党的不满。基督教社会党的一大丑闻源于 1983 年的汇率改革。坊间流传的一则消息说，埃雷拉政府的高官及其亲友们偷偷赶在汇率改革之前抢先把自己手中的“玻利瓦尔”兑换为美元。卢辛奇总统被指纵容私人秘书布兰卡·伊瓦涅斯（Blanca Ibáñez）干预总统对内阁部长和将军的任免、通过私自授予工程合同渔利。到20 世纪 90 年代，腐败已经在主要传统政党的内部四处蔓延，1992 年 2 月的军事政变给政府敲响警钟。佩雷斯总统迅速同基督教社会党领袖爱德华多·费尔南德斯（Eduardo Fernández）达成谅解，认为两大党需要通过反腐恢复民主体制的声誉。佩雷斯把政治立场独立的民主行动党领导人皮涅鲁瓦·奥尔达斯（Pinerúa Ordaz）召入内阁，由他负责打击腐败和滥用职权行为。然而，民主行动党的其他派系竭力阻挠，奥尔达斯的反腐行动无果而终。

委内瑞拉军队内部滋生越来越强烈的不满情绪。中下级军官和士兵往往出身社会下层，对不断恶化的生活状况感到愤慨，对穷人的抗议活

---

① Edgardo Lander and Luis A. Fierro, “The Impact of Neoliberal Adjustment in Venezuela, 1989-1993”, *Latin American Perspectives*, Vol. 23, No. 3, 1996, pp. 50-73.

② World Bank, “Poverty Headcount Ratio at ＄2.15 a Day (2017 PPP) (% of Population) -Venezuela, RB”, 2024, https://data.worldbank.org/indicator/SI.POV.DDAY?locations=VE.

③ World Bank, “Gini Index-Venezuela, RB”, 2024, https://data.worldbank.org/indicator/SI.POV.GINI?locations=VE.

④ Iselin Åsedotter Strønen, *Grassroots Politics and Oil Culture in Venezuela: The Revolutionary Petro-State*, Cham: Palgrave Macmillan, 2017, pp. 73-74.

动抱有极大的同情。以时任陆军中校查韦斯为首的青年军官在 1992 年 2 月 4 日发动军事政变，试图推翻佩雷斯政府。这场政变很快以失败告终，但政变军人获得民众的普遍同情。1992 年 11 月，该国再次发生未遂军事政变。

佩雷斯总统最终以极为不体面的方式退出委内瑞拉政坛。当时，他被控把 1.7 亿美元公款转入一个秘密基金。按照他的解释，这笔钱用于帮助查莫罗夫人（Violeta Chamorro）赢得尼加拉瓜总统选举。1993 年，委内瑞拉检察部门指控他侵吞占有巨额公款；同年 5 月，最高法院批准指控成立；8 月底，他成为该国自 1958 年以来第一位被国会弹劾并被解职的委内瑞拉总统。1994 年，他因司法指控成立而入狱服刑。

两大传统政党主宰委内瑞拉政治生活的局面最终在 20 世纪 90 年代被打破。1993 年 12 月，前总统卡尔德拉作为新兴政党——全国汇合党（CN）——的候选人参加总统选举。他之所以受到选民欢迎，是因为他表示反对新自由主义改革，承诺制定新宪法、打击腐败和特赦查韦斯。他最终赢得选举胜利，打破了两大政党长期轮流执政的政党格局。执政之初的卡尔德拉政府（1994～1999）力图稳定政局，一度搁置上届政府的经济改革、停止推行私有化。然而，在墨西哥金融危机的冲击下，委内瑞拉在 1994 年爆发严重的金融危机，政府不得不实施汇率管制和对基本商品的价格管制。由于经济形势持续恶化，卡尔德拉政府重拾新自由主义路线，在 1996 年实施名为“委内瑞拉议程”（Agenda Venezuela）的经济改革。改革内容包括向私人投资开放石油业，通过私有化和官僚体制改革缩减政府规模，提高税收，减少政府支出，在电信、钢铁等领域实施私有化。这些改革措施使卡尔德拉政府能够与国际货币基金组织签订一揽子方案，从而获得 33 亿美元贷款，以便缓解债务压力和改善经济形势。但是，卡尔德拉在政治上成为另一个背弃选举诺言（反对新自由主义路线）的在任总统。

20 世纪 80 年代以来，卢辛奇政府、佩雷斯政府和卡尔德拉政府都尝试应对经济困境，其做法各有侧重，都未能成功。大众对现状的不满、失望情绪日益加剧，越来越期待新兴政治力量涤荡政坛、引领国家开创新路。

## 第四节 政党与"政党统治"

委内瑞拉政党政治兴起于19世纪中期。在该国独立战争期间，一些具有政党形态的组织已经出现；独立之后，政党随着统治精英内部的分化加剧而形成。至19世纪40年代，该国形成两大政治力量：一方是保守派，另一方则是自由派。保守派结成的保守党（Partido Conservador）支持延续教会的特权地位，主张中央集权、重商主义和贵族政治，拥护派斯为最高领袖。自由派结成的自由党（Partido Liberal）在1840年正式成立，其领袖为安东尼奥·莱奥卡迪奥·古斯曼（Antonio Leocadio Guzmán），其支持者包括背负重债的农场主、手工业者和知识分子。自由党人敌视派斯，反对大地主、大商人和天主教会，呼吁实行自由贸易和地方分权。

保守党和自由党代表着两大相互竞争国家统治权力的寡头派系。它们的组织都十分松散，社会基础较为薄弱，其意识形态色彩较同时期的哥伦比亚政党（保守党和自由党）淡薄许多。塔德奥·莫纳加斯在1847年就任总统，并在执政期间大量任用自由派人士。因此，他的上台被视为自由党的首次执政。联邦战争使保守派遭受沉重打击，保守党不再作为一支有组织力量存在。联邦战争结束之后，历届政府为首者往往自称是自由党人。即便有两党的存在，各派力量对执政权的争夺主要源于个人政治、经济利益和地区差异，而非源于党际竞争。① 在19世纪中后期，以两大政党为首的自由派阵营和保守派阵营为争夺执政权进行长期角力。20世纪初，戈麦斯政府出于集权需要，强行解散上述两党。

委内瑞拉政党政治在20世纪40年代迎来复兴。梅迪纳·安加里塔政府实行政党合法化，一批政党随即宣告成立。其中，民主行动党在1941年成

① John A. Peeler, *American Democracies: Colombia, Costa Rica, Venezuela*, Chapel Hill: The University of North Carolina Press, 1985, p. 79.

立，民主共和联盟在1945年成立，基督教社会党在1946年成立，成立于1931年的委内瑞拉共产党在1945年获得合法地位。在此后很长时间里，政党成为该国政治的主要行为体。

政党合作在委内瑞拉迈向民主体制的过渡进程中发挥关键作用。20世纪50年代末，该国三大政党吸取“三年时期”的惨痛教训，愿意做出妥协和开展合作，为此达成《蓬托菲霍协定》以及一系列相关合作协定。民主行动党、基督教社会党和民主共和联盟一致承诺承认1958年大选结果，任何赢得总统选举的政党都与其他政党分享权力。同时，所有签订协定的政党承诺在执政期间致力于维护民选政府和民主程序，在不掌握执政权期间作为“忠实的反对派”发挥作用；主要政党根据其选举得票状况获得相应数量和级别的政府职位，共享各种利益；政治共识受到重视，主要政党同意在重大政策问题上进行党际协商。这些协定排除实行激进改革的可能性，以便安抚商界、教会和军队，换取其对民主体制的支持。

1958年以来，委内瑞拉形成当时拉美国家中最制度化（institutionalized）的政党体系，具有高度纪律性的全国性政党长期主导国家政治生活。这种状况源于一系列有利于政党，特别是全国性政党的因素。第一，选举政治在1958年以来取得显著发展，普选权在贝当古政府时期得到确立，选举成为把民众整合到政治生活的主要途径，而政党高度适应选举政治的各项要求。第二，在当时的技术条件下，选举活动主要是人力密集型选举，拥有众多党员和广泛基层组织的全国性政党具有最强的选举实力。第三，选举制度的设计以政党为中心。在总统选举中，候选人必须是某个政党的成员。国会选举实行封闭名单式比例代表制。选民把支持票投给一个政党，而该政党根据本党候选人名单的排序确定相应的当选者。此外，党的中央领导层控制着候选人的提名权。这些状况意味着政治人物无法脱离政党单独行动。第四，两大政党通过众多社会组织与基层建立紧密的联系。它们各自控制一批工会组织、农会组织、商会组织、青年组织和妇女组织。工会组织的代表力量是委内瑞拉工人联合会，农会组织的代表力量是委内瑞拉农民联合会（FCV），商会组织的代表力量是委内瑞拉贸易生产商会联合会（FEDECAMARAS）。这些社会组织能够在经济、社会领域发挥一定的影响力，但不属于决策层的核心成员。第五，政党一旦执政，能够控制石油收入，构建一个面向支持者的庇护关系网，或是与其他政治行为体进行讨价还价。

民主行动党的组织结构抑制了个人化的领导。该党中央领导层——全国执行委员会（CEN）——是党内领导人做出决策的主要机构，对担任公职的本党人物形成强有力的约束。传统上，它能够赋予一位民主行动党籍总统很大的决策自主权，但也有多个机制（例如国会议员投票）制约总统。执政党能够保持党务的相对独立性。担任公职的党员不得在党内担任职务，也就不能在担任公职的同时对党务施加很大的影响力。总统每周都需要与全国执行委员会进行会晤，以便讨论政策和协调立场。相较其他拉美国家而言，委内瑞拉总统受到执政党的有力制约，必须服从政党领导层的意愿。①

在蓬托菲霍体制下，委内瑞拉逐步形成经典的两党格局（1959～1993）。尽管新政党不断成立，但民主行动党和基督教社会党逐渐使它们之间的竞争成为国内政党竞争的主轴。到 1985 年，民主行动党的成员数量达到 225 万人，该党成为当时世界上规模最大的社会民主党；基督教社会党的成员数量也达到 100 万人。两大政党的成员数量相加，相当于当时委内瑞拉选民总数的近 1/3。② 民主行动党信奉社会民主主义，基督教社会党拥护基督教民主主义。它们都是全国性政党，拥有广泛的基层组织；都高度强调纪律性，把党内权力集中于中央领导层；都是典型的多阶级政党，但依靠中间阶层作为主要力量基础。此一阶段，在该国各政党中，只有两大政党能够赢得总统选举。1959 年至 1993 年，共有 7 任总统执

① Michael Coppedge, "Explaining Democratic Deterioration in Venezuela through Nested Inference", in Frances Hagopian and Scott P. Mainwaring (eds.), *The Third Wave of Democratization in Latin America: Advances and Setbacks*, Cambridge: Cambridge University Press, 2005, pp. 308-309.

② Michael Coppedge, "Venezuela's Vulnerable Democracy", *Journal of Democracy*, Vol. 3, Number 4, 1992, pp. 32-44.

政，其中5任总统来自民主行动党，2任总统来自基督教社会党（见表3-5）。在国会和地方政治中，两党也占据主动地位。1958年至1988年，民主行动党一直保持国会第一大党的地位，基督教社会党则保持第二大党地位。

**表3-5　委内瑞拉总统选举概况（1958~1998）**

单位：%

| 年份 | 选举 | 获胜人 | 得票率 | 主要对手 | 得票率 |
|---|---|---|---|---|---|
| 1958 | 总统选举 | 贝当古(民主行动党) | 49.18 | 拉腊萨瓦尔(民主共和联盟) | 34.61 |
| | | | | 卡尔德拉(基督教社会党) | 16.21 |
| 1963 | 总统选举 | 劳尔·莱昂尼(民主行动党) | 32.81 | 卡尔德拉(基督教社会党) | 20.19 |
| 1968 | 总统选举 | 卡尔德拉(基督教社会党) | 29.13 | 贡萨洛·巴里奥斯(Gonzalo Barrios)(民主行动党) | 28.24 |
| 1973 | 总统选举 | 安德烈斯·佩雷斯(民主行动党) | 48.70 | 洛伦索·费尔南德斯(Lorenzo Fernández)(基督教社会党) | 36.70 |
| 1978 | 总统选举 | 路易斯·埃雷拉·坎平斯(基督教社会党) | 46.64 | 路易斯·玛丽亚·皮聂鲁瓦·奥尔达斯(Luis María Piñerúa Ordaz)(民主行动党) | 43.31 |
| 1983 | 总统选举 | 海梅·卢辛奇(民主行动党) | 56.27 | 卡尔德拉(基督教社会党) | 34.54 |
| 1988 | 总统选举 | 安德烈斯·佩雷斯(民主行动党) | 52.89 | 爱德华多·费尔南德斯(Eduardo Fernández)(基督教社会党) | 40.40 |
| 1993 | 总统选举 | 卡尔德拉(全国汇合党) | 30.46 | 克劳迪奥·菲尔明(Claudio Fermín)(民主行动党) | 23.60 |
| | | | | 奥斯瓦尔多·阿尔瓦雷斯·帕斯(Oswaldo Álvarez Paz)(基督教社会党) | 22.73 |
| 1998 | 总统选举 | 乌戈·查韦斯(第五共和国运动)(MVR) | 56.20 | 恩里克·萨拉斯·罗梅尔(Henrique Salas Römer)(得到民主行动党和基督教社会党的共同支持) | 39.97 |

资料来源：委内瑞拉全国选举委员会（CNE）网站，http：//www.cne.gob.ve。

解释蓬托菲霍体制兴衰变化的最重要因素就是政党，是民主行动党和基督教社会党力量的变化。[①] 这一阶段，在这个国家，政党是进行政治动员和开展政治活动的基本工具；政党对集会、宣传、选举和大众媒体形成牢固的控制；政党成为控制政治冲突的主要工具，政治利益主要通过政党进行表达；总统必须服从本党领导层的意愿。具体而言，民主行动党和基督教社会党在所有政治领域（例如选举、行政、立法和媒体）表现出高度的统治力，对国家的政治、经济和社会生活形成一种“近乎病态的政治控制”。[②] 因此，1958 年至 1998 年的委内瑞拉被视为世界上最极端的“政党统治”案例之一。“政党统治”可以被定义为一种“政党垄断选举进程、控制立法进程和在政治上渗透到各个相关组织”的体制；这种垄断、控制或渗透如此深入，以致损害民主体制的精神。[③]

蓬托菲霍时期的委内瑞拉被视为调和精英利益的典范，强大政党为此发挥重要作用。政党合作和相应的制度安排非常有效地管控了政治精英之间的冲突，使该国没有像第二波民主化浪潮之中的其他拉美国家那样出现民主体制的崩溃。在开创民主体制的过程中，主要政党强调政治共识的关键作用，构建较为完整的合作框架，从而有效地维持政治稳定。此后，这一临时性的合作机制逐步固定下来，推动该国形成一种建立在精英交易与妥协之上的协议民主体制。具体而言：主要政党既要进行政治竞争，又要使竞争的烈度保持在一定限度之内；主要政党在利益整合与资源分配方面发挥主导作用，在重大政策问题上进行党际协商，按比例分配重大利益；政府的大政方针具有可预见性。

“政党统治”的负面影响在于：国家的政治进程越来越围绕政党运转，

---

① Michael Coppedge, “Explaining Democratic Deterioration in Venezuela through Nested Inference”, in Frances Hagopian and Scott P. Mainwaring (eds.), *The Third Wave of Democratization in Latin America: Advances and Setbacks*, Cambridge: Cambridge University Press, 2005, p. 307.

② Michael Coppedge, *Strong Parties and Lame Ducks: Presidential Partyarchy and Factionalism in Venezuela*, Stanford: Stanford University Press, 1994, p. 15.

③ Michael Coppedge, *Strong Parties and Lame Ducks: Presidential Partyarchy and Factionalism in Venezuela*, Stanford: Stanford University Press, 1994, p. 2.

政府施政越来越依赖于主要政党之间的利益交换。像《蓬托菲霍协定》这样的政党合作协定确保执政权力能够以和平方式在不同政党之间有序交接，但也导致庇护关系、诱发腐败以及滋生种种不民主的做法。两大政党渗入大多数社会组织并使之按照自己的要求政治化，抑制其成员的利益诉求。下层民众对两大政党的认同并不强烈，却只能选择其中之一作为其利益代表者，因为其他政党难以取得执政地位。随着时间流逝，民主体制日益趋向保守，越来越无力对历史遗留问题（例如贫困问题和不平等问题）做出有力的回应。

在蓬托菲霍体制下，社会下层的主体，也就是城市贫民（the urban poor）由于缺少与两大政党的联系而受到排斥。“城市贫民”系指那些在低收入社区或贫民窟定居的城市居民。这个概念不是一个定义社会-经济分层的专门术语，而是一个“想象的共同体”，主要指这个国家的穷人。[①] 在蓬托菲霍体制下，城市贫民没有形成政治影响力。他们是这个国家人数最多的群体，但未能作为一个整体开展行动；他们的政治参与程度很低，加入政党，尤其是两大政党的人数很少。20 世纪 50 年代末，他们的利益代表者是民主共和联盟和委内瑞拉共产党。随着该国政党格局越来越呈现为两党格局，他们不得不转而寻求民主行动党或基督教社会党的支持。

两大政党对城市贫民的关注度是最低的。它们都是全方位型政党，试图吸引各个社会群体的共同支持；它们对城市贫民的立场是分化和怀柔，使其不会成为现行秩序的挑战者；它们没有动员城市贫民的明确纲领，只是借助庇护主义手段对他们进行安抚和笼络；它们在执政期间实施一系列社会项目，向城市贫民提供低价食品和公共服务，有时甚至提供住房和公共部门工作岗位，从而缓和他们的不满。一旦经济形势恶化、资源出现短缺时，两大政党就不再延续这一策略。作为一个整体，城市贫民的选票分为两部分，分别支持民主行动党和基督教社会党，但是，他们对两大政党都缺少信任感。

---

① Iselin Åsedotter Strønen, *Grassroots Politics and Oil Culture in Venezuela: The Revolutionary Petro-State*, Cham: Palgrave Macmillan, 2017, p. 24.

蓬托菲霍体制的健康状况与两大政党的健康状况直接关联。两党既是民主体制的创建者，也是民主体制保持运转的保障者，通过垄断庇护资源而抑制挑战者，实现对政治权力的控制。该国基本的民主体制（例如政党、选举、国会等）都实现了制度化。只要两党稳定运转，这种制度化水平就能够延续。因此，它们的成功在一定程度上等同于该国民主体制的成功；更确切地说，它们的成功等同于民主体制实现很高程度的制度化，而非民主体制达到很高的质量。①

两大政党在长期控制国家权力的过程中渐趋保守和僵化。党的中央领导层自上而下地控制本党候选人的提名，不遵循党内民主机制，排斥不同政见者。许多政党领导人按照个人意志决定党内事务，其人事任命的标准完全以对方是否效忠自己而非其才干。每当一个政党执政，它的内部就会分化为两大敌对派别：一方是圈内人，希望维护现任总统的领导地位；另一方是圈外人，更希望找到总统的继任者或下一任总统。双方围绕继任者人选进行的内斗使该党的支持者不知所从，往往导致该党在下一次大选中告负。

20 世纪 80 年代以来，两大政党未能随着经济社会形势的改变而展现相应的转型适应能力。它们都是高度等级化、纪律化的政党，权力集中在中央领导层；领导层的人事格局往往固化，新生力量很难脱颖而出；新的政治理念和新的管理办法很难得到认可和推行。相较于阿根廷的正义党（PJ），民主行动党对外部环境带来的反应是迟缓和低效的。例如，正义党在 20 世纪 80 年代实现领导层的更新，但民主行动党未能大规模吸收新生力量进入领导层；梅内姆（Carlos Saúl Menem）在执政之后能够控制正义党的党内事务，佩雷斯或卢辛奇对民主行动党领导层的影响力十分有限。1991 年，反佩雷斯派系控制党内大权，全国执行委员会 10 个重要职位中的 9 个都是由

① Michael Coppedge, "Explaining Democratic Deterioration in Venezuela through Nested Inference", in Frances Hagopian and Scott P. Mainwaring (eds.), *The Third Wave of Democratization in Latin America: Advances and Setbacks*, Cambridge: Cambridge University Press, 2005, p. 308.

佩雷斯的反对者控制的。[①] 随着佩雷斯在 1993 年被弹劾解职，经济改革完全停滞下来。两大政党的领导人没有向民众解释这场改革的合理与必要之处，也没有引导民众区别看待改革措施，更没有拿出替代性的问题解决方案。如果不能针对国家面对的困境拿出解决办法，它们就无法继续保持对政治的主导权。

民主行动党曾长期是委内瑞拉的最大政党。它的党员主要来自中间阶层、工人和农民。温和派与激进派的路线分歧导致该党多次出现大规模的分裂，使其力量受到削弱。在 50 年代末，以贝当古为首的领导层坚决清洗那些倾向激进改革的工会和农会领导人物。时至 1960 年 4 月，一批意识形态立场激进的青年成员在阿梅里科·马丁（Américo Martin）等人带领下脱党，成立革命左派运动。1967 年，普列托·菲格罗亚（Prieto Figueroa）赢得民主行动党初选。但是，以贝当古为首的党内元老认为他的政治立场左倾，强行阻止他获得总统候选人资格。普列托与其支持者愤而退党，另组人民选举运动（MEP），而这成为民主行动党在 1968 年总统选举中落败的直接原因。

20 世纪 70 年代以来，路线之争、派系之争和对总统候选人资格的争夺相互交织，导致民主行动党出现越来越大的裂痕。1978 年大选前夕，贝当古和时任总统佩雷斯各自支持一名候选人，最终导致该党在总统选举中落败。1988 年，佩雷斯在卸任 10 年之后希望再度竞选总统。他和奥克塔维奥·莱帕赫（Octavio Lepage）之间的候选人资格角逐再度引发尖锐的党内派系矛盾。

在政治经济环境发生重大转变时，改革派和保守派之间日益激化的矛盾使民主行动党再也无法像以往那样保持团结。20 世纪 80 年代末，佩雷斯这样的政治人物已经敏锐意识到政治风潮的转变，深感该党理念与现实需求出现脱节，因而提出新的政治主张，以便争取选民的支持。佩雷斯的做法是依

① Javier Corrales, "El Presidente y su gente. Cooperación y conflicto entre los ámbitos técnicos y políticos en Venezuela, 1989-1993", *Nueva Sociedad*, Nro. 152, 1997, pp. 93-107.

靠一批技术官僚单方面推进自己的政治议程，以便摆脱该党敌对派系和在野党的掣肘。在第二届佩雷斯政府时期，2/3 的政府部长并非执政党成员。此举在民主行动党内引发强烈的不满。在佩雷斯总统突然发起一场激进的经济改革之后，该党看起来更像是一个反对党，其国会议员公开投票反对总统的改革提案。可以认为，该党的强烈反对是佩雷斯总统无法推进其改革计划的重要原因。[①] 对民主行动党而言，这样一种状况有如一场非正式的党内分裂。

第二届佩雷斯政府发起的新自由主义改革从根本上动摇了民主行动党的存在基础。这场改革的内容与该党传统主张完全相悖。该党传统上得到工人阶级和农民的支持，主张实施以国家为主导的发展模式、进行反帝斗争和坚持经济民族主义道路。现在，一位该党的代表性人物亲手发起一场以市场化、自由化为导向的新自由主义改革，势必导致该党党员和支持者出现思想上的分裂，影响他们对该党的政治认同。[②] 因此，该党在 20 世纪 90 年代陷入急剧的衰落。

时至 20 世纪 90 年代，委内瑞拉的政治生态已经发生重大转变，导致两党格局开始崩塌。这种转变表现为以下几点。第一，经济形势持续恶化，以石油收入为基础的经济增长模式丧失活力，这就意味着政党难以获得财政资源，无力延续以往以分配型政策为基础的执政策略。第二，第二届佩雷斯政府打破历史上形成的协议民主规则，单方面发起新自由主义经济改革，导致精英共识的破裂。第三，腐败丑闻的不断发酵使两大政党声名扫地。两党在 1993 年联手弹劾佩雷斯总统，使他成为委内瑞拉自 1958 年以来第一位因受贿贪污而下台入狱的总统。在许多人看来，佩雷斯只是一只“替罪羊”。他的下台是因为触怒两党保守派力量，而非因为这个国家真正展开一场反腐斗争。第四，新自由主义经济改革破坏了两大政党长期依靠的职团架构，导致

---

① Javier Corrales, “El Presidente y su gente. Cooperación y conflicto entre los ámbitos técnicos y políticos en Venezuela, 1989-1993”, *Nueva Sociedad*, Nro. 152, 1997, pp. 93-107.

② Jonathan Di John, *From Windfall to Curse? Oil and Industrialization in Venezuela, 1920 to the Present*, University Park: The Pennsylvania State University, 2009, p. 215.

它们与基层的联系弱化。市场化和自由化改革措施严重打击了工会。1988年至1995年，工会入会率下降近50个百分点，工会成员从1988年占劳动力总数的26.4%降至1995年的13.5%。[①] 第五，政治改革放开了政治参与空间，削弱了传统政党的作用。1984年，卢辛奇总统下令成立国家改革委员会（COPRE），推进政治改革。它建议进行政党改革、选举制度改革和司法改革，实行州长和市长的直接选举，中央政府向地方政府让渡部分权力。1989年12月3日，委内瑞拉第一次实行州长和市长两项直接选举。这场改革使该国政党政治获得新的动力，新兴政党和地方性政党不断涌现，新一代的政治领导人逐渐崛起。

两大政党的选举动员能力逐渐衰弱。1973年，49%的委内瑞拉人表示自己是某个政党的支持者或正式成员；到1998年，这一比例降至37%。[②] 民主行动党和基督教社会党在1988年国会选举中的得票率合计为75%，但在1993年降至46%，在1998年降至36%，在2000年降至21%。[③]

两大政党主宰委内瑞拉政治生活的局面最终在20世纪90年代被打破。1993年，77岁的卡尔德拉再次当选总统。此前，他寻求第6次成为基督教社会党总统候选人，但未能如愿。于是，他在1992年退党，组建全国汇合党，并与包括争取社会主义运动在内的10多个小党结盟。他刻意把自己塑造为“局外人”和激进变革的倡导者，最终成功赢得总统选举，打破了民主行动党和基督教社会党长期轮流执政的格局。与此同时，两党控制的国会席位数量也日益萎缩（见表3-6）。

① Kenneth Roberts, “Social Polarization and Populist Resurgence”, in Steve Ellner and Daniel Hellinger (eds.), *Venezuelan Politics in the Chávez Era: Class, Polarization and Conflict*, Boulder: Lynne Rienner Publishers, 2003, p. 61.

② José E. Molina, “The Unraveling of Venezuela's Party System”, in Jennifer L. McCoy and David J. Myers (eds.), *The Unraveling of Representative Democracy in Venezuela*, Baltimore: The Johns Hopkins University Press, 2004, p. 162.

③ José E. Molina, “The Unraveling of Venezuela's Party System”, in Jennifer L. McCoy and David J. Myers (eds.), *The Unraveling of Representative Democracy in Venezuela*, Baltimore: The Johns Hopkins University Press, 2004, p. 164.

**表 3-6　1993 年、1998 年和 2000 年委内瑞拉国会选举的选票分布状况**

| 政党 | 国会（两院制） | | | | 国会（一院制） | |
|---|---|---|---|---|---|---|
| | 1993 年 | | 1998 年 | | 2000 年 | |
| | 得票率（%） | 下议院席位数量（个） | 得票率（%） | 下议院席位数量（个） | 得票率（%） | 席位数量（个） |
| 第五共和国运动及其盟友 | — | — | — | — | 44.33 | 80 |
| 争取社会主义运动 | 10.8 | 24 | 8.9 | 24 | 5.12 | 21 |
| 民主行动党 | 23.3 | 55 | 24.1 | 61 | 16.10 | 30 |
| 基督教社会党 | 22.6 | 53 | 12.0 | 26 | 5.10 | 8 |

资料来源：Consejo Supremo Electoral, Dirección de Estadísticas Electorales, Elecciones de 1993 (electronic file); Consejo Nacional Electoral, Resultados Electorales 1998, CD-ROM; Consejo Nacional Electoral-INDRA, Elecciones 2000, CD-ROM, 转引自 José E. Molina, "The Unraveling of Venezuela's Party System", in Jennifer L. McCoy and David J. Myers (eds.), *The Unraveling of Representative Democracy in Venezuela*, Baltimore: The Johns Hopkins University Press, 2004, p. 162。

伴随传统政党的衰败，一批新兴政党登上委内瑞拉政治舞台。民众期望从中找到一支替代性政治力量，带领委内瑞拉另辟发展道路，使这个国家重现 20 世纪 70 年代的辉煌胜景。

# 第四章　查韦斯与玻利瓦尔革命

20 世纪 80 年代是委内瑞拉发展进程的转折点。在经历 20 世纪 70 年代的经济繁荣之后，该国开始面临石油价格下跌和石油收入萎缩带来的巨大挑战。种种迹象表明，以石油为基础的经济增长模式变得不可持续。在 1983 年“黑色星期五”到来之后，该国经济陷入长期的波动和停滞，大多数人的生活状况出现恶化，民众的不满情绪日益强烈。

在此背景下，精英色彩浓厚的蓬托菲霍民主体制丧失合法性。这一体制在运转过程中逐渐暴露三大弱点：第一，它看似具有包容性，实则带有极大的排斥性；第二，对分配型政策的高度依赖导致国家能力难以得到提高；第三，两大政党在垄断权力的过程中日趋僵化，不能适应新的经济社会环境。

委内瑞拉的精英共识在 20 世纪 80 年代末宣告破裂。佩雷斯总统在第二次执政伊始，打破历史上形成的协议民主规则，单方面发起新自由主义经济改革，导致社会矛盾激化。该国在 1992 年接连爆发两场未遂军事政变，政治稳定的外衣被彻底撕裂。

随着经济社会环境变动，民主行动党和基督教社会党日益呈现衰落之势。它们迟迟未能启动自身的适应性转型，逐渐丧失对国内政治进程的主导能力。1993 年，脱党自立的卡尔德拉再次当选总统，两大政党自 1958 以来轮流执政的格局被打破。

1998 年总统选举成为委内瑞拉政治进程的又一道分水岭。民众的反传统政党情绪持续发酵，渴望变革的呼声不断高涨。政治“局外人”查韦斯成功当选总统，宣告大众对蓬托菲霍体制的彻底抛弃。此后，查韦斯在1998年、2000年、2006年和2012年连续4次赢得总统选举，获得强有力的民意授权和巨大的政治活动空间。

随着查韦斯在1999年就任总统，委内瑞拉进入"第五共和国时期"。查韦斯在首次当选总统之时，承诺重构这个国家的政治体制，实现一场建立在公平分配权力和资源之上的社会变革。他把自己改造国家的行动称为"玻利瓦尔革命"，其目标是对国家的政治、经济和社会结构进行一次全面调整。在这场革命的推动下，该国在政治、经济、社会和外交诸领域迎来一系列新变化。

## 第一节 蓬托菲霍体制的崩塌

第二波民主化浪潮为拉美留下的成果是委内瑞拉、哥伦比亚和哥斯达黎加。[①] 它们的共同做法是达成精英妥协、缔结精英政治协议，化解政治不确定性，实现向民主体制的转型或保障民主体制的稳定。

在委内瑞拉从威权统治到民主体制的转型过程中，一系列的精英妥协与协议发挥关键作用。该国三大政党在20世纪50年代末签订《蓬托菲霍协定》以及一系列相关协定，为党际竞争、经济路线和对外政策设定"游戏规则"，最终使委内瑞拉形成一套以精英和解与权力共享为基础的协议民主体制，比较有效地管控了精英冲突和维护了政治稳定，使该国没有像其他拉美国家那样陷入民主体制的崩溃。

精英政治协议具有以下双重作用：一方面，这些协议创造很高程度的稳定性和可预见性，既使传统精英得到安抚，也缓和了与处于支配地位的利益集团之间的矛盾；另一方面，主要政治力量秘密达成政治协议的做法实际上是以一种非民主方式构建民主体制，协议内容往往有意限

① Jennifer L. McCoy and David J. Myers, "Introduction", in Jennifer L. McCoy and David J. Myers (eds.), *The Unraveling of Representative Democracy in Venezuela*, Baltimore: The Johns Hopkins University Press, 2004, p. 3.

制部分社会力量的政治参与和作用。就长期而言，这些协议抑制了民主体制的自我发展，往往导致一种“被冻结”的民主体制。① 临时性的权力分享机制变得长期化，就会使以精英政治协议为基础的转型包含一枚“隐藏的时间炸弹”（a hidden time bomb）：如果缔造协议的精英们不够灵活，无法把新的社会行为体纳入体制之内，或无法根据变化的形势修改规则，政治体制就会陷入僵化，丧失效力。②

蓬托菲霍体制在运转过程中逐渐暴露以下三大弱点。

第一，它看似具有包容性，实则带有极大的排斥性。在蓬托菲霍时期，该国统治阶层包括主要政党的领导人、工商业上层人士和工会领导人，被边缘化群体包括城市贫民、知识分子和中间阶层。③ 那些无法进入政党及其外围组织的群体（例如无组织的农民和非正规就业的城市居民）实际上被排除在庇护体系之外。一些左派政治力量也受到排斥。例如，三大政党在1958年共同抑制委内瑞拉共产党，以便安抚本国保守力量和向美国示好。最终，委内瑞拉共产党和民主共和联盟的左派在20世纪60年代选择暴力对抗道路，发动长时间的反政府游击战。

第二，对分配型政策的高度依赖导致国家能力难以得到提高。蓬托菲霍体制的物质基础是不断增长的石油收入。1958年以来，该国形成一种“达成和解的石油财政体系”，政府通过两大政党控制的庇护网络或职团组织分配石油收入，各阶层成员的需求得到不同程度的满足。在石油收入不断增长之时，政府能够依靠实施分配型政策维持稳定，把精英内部以及精英与大众之间的矛盾最小化。但是，政府没有认真评估政府支

① Terry Lynn Karl, “Petroleum and Political Pacts: The Transition to Democracy in Venezuela”, *Latin American Research Review*, Vol. 22, No. 1, 1987, pp. 63-94.

② Francis Fukuyama, “Conclusion”, in Francis Fukuyama (eds.), *Falling Behind: Explaining the Development Gap between Latin America and the United States*, New York: Oxford University Press, 2008, p. 278.

③ Jennifer L. McCoy and David J. Myers, “Introduction”, in Jennifer L. McCoy and David J. Myers (eds.), *The Unraveling of Representative Democracy in Venezuela*, Baltimore: The Johns Hopkins University Press, 2004, p. 7.

出的效果。石油看起来能够使政府最大限度地满足各类需求，却无须考虑这些做法对经济效率的影响。①

第三，两大政党在垄断权力的过程中日趋僵化。在蓬托菲霍体制下，政党发挥核心作用，掌握最高权力。由于石油使委内瑞拉民主体制成为一种没有输家的正和博弈，这些政党逐渐丧失前进的动力。② 执政权沦为政党分肥的工具。它们通过各种正式的、非正式的机制分割、占有石油收入，使政府的效率和公正性受到严重损害。在委内瑞拉，民主化之后的持续政治稳定和经济增长催生新的经济社会结构，也就侵蚀了精英政治协议的基础。随着委内瑞拉在 80 年代陷入石油繁荣之后的财政困境，两大政党不再拥有以往那种博弈能力，无力继续控制选民。

20 世纪 80 年代，委内瑞拉经济增长动力枯竭的迹象已非常明显。第一届佩雷斯政府（1974~1979）试图依靠石油暴利收入加速推动工业化，但政策收效不佳，国民经济变得更加依赖石油。在这届政府末期，经济增速放缓，通货膨胀加剧，失业人数上升，民众的不满情绪抬头。埃雷拉政府（1979~1984）没有正视国家经济发展进程中的危机迹象，继续扩大公共支出，力图维持经济繁荣的表象。时至 1983 年 2 月，油价的暴跌最终迫使它宣布货币贬值，该国经济随之陷入剧烈波动。同年，卢辛奇依靠一套延续扩张性财政政策的纲领当选总统，但在执政期间被迫转向以紧缩为导向的经济调整，削减公共支出和公共部门职工工资。1989 年，再度就任总统的佩雷斯在内外压力之下推出一场更大规模、更激进的经济改革，试图在国家忍受短期阵痛之后引入新的政治经济秩序，但导致剧烈的社会动荡。

随着经济社会环境变化，民主行动党和基督教社会党日益呈现衰落之势。它们迟迟未能推动自身的适应性转型，也就难以适应新形势带来的要求。在其他拉美国家，传统政党在适应性转型过程之中的一个共同做法是把

---

① Jonathan Di John, *From Windfall to Curse? Oil and Industrialization in Venezuela, 1920 to the Present*, University Park: The Pennsylvania State University, 2009, p. 81.

② Terry Lynn Karl, *The Paradox of Plenty: Oil Booms and Petro States*, Berkeley: The University of California Press, 1997, p. 111.

更多的技术官僚人物（técnicos）纳入党内，从而形成应对经济危机的人才队伍，由他们提出应对经济危机的政策建议，也使党的政治理念得到更新。阿根廷的正义党、墨西哥的革命制度党（PRI）、哥伦比亚的自由党（PLC）等政党采取这一做法，因而能够在 20 世纪 90 年代取得选举成功。委内瑞拉的两大政党既没有采取此类做法，也没有找到替代的途径。

20 世纪 80 年代以来，两大政党逐渐丧失对国内政治进程的主导能力。没有石油收入的支撑，它们无力维系精英共识和跨阶级合作。在两党内部，改革派和保守派之间的路线之争破坏了党内团结。对两党而言，倾向改革的佩雷斯再度当选总统和同样倾向改革的卡尔德拉谋求成为本党总统候选人的失败，都意味着党的严重分裂。埃雷拉政府、卢辛奇政府和佩雷斯政府频频曝出腐败丑闻，使两党声誉受到严重损害。许多民意测验显示，民众把经济危机归咎于浪费和腐败，而非沉重的债务或下跌的石油价格。在很多人看来，经济衰退就是因为政客们窃取了这个国家的财富。1981 年的民意调查显示，超过一半的受访者认同民主行动党或基督教社会党；到 1998 年，这一比例降至12%。[①] 由于民众对两大政党的认同和支持日益弱化，它们的选举动员能力不断下降，全国性选举的弃权率不断攀升（见图 4-1）。

委内瑞拉的精英共识在 20 世纪 80 年代末宣告破裂。佩雷斯总统在第二次执政（1989~1993）伊始，打破历史上形成的协议民主规则，在既未获得执政党支持，又未与主要反对党协商的情况下，突然启动一场激进的经济改革。重大的改革措施没有付诸讨论，政府与国际货币基金组织签订的协定没有呈交国会审查，大多数人对改革的到来和严酷性缺乏心理准备。因此，改革遭到执政党内部保守力量以及反对党的共同反对。国家机器内部也出现严重的分裂，以总统为首的行政部门受到抨击和孤立。以国会为代表的立法机构、以法院和检察院为代表的司法机构、以军队和警察为代表的强力机构都

① Noam Lupu, "Brand Dilution and the Breakdown of Political Parties in Latin America", *World Politics*, Vol. 66, Issue 4, 2014, pp. 561- 602.

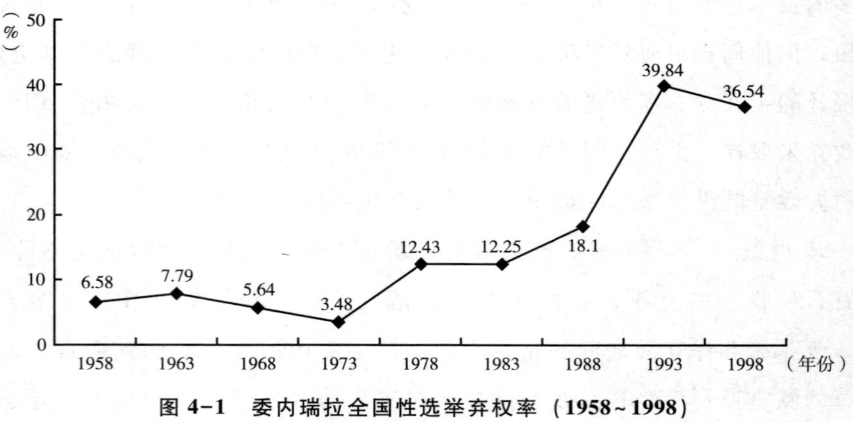


**图 4-1 委内瑞拉全国性选举弃权率（1958～1998）**

资料来源：委内瑞拉全国选举委员会（CNE）网站，http：//www. cne. gob. ve。

被不同程度地卷入对立之中，或是支持一种政治理念，或是倒向某一政治派别。

佩雷斯政府的经济改革无法获得下层民众的认可，意味着持续多年的跨阶层合作走向破裂。在国家繁荣时期，他们是受益最少的社会群体；在国家落难之际，他们成为经济改革的第一批牺牲品。在经济改革推出之后，基本食品价格、交通费用和电价上涨 50%至 100%，实际工资下跌 20%至 50%。[①] 到 1991 年，委内瑞拉 69. 8%的家庭生活在贫困之中，更有 35. 8%的家庭处于极端贫困状态。收入分配的不平等状况进一步加剧。1988 年至 1991 年，最富有的 10%的人口占有国民收入的比重从 30%上升至 43%，而最贫困的 10%的人口占有国民收入的比重从 2. 3%降至 1. 8%。[②] 因此，这场改革在启动之际就引发全国范围的大规模抗议活动，下层民众以暴力手段表达他们对佩雷斯政府乃至整个政治阶层的失望和愤怒情绪。对许多人而言，这场改革招致的沉重社会代价首先是源于蓬托菲霍体

① Benjamin Keen and Keith Haynes, *A History of Latin America* (8th Edition), Boston: Houghton Mifflin Harcourt Publishing Company, 2009, p. 491.

② Trudie O. Coker, "Globalization and State Capital: Accumulation Deteriorating Economic and Political Rights in Venezuela", *Latin American Perspectives*, Vol. 26, No. 5, 1999, pp. 75-91.

制的腐化堕落，而非新自由主义本身。①

委内瑞拉社会的反精英、反传统政党情绪不断酝酿和发酵。在下层民众看来，这场改革是一次彻头彻尾的“背叛”。在第一届佩雷斯政府（1974~1979）时期，委内瑞拉迎来最繁荣的一段时光。1988 年，佩雷斯之所以能够再次当选总统，是因为他承诺带领国家重振经济，再现辉煌。无论是佩雷斯，还是他所在的民主行动党，都没有在选举期间表示有意进行重大的经济调整。然而，他在就任总统伊始，就做出与民意预期完全相反的决定，以迅雷不及掩耳之势推出一场重大经济改革。一些文件表明，市场化改革早已在酝酿之中，而佩雷斯一直在掩盖他的真实想法。在当时的拉美，他的同道者还有墨西哥的萨利纳斯（Carlos Salinas de Gortari）、秘鲁的藤森（Alberto Fujimori）和阿根廷的梅内姆（Carlos Menem）。这些拉美的“第一代”改革者都在竞选期间掩盖了自己的真实意图。

在国家陷入困顿之际，委内瑞拉精英阶层的豪奢生活无比清晰地折射了社会上层和底层之间的巨大鸿沟。1989 年 2 月 2 日，佩雷斯第二次就任总统。他的就职典礼极为盛大，27 位国家元首和大约 800 名外国贵宾应邀参加，委内瑞拉政府负责支付他们的一应费用。媒体形容这场典礼“星光熠熠，但贵得惊人，是布什总统就职典礼费用（3000 万美元）的两倍或更高”。② 在同年 2 月，政府的经济改革引发激烈的社会抗议活动，一些上层社会成员对此视若无睹。就在同一月份，该国两大家族举办一场耗资上百万美元的“世纪婚礼”。新娘来自西斯内罗斯家族，其父奥斯瓦尔多·西斯内罗斯（Oswaldo Cisneros）拥有一家电视台和一个连锁超市，并掌握大量的企业股份。据估计，5000 余名宾客出席婚礼，在席间畅饮高档法国香槟酒

① Julia Buxton, “The Bolivarian Revolution as Venezuela's Post-crisis Alternative”, in Jean Grugel and Pía Riggirozzi (eds.), *Governance after Neoliberalism in Latin America*, New York: Palgrave Macmillan, 2009, p. 156.

② Roberto Fabricio, “Venezuelan Inauguration Costly Perez Will Assume Presidency in Controversial Extravaganza”, February 1, 1989, https://www.sun-sentinel.com/news/fl-xpm-1989-02-01-8901070016-story.html.

和饱食各种珍馐美馔。①

委内瑞拉在解决外债问题过程中陷入被动，承受来自债权国和国际多边金融机构的巨大压力，令民族主义者为国家前途忧心。在拉美国家，新自由主义经济改革的启动与国际多边金融机构（例如国际货币基金组织）的压力直接相关，委内瑞拉的情况也是如此。如前文所述，佩雷斯政府经济改革源于国际货币基金组织一个代表团向该国提出的建议；在佩雷斯就任总统前后，他和他的代表与国际货币基金组织的相关人员进行多次会谈，讨论贷款和改革事宜。在改革引发委内瑞拉社会动荡之后，媒体普遍将其归咎于国际货币基金组织，指责它把这些改革措施“强加”给委内瑞拉。佩雷斯总统向该组织、主要债权国领导人和媒体发去公开信，声称该组织给出的“药方”根本没有考虑这些债务国的经济现实。② 他在没有点名的情况下抨击主要债权国冷眼旁观，拒不帮助委内瑞拉纾解债务压力，以致酿成危机。③ 尽管如此，佩雷斯政府不得不承诺还债，继续保持与国际货币基金组织的合作。1989 年 3 月初，佩雷斯政府的代表与该组织签署协议，获得期限为 3 年的 46 亿美元贷款，以解燃眉之急。因此，这场经济改革被委内瑞拉的民族主义者视为向外部压力低头。伴随债务问题而来的外部干涉让他们对国家前途命运怀有极大的担忧。美国因其债权人地位、在债务问题上的自私表现以及不利于委内瑞拉的种种历史行径，越来越成为该国民族主义者的反对目标。

始于 20 世纪 80 年代的政治体制改革也在推动委内瑞拉政治格局的大重组。早在 1979 年，该国开始单独选举市政委员会。尽管两大政党成员在市

① Don A. Schanche, “Venezuela Riots Not Political, Perez Says: President Blames Unrest on Foreign Debt”, March 4, 1989, https://www.latimes.com/archives/la-xpm-1989-03-04-mn-19-story.html.

② James M. Boughton, *Silent Revolution: The International Monetary Fund 1979-1989*, Washington, D. C.: International Monetary Fund, 2001, p. 517.

③ Don A. Schanche, “Venezuela Riots Not Political, Perez Says: President Blames Unrest on Foreign Debt”, March 4, 1989, https://www.latimes.com/archives/la-xpm-1989-03-04-mn-19-story.html.

政委员会选举中往往得票最多，但小党由此获得更大的活动空间。20世纪80年代中期，石油收入下降、经济形势恶化使民众的不满情绪加剧，卢辛奇政府试图通过政治体制改革缓和民怨。1984年12月，国家改革委员会成立，负责制定改革方案。一场以政府分权为导向的政治改革逐步实施，使两大政党的主导地位受到动摇。1989年，该国首次举行州长和市长选举。传统上，各州州长由总统任命产生，通常为执政党成员。州长和市长的直选首先意味着小党和新兴政党获得政治参与的巨大空间。该国还实施一系列涉及行政管理和财税体制的改革，目的是重塑联邦政府与各州之间的关系、扩大地方政府自主权。

20世纪80年代末以来，新兴政党呈现崛起之势，填补了两大政党让出的选举空间。以激进事业党（LCR）和争取社会主义运动为代表的左派政党在选举领域不断取得突破。1989年，激进事业党候选人安德烈斯·贝拉斯克斯（Andrés Velásquez）当选玻利瓦尔州州长；1992年，另一名该党候选人阿里斯托布洛·伊斯图里斯（Aristóbulo Istúriz）当选加拉加斯下辖自治市——解放者（Libertador）市——市长；1993年，安德烈斯·贝拉斯克斯参加总统选举，得票率位居第四。争取社会主义运动候选人卡洛斯·塔夫兰特（Carlos Tablante）在1989年当选阿拉瓜州州长，继而在1992年实现连选连任。

新兴政治力量不断提出修宪或制宪主张。1990年，两大传统政党之外的政治人物和知识分子成立爱国阵线（Frente Patriótico），呼吁成立制宪大会。卡尔德拉在1993年当选总统之后，任命他的宪法顾问里卡多·孔贝利亚斯（Ricardo Combellas）担任国家改革委员会主席，谋求推动宪法改革、重新分配国家权力。在孔贝利亚斯等人看来：国家行政的主要问题应当归咎于政党和国会掌握过多的权力；如果总统能够拥有更大的权力，国家的整体改革有望更加顺利地推进。但是，国会没有采纳该委员会的主张。

民主行动党和基督教社会党轮流执政的政党格局在20世纪90年代被打破。1993年，卡尔德拉作为全国汇合党、争取社会主义运动等10多个小党共同支持的候选人当选总统，打破两大政党对执政权力的长期垄断。

此后，两大政党加速衰落，无力推出有竞争力的总统候选人，也无力掌握国会多数席位。到 2000 年的时候，民主行动党的支持率降至 10%以下，基督教社会党的支持率降至 5%以下；到 2003 年，不到 15%的选民自认为是两党成员。[①] 此时，两党已经难以单独发挥政治作用，只能加入反对党组成的联盟。

卡尔德拉是 1958 年以来第一位来自第三党的委内瑞拉总统，大众寄希望这届政府带来变革。但是，卡尔德拉政府是一个典型的弱势政府，为在国会通过立法提案而不得不选择与民主行动党结盟。由于经济形势恶化，它重拾新自由主义路线，在 1996 年实施名为“委内瑞拉议程”的经济调整。这就意味着，委内瑞拉是唯一出现以下情况的拉美国家：两位来自不同政党的政治人物（佩雷斯和卡尔德拉）在当选总统之后都违背诺言，实行了新自由主义改革。[②] 下层民众对政治阶层深感失望。在他们看来，要想改变国家形势，就必须寻找新的替代者；这位替代者不能来自民主行动党或基督教社会党，最好也不要与它们有什么瓜葛。[③]

在 1998 年 12 月的总统选举中，与两大传统政党毫无瓜葛的查韦斯在首次参加总统选举之际就赢得胜利。他所在的新兴政党——第五共和国运动（MVR）——在此前成为国会第二大党。这些选举结果意味着延续 40 年之久的蓬托菲霍体制彻底解体，委内瑞拉政治迈入了新时代。

## 第二节　“局外人”的崛起

拉美在 20 世纪 80 年代迎来发展进程的分水岭。在内部经济社会压力加

---

① Jana Morgan, "Partisanship During the Collapse Venezuela's Party System", *Latin American Research Review*, Vol. 42, No. 1, 2007, pp. 78–98.

② Steve Ellner and Miguel Tinker Salas, "Introduction: The Venezuelan Exceptionalism Thesis Separating Myth from Reality", *Latin American Perspectives*, Vol. 32, No. 2, 2005, pp. 5–19.

③ José E. Molina, "The Unraveling of Venezuela's Party System", in Jennifer L. McCoy and David J. Myers (eds.), *The Unraveling of Representative Democracy in Venezuela*, Baltimore: The Johns Hopkins University Press, 2004, p. 170.

大和国际格局转变的推动下，地区各国经历一场以政治民主化和经济自由化为主要内容的政治-经济双重转型。

1978 年以来，拉美经历历史上最广泛和最持久的民主化浪潮。这一浪潮是亨廷顿所说的“第三波”民主化浪潮的重要组成部分。它起源于巴拿马（1978 年）、厄瓜多尔（1979 年）和尼加拉瓜（1979 年），以文职政府上台或独裁政权被推翻为主要标志；这一浪潮的扩张势头持续至 1992 年，以秘鲁藤森总统发动“自我政变”为结束标志。[①] 在此期间，拉美国家相继确立代议制民主体制，并在此后近 40 年间延续这一总体政治框架。

民主化和“冷战”的结束使拉美国家主流政党的意识形态立场趋向温和，左右二元对立色彩趋于淡化。从总体看，20 世纪 60 年代和 70 年代标志着拉美极化政治的顶峰；而 1978 年以来，地区各国的政治不再是一种“零和游戏”，选举不再意味着在两种存在重大差异甚至根本对立的政治主张之间进行抉择，主要候选人不谋求对既有的政治-经济秩序做出重大的修改。

拉美国家在 20 世纪 80 年代启动经济发展模式的转型。1982 年，墨西哥宣布无力按时偿债。以此为起点，严重的债务危机在拉美蔓延开来，继而导致地区各国陷入长时间的经济低迷，并遭受恶性通货膨胀的剧烈冲击。拉美国家在第二次世界大战之后长期实施的替代工业化进程难以为继，建立在这一进程之上的政府与市场高度捆绑的内向发展模式（the inward-looking model of development）宣告终结。这些国家启动新自由主义经济改革，逐步从国家主导的内向发展模式转型为以市场竞争和对外开放为基础的外向发展模式，从而使政府、市场和社会之间的关系出现重新组合。

以政治民主化和经济自由化为主要内容的双重转型重塑了拉美的政治环境。政党体系的开放性得到提升，政治参与广泛性得到增强，政治参与渠道得到拓宽，选民基础出现新的分化组合。

---

① Scott Mainwaring and Aníbal Pérez-Liñán, “Latin American Democratization since 1978: Regime Transitions, Breakdowns, and Erosions”, in Frances Hagopian and Scott P. Mainwaring (eds.), *The Third Wave of Democratization in Latin America: Advances and Setbacks*, Cambridge: Cambridge University Press, 2005, p. 19.

20 世纪 80 年代以来，拉美政治之中的一个突出现象是众多建制政党的急剧衰败。在内外环境的压力之下，委内瑞拉民主行动党、墨西哥革命制度党（PRI）、哥斯达黎加民族解放党（PLN）、阿根廷正义党、玻利维亚民族主义革命运动（MNR）等传统政党转向支持新自由主义改革，试图打造新的社会联系，延续政治影响力。但是，成功者（例如阿根廷正义党）少，失败者（例如委内瑞拉民主行动党和玻利维亚民族主义革命运动）居多。据估计，1978 年至 2007 年，大约 1/4 的拉美政党陷入衰败（也就是在突然之间丧失选举竞争力）。①

另一个突出现象则是左派政党和左派政治人物在选举领域的崛起。民主化使拉美左派和民主体制实现历史性的“和解”，拉美左派能够作为一个整体实现体制内政治参与。② 在此基础上，拉美左派不断通过选举政治扩大自身的影响力，并于 20 世纪 90 年代末掀起第一波左派政党执政浪潮。1998 年，第五共和国运动候选人查韦斯当选委内瑞拉总统，成为这一浪潮的起点。此后十几年间，左派政党在巴西、阿根廷、乌拉圭、智利、玻利维亚、厄瓜多尔、秘鲁、萨尔瓦多、尼加拉瓜等国取得执政地位，众多左派政府一度连片分布于拉美。在该地区历史上，从未有如此多的左派政党同时执政。③

委内瑞拉的政治经济走势集中体现上述两大特点。20 世纪 80 年代以来，该国经济波动剧烈，通货膨胀加剧，失业率上升，民众对现状越来越不满。在分析者看来，民主体制没有给委内瑞拉人带来预期之中的社会公正或缩小贫富差距。民众把问题归咎于两大政党（民主行动党和基督教社会党）

---

① Noam Lupu, “Party Brands, Partisan Erosion, and Party Breakdown”, in Scott Mainwaring (ed.), *Party Systems in Latin America: Institutionalization, Decay, and Collapse*, Cambridge: Cambridge University Press, 2018, p. 359.

② Steven Levitsky and Kenneth M. Roberts, “Introduction: Latin America's ‘Left Turn’: A Framework for Analysis”, in Steven Levitsky and Kenneth M. Roberts (eds.), *The Resurgence of the Latin American Left*, Baltimore: The Johns Hopkins University Press, 2011, p. 13.

③ Raul Madrid, “The Origins of the Two Lefts in Latin America”, *Political Science Quarterly*, Vol. 125, Number 4, 2010, pp. 587-609.

的无能和腐败；社会情绪不是“反国家”，而是反政党。[1] 蓬托菲霍体制下的权力分享机制带有极大的排斥性，以两党为代表的既得利益集团弄权，导致委内瑞拉丧失社会公正，缺少推动改革所需的制度环境。因此，中下层民众期望一支替代性政治力量的出现，实行切实有效的改革，带领国家走出困境。他们还要求获得更大的政治参与权，尤其是社会经济事务的参与权，渴望建立一个负责任的政府，而不仅仅是一个符合宪法程序的政府。[2]

查韦斯最终成为得到大众认可的那个人物。他在首次参加总统选举之前，没有任何从政经历，不曾加入建制政党，不曾参加任何选举，也不曾在政府担任任何职务，属于完全意义的政治“局外人”。[3]

查韦斯在政坛的崛起源于他的军人生涯。蓬托菲霍时期的委内瑞拉军队具有较高的开放性和流动性。参军对查韦斯这种社会下层出身的人士是一种很好的选择。20 世纪 70 年代，“安德烈斯·贝略计划”（Plan Andrés Bello）付诸实施，国家军事院校实行了进步色彩浓厚的教育改革，由此培养的新一代军官具有更浓厚的民族主义情绪，而查韦斯正是其中一员。

查韦斯这种政治立场左倾的青年军官往往不满以两大政党为代表的精英集团，憎恶政府和军队之中的腐败现象，期盼国家向大众公平分配石油收入。他们推崇秘鲁军政府领导人贝拉斯科（Juan Francisco Velasco Alvarado）和巴拿马军人总统托里霍斯（Omar Torrijos），认为军人能够为推动国家变革发挥关键作用。1983 年，查韦斯和志同道合者成立名为“玻利瓦尔革命运动 200”（MBR-200）的军人秘密组织，谋求对国家进行改造。

第二届佩雷斯政府推出的新自由主义经济改革在青年军官中引发强烈的不满情绪。这场改革的一项措施是大幅削减国防支出，军人的待遇和军队的

① Luis Salamanca, “Civil Society: Late Bloomers”, in Jennifer L. McCoy and David J. Myers (eds.), *The Unraveling of Representative Democracy in Venezuela*, Baltimore: The Johns Hopkins University Press, 2004, p. 98.

② Edgardo Lander, “Venezuelan Social Conflict in a Global Context”, *Latin American Perspectives*, Vol. 32, No. 2, 2005, pp. 20-38.

③ 参见 Miguel Carreras, “The Rise of Outsiders in Latin America, 1980-2010: An Institutionalist Perspective”, *Comparative Political Studies*, Vol. 45, Issue 12, 2012, pp. 1451-1482。

装备因此出现恶化。政府在改革过程中牺牲下层民众利益的种种做法更是令青年军官感到愤慨。查韦斯与盟友们把国家面对的问题归咎于以民主行动党和基督教社会党为代表的腐化政治阶层。当时，许多青年军官都像查韦斯一样，认为一场军事政变是必要的，军事手段是打破“政党统治”、给这个国家带来政治变革的唯一有效途径。[①]

1992 年军事政变使查韦斯走到委内瑞拉政治前台。这一年 2 月 4 日，他和盟友指挥 2000 多名士兵展开行动。三支部队分别负责攻取位于马拉开波、巴伦西亚（Valencia）和马拉凯（Maracay）的军事基地；一支部队负责控制位于加拉加斯的迈克蒂亚（Maiquetía）机场，寻机抓捕刚刚结束出访回国的佩雷斯总统；查韦斯亲自指挥一支部队进攻总统府。由于消息走漏，佩雷斯抢先返回总统府进行部署，然后前往电视台发布反政变的政府声明。政变军人与忠于政府的部队在总统府附近展开激战。眼见大势已去，查韦斯同意投降。他在电视上发表声明，要求政变士兵放弃抵抗，却又表示失败只是“暂时的”（por ahora）。

对查韦斯而言，这次政变是一场军事上的失利，却是政治上的胜利。民意调查显示，许多人反对军事政变，但对查韦斯表示同情。从此以后，查韦斯成为委内瑞拉大众心目中敢于与腐败堕落的精英统治集团进行决斗的勇士，成为勇于拯救国家的英雄。在很长一段时间里，小男孩们每逢参加一年一度的“忏悔星期二”（Mardi Gras）化装舞会，最喜欢选择的服装就是查韦斯的绿军装和红色贝雷帽。

查韦斯在 1994 年 3 月获特赦出狱，逐渐转变了自己的斗争理念。他最初认为，民主体制受到精英统治集团的把控，像他这种试图打破现状的“局外人”永远无法指望通过选举掌权，全面的政治变革只能依靠现行政治体制以外的道路实现。在狱中关押期间和出狱之后，他与各界人士进行了广泛的交流和讨论，深感下一场军事政变不可能取得成功。一方面，他与自己

---

① Brian Fonseca, John Polga-Hecimovich and Harold A. Trinkunas, “Venezuelan Military Culture”, May 2016, http://www.johnpolga.com/uploads/1/8/1/0/18107767/venezuelan_military_culture.pdf.

的支持者被逐出军队，民选政府已经采取一系列的防范措施；另一方面，民意并不支持暴力斗争。[①]

查韦斯在出狱之后周游全国，广泛宣传自己的主张。他这样描述这一时期的经历："在 1994 年、1995 年和 1996 年，我们走访了这个国家的每一个角落，不断地为大家分析和评估形势。"[②] 多项民调结果显示，许多受访者支持他竞选总统。这使他意识到自己在大众中受到欢迎。1997 年，他当年的政变盟友弗朗西斯科·阿里亚斯·卡德纳斯（Francisco Arias Cardenas）作为激进运动党候选人当选苏利亚州州长。这件事使他进一步感到，政党和选举不应被视为实现激进变革的障碍。他这样的"局外人"完全有可能凭借高民意支持率突破精英集团的阻挠，通过选举获得执政权力。查韦斯的支持者在内部进行了广泛的讨论，最终形成开展选举斗争的共识，决定把斗争的方向从号召选民弃权转向积极参加大选。

查韦斯的政治理念强调回归委内瑞拉的历史传统，力求从本国、本地区的历史经验中汲取前进动力，努力激发大众的民族自豪感。他高度尊崇本国早期的民族斗争人物，例如西蒙·玻利瓦尔、埃塞基耶尔·萨莫拉和自由派思想家西蒙·罗德里格斯（Simón Rodríguez），希望从他们的思想和斗争行动中汲取灵感，构建属于自己的思想体系。

"解放者"玻利瓦尔是查韦斯思想的最重要来源。在他看来，美洲的自由源于玻利瓦尔的干劲、智慧和眼界；玻利瓦尔不仅仅是一个人物，也是一种概念，是一整套与政治、社会、公正相关的复杂理念。[③] 他自幼就渴望成为玻利瓦尔那样的英雄人物，也自视为玻利瓦尔政治遗产的捍卫者。他在军队里创立的第一个组织名为"玻利瓦尔革命运动"，在担任总统之后把国名

---

① Hugo Chávez and Marta Harnecker, translated by Cheesa Boudin, *Understanding the Venezuelan Revolution: Hugo Chávez Talks to Marta Harnecker*, New York: Monthly Review Press, 2005, pp. 43-44.

② Aleida Guevara, *Chávez: Venezuela and the New Latin America: An Interview by Aleida Guevara*, Melbourne: Ocean Press, 2005, p. 18.

③ Aleida Guevara, *Chávez: Venezuela and the New Latin America: An Interview by Aleida Guevara*, Melbourne: Ocean Press, 2005, p. 11.

更改为“委内瑞拉玻利瓦尔共和国”。在他看来，玻利瓦尔的事业从未停止；现在，委内瑞拉人民，拉美各国人民，还有全世界的人民，再次接手这项事业，正在掀起一场建设平等世界、公正世界的斗争，玻利瓦尔的事业始终指向未来。① 简而言之，查韦斯要以这位广受尊重的民族解放先驱者的思想和行动为依据，从而使自己反对新自由主义、反对全球化和挑战美国影响力的斗争具有充分的合法性。②

查韦斯深受拉美历史上的左派斗争尤其是古巴革命的影响。他经常引用秘鲁共产党创始人马里亚特吉（Jose Carlos Mariategui）的观点阐释自己的想法。菲德尔·卡斯特罗（Fidel Castro）的革命和建设理念、切·格瓦拉（Che Guevara）的游击战理论、托洛茨基（Leon Trotsky）的“不断革命论”都成为他形成政治理念的重要来源。他也关注中国的社会主义模式，认为它的特殊之处在于没有照搬其他模式。委内瑞拉的激进左派成为查韦斯思想演化的现实基础。委内瑞拉革命党（PRV）创始人道格拉斯·布拉沃（Douglas Bravo）、激进事业党创始人阿尔弗雷多·马内罗（Alfredo Maneiro）等左派政治人物有关蓬托菲霍体制替代模式的理念和军民联盟的构想体现于查韦斯的政治主张之中。

查韦斯相信人民斗争的伟大力量。他在解读本国历史时，多次歌颂在反抗西班牙入侵战斗中光荣牺牲的原住民酋长瓜伊凯普罗（Guaicaipuro）；对原住民的不幸遭遇充满同情，把“哥伦布纪念日”更名为“印第安人抵抗日”。在查韦斯及其支持者看来，在 1958 年 1 月 23 日，一场人民起义而非军事政变推翻了希门尼斯独裁政权，但政党精英窃取了胜利果实，使其服务于他们的政治目的。这种看法使查韦斯在 1992 年 2 月策动的军事政变具有了合理性，因为它也是一场大众的反抗。③

---

① Hugo Chávez, “Introduction”, in Matthew Brown (ed.), *The Bolivarian Revolution*, Verso: London, 2009, p. xvi.

② Julia Buxton, “National Identity and Political Violence: The Case of Venezuela”, in Will Fowler and Peter Lambert (eds.), *Political Violence and the Construction of National Identity in Latin America*, New York: Palgrave Macmillan, 2006, p. 124.

③ Steve Ellner, *Rethinking Venezuelan Politics: Class, Conflict, and the Chávez Phenomenon*, Boulder: Lynne Rienner Publishers, 2008, p. 6.

查韦斯相信军人能够为国家的社会改革发挥推动作用。他在尊崇玻利瓦尔和埃塞基耶尔·萨莫拉的基础上，倡导伟大的军事领导，倡导士兵为国效忠，倡导军队参与国家发展进程，把军人视为一种能够建设一个有序的、有生产力的社会的体制力量。军人参政不是为了保护精英集团的特权（例如南锥体国家在 20 世纪 60 年代和 70 年代的所作所为），而是为了推动社会的进步、挑战传统精英的特权地位和支持中下层民众。他努力从贝拉斯科、托里霍斯这样的拉美革新派军人借鉴经验，为军人参与政治找到思想指引。在他看来，托里霍斯的主张和行动意味着军人能够为推动社会改革发挥积极的作用。这就使军人能够具有社会革命（例如古巴军人）或军事镇压（例如阿根廷和危地马拉的军人）之外的第三种功能。[①] 如果说托里霍斯和贝拉斯科反对传统的土地寡头，查韦斯则是在反对挥霍国家石油财富的政治阶层；他们都把大众的关切和军队的斗争紧密联结起来，共同反对政治经济精英的特权利益。[②]

## 第三节　查韦斯的选举斗争之路

当代拉美左派的成功建立在选举胜利之上。查韦斯政治生涯的突出特点就是他在重大选举中取得一连串胜利。他在 1998 年、2000 年、2006 年和 2012 年连续 4 次赢得总统选举。他的第一个总统任期始于 1999 年 2 月，止于 2000 年 8 月。2000 年 7 月，委内瑞拉举行 1999 年宪法生效之后的首次重大选举。这是一场“超级选举”，也就是同时举行总统选举和国会选举。查韦斯再次当选总统，并在同年 8 月正式就任，开始第二个总统任期（2000 年 8 月至 2007 年 1 月）。他顺利完成第三个总统任期（2007 年 1 月至 2013 年 1 月），但在第四个总统任期（2013 年 1 月至 3 月）病故。在一轮投票制选举环境下，查韦斯连续 4 次以超过 50%的得票率当选总统。这样的高得票

① Mike Gonzalez, *Hugo Chávez: Socialist for the Twenty-first Century*, London: Pluto Press, 2014, p. 13.

② Fred Rosen and Jo-Marie Burt, “Hugo Chávez: Venezuela's Redeemer?” September 25, 2007, https://nacla.org/article/hugo-ch%C3%A1vez-venezuela%27s-redeemer.

率使他获得强有力的民意授权和巨大的政治活动空间。

查韦斯成为1998年总统选举的有力角逐者。他在1997年发起成立第五共和国运动，为参加来年的选举进行组织准备。当时，左派阵营的分化组合极为剧烈，传统老党处于衰败之中：激进事业党因内部斗争而分裂，激进派在1997年另组祖国为大家党（PPT）；争取社会主义运动领袖特奥多罗·佩特科夫（Teodoro Petkoff）曾两次竞选总统，后加入第二届卡尔德拉政府，作为计划部长牵头实施新自由主义经济改革，由此引发的巨大争议导致该党丧失影响力。在此背景下，第五共和国运动自成立之初就成为众望所归的左派阵营领导者，与委内瑞拉共产党、祖国为大家党、人民选举运动（MEP）等10多个左派政党、新兴政党共同结成名为“爱国中心”（Polo Patriótica）的选举联盟，向两大政党发起挑战。同在1997年，查韦斯宣布自己作为联盟候选人参加来年的总统选举。他的竞选主张主要包括：第一，举行公民投票，表决是否成立制宪大会、重新制定宪法；第二，全面重整国有的委内瑞拉石油公司，降低国家对石油的依赖；第三，发挥国家的经济干预作用，保护本国产业。这些主张得到中下层民众的普遍认可（见表4-1和表4-2）。

**表4-1 委内瑞拉民众的公共政策偏好**

单位：%

| 民众的公共政策偏好 | | 经济阶层 | | |
|---|---|---|---|---|
| | | 下层 | 中层 | 上层 |
| 1995年 | 支持政府干预经济 | 68 | 58 | 29 |
| | 倾向激进政治变革而非渐进方式 | 21 | 9 | 8 |
| | 政府应当保障就业 | 96 | 92 | 73 |
| | 政府应当保障医疗 | 95 | 92 | 80 |
| 1998年 | 支持政府干预经济 | 86 | 84 | 80 |
| | 支持更大程度的私有化 | 34 | 42 | 41 |
| | 倾向激进政治变革而非渐进方式 | 24 | 13 | 17 |
| | 支持解散国会 | 24 | 19 | 16 |

资料来源：Damarys Canache，“Urban Poor and Political Order”，in Jennifer L. McCoy and David J. Myers（eds.），*The Unraveling of Representative Democracy in Venezuela*，Baltimore：The Johns Hopkins University Press，2004，p. 43。

**表 4-2 委内瑞拉民众的选举行为**

单位：%

| 民众的选举行为 | | 经济阶层 | | |
|---|---|---|---|---|
| | | 下层 | 中层 | 上层 |
| 1995 年 | 曾在 1993 年总统选举中投票 | 58 | 61 | 73 |
| | 认为查韦斯既有个人的也有全国的影响力 | 24 | 20 | 7 |
| 1998 年 | 打算在 1998 年总统选举中投票 | 86 | 88 | 92 |
| | 打算投票支持查韦斯 | 55 | 44 | 47 |

资料来源：Damarys Canache，“Urban Poor and Political Order”，in Jennifer L. McCoy and David J. Myers（eds.），*The Unraveling of Representative Democracy in Venezuela*，Baltimore：The Johns Hopkins University Press，2004，p. 46。

在 1998 年总统选举到来之际，委内瑞拉选民迫切渴望找到新的政治力量，引领国家实现变革、走出困境。最初的领先者是前“环球小姐”伊雷内·赛斯（Irene Saez）。她在担任查考（Chacao）市长期间以诚实独立和善于行政管理而著称。但是，她接受基督教社会党支持的做法令下层选民大失所望，她的民意支持率逐渐从榜首位置掉落下来。民主行动党提名路易斯·阿尔法罗·乌塞罗（Luis Alfaro Ucero）为总统候选人。他被视为政治保守派，在民调中不受欢迎。基督教社会党无力推出自己的候选人，因而与当时在民意测验中处于领先的赛斯结盟。

当竞选形势进入白热化状态时，两大政党决定联手阻止查韦斯当选。它们不再单独参加总统选举，而是共同支持卡拉沃沃州前州长恩里克·萨拉斯·罗梅尔（Henrique Salas Römer）竞选总统。他是一名在耶鲁大学接受教育的经济学家，曾作为基督教社会党候选人当选卡拉沃沃州州长。1998 年，他推动成立委内瑞拉计划党（PRVZL），并作为该党候选人竞选总统，主张经济稳定、市场化和自由化，赞同政治分权和削减公共支出。两党控制下的国会在 1998 年 7 月通过一项法律，规定国会和地方选举在当年 11 月单独举行。它们希望取得国会和州长选举的胜利，以此影响在 12 月举行的总统选举；即使总统选举失利，它们还可以继续控制国会。

委内瑞拉在 1998 年 11 月 8 日和 12 月 6 日分别举行国会-地方选举和总

统选举。在国会选举中，“爱国中心”赢得35%的国会席位，民主行动党赢得22%的席位，基督教社会党赢得11%的席位。在总统选举中，查韦斯以绝对优势战胜主要对手萨拉斯·罗梅尔。他的得票率高达56.2%。这是委内瑞拉到那时为止最高的总统候选人得票率。

1998年两场重大选举的结果意味着蓬托菲霍体制的完全解体。新兴的左派政党联盟“爱国中心”成为国会第一大政治力量。在总统选举中，3名主要候选人或是独立候选人，或来自新兴政党。由于1998年选举的意义格外重大，委内瑞拉第一次邀请外国观察员监督选举。卡特中心（the Carter Center）应邀观摩选举，后在其分析报告中指出：这两场重大选举成为该国民主体制的分水岭，其结果反映了选民渴望重大政治转型的强烈意愿。[①] 民意之所以倒向查韦斯，就是因为他看起来是唯一始终如一地反对两大政党再次掌权或进入政府的总统候选人。萨拉斯·罗梅尔一度把自己塑造为一名激进变革的倡导者。但是，他的民意支持率从未超过查韦斯。在总统选举即将举行之时，他决定接受民主行动党和基督教社会党的支持。这就意味着，他不是那些决心告别蓬托菲霍时代的选民所期待的领导人物。

查韦斯的强势执政地位不仅来自他的高得票率，还来自他所在政党联盟取得的多场选举胜利。1999年以来，以第五共和国运动为主体的左派执政联盟赢得10多场重大投票和选举活动，其中包括：查韦斯政府有关成立制宪大会的提案在公民投票中获得通过（1999年4月），执政联盟赢得制宪大会选举（1999年7月），新宪法在公民投票中获得通过（1999年12月），查韦斯政府修宪提案在公民投票中获得通过（2009年）。此外，执政联盟还多次赢得国会选举、州长选举和市长选举。

查韦斯在重大选举中的连续胜利（见表4-3）可以被视为委内瑞拉社会阶层变动所产生的结果。城市贫民和委内瑞拉政治之间的联系源于两大政党的庇护主义政策。随着经济环境恶化，政府无力继续实施此类政策，两大

---

① Harold Trinkunas and Jennifer McCoy, “Observation of the 1998 Venezuelan Elections: A Report of Freely Elected Heads of Government”, February 1999, https://docs.google.com/viewer?url=https%3A%2F%2Fwww.cartercenter.org%2Fdocuments%2F1151.pdf&pdf=true.

政党对城市贫民的影响力受到削弱。在经济危机和经济改革的冲击下，城市贫民的生活状况持续恶化。在佩雷斯政府新自由主义改革启动之初，他们就被逐出国家分配和保障体制，丧失在石油繁荣时代获得的微薄福利。因此，他们成为两党的坚决反对者，渴望打破政党专权，从新兴政治力量中寻找代言人，解决历史遗留问题的贫困和不平等问题。

**表 4-3 委内瑞拉总统选举：查韦斯及其竞选对手的得票率**

<table>
<tr><th>选举年份</th><th>候选人</th><th>得票率(%)</th><th>得票数(张)</th><th>投票率(%)</th><th>投票人数(人)</th></tr>
<tr><td rowspan="2">2000 年<br>总统选举</td><td>查韦斯</td><td>59.76</td><td>357.7 万</td><td rowspan="2">56.31</td><td rowspan="2">1172 万</td></tr>
<tr><td>弗朗西斯科·阿里<br>亚斯·卡德纳斯</td><td>37.52</td><td>235.9 万</td></tr>
<tr><td rowspan="2">2006 年<br>总统选举</td><td>查韦斯</td><td>62.84</td><td>730.9 万</td><td rowspan="2">74.69</td><td rowspan="2">1179 万</td></tr>
<tr><td>曼努埃尔·罗萨莱斯<br>(Manuel Rosales)</td><td>36.90</td><td>429.2 万</td></tr>
<tr><td rowspan="2">2012 年<br>总统选举</td><td>查韦斯</td><td>54.42</td><td>744.4 万</td><td rowspan="2">80.94</td><td rowspan="2">1367.7 万</td></tr>
<tr><td>卡普里莱斯<br>(Henrique Capriles Radonski)</td><td>44.94</td><td>615.1 万</td></tr>
<tr><td rowspan="2">2013 年<br>总统选举</td><td>尼古拉斯·马杜罗<br>(Nicolás Maduro)</td><td>50.61</td><td>758.8 万</td><td rowspan="2">79.68</td><td rowspan="2">1499.1 万</td></tr>
<tr><td>卡普里莱斯</td><td>49.12</td><td>736.4 万</td></tr>
</table>

资料来源：委内瑞拉全国选举委员会（CNE）网站，http：//www.cne.gob.ve。

查韦斯最终成为能够把下层民众，尤其是城市贫民团结起来的那个人。他深知城市贫民的诉求所在，也明白他们的支持是自己取得选举胜利的唯一依靠。他从一开始就坚决与两大政党划清界限，发出对腐败和社会不公正的猛烈抨击，呼吁进行一场全面的变革。他的贫寒出身、他的黑人和印第安人外形特征都使他易于得到城市贫民的认同。因此，他在城市贫民中受到越来越广泛的欢迎，后者逐渐成为他最忠实的支持群体。

查韦斯很早就受到激进左派的影响，并与相关人物建立了联系。委内瑞拉非常不同于其他拉美国家之处是：激进左派政党长期享有合法地位（见表 4-4）。第一届卡尔德拉政府（1969~1974 年）推动激进左派和蓬托菲霍体制实现和解，停止武装斗争的左派游击队可以转变为合法政党。这一进程的标志性事件是委内瑞拉共产党在1969年恢复合法政党地位。此后，以前游击队员特奥多罗·佩特科夫为首的争取社会主义运动在1971年成立，革命左派运动在1973年恢复合法地位。委内瑞拉在很长时间里一直是地区各国激进左派的避难天堂。20世纪60年代至80年代，大批来自南锥体国家的激进左派成员前往该国寻求避难。查韦斯通过其兄长阿丹·查韦斯（Adán Chávez Frías）的牵线，与那些参加过60年代游击战的老游击队员结识并保持联系。

**表4-4 查韦斯执政之前的委内瑞拉**
**（相较于其他拉美国家，1998年）**

| 政治状况 | 委内瑞拉 | 阿根廷 | 玻利维亚 | 巴西 | 智利 | 哥伦比亚 | 墨西哥 | 秘鲁 |
|---|---|---|---|---|---|---|---|---|
| 激进左派的合法化（20世纪70年代） | 是 | — | — | — | — | — | 是 | — |
| 拥有开放的大学（20世纪60年代至80年代） | 是 | — | — | — | — | 是 | 是 | — |
| 实施政治分权改革（20世纪90年代） | 是 | 是 | 是 | — | — | 是 | 是 | 是 |
| 大型传统政党的崩溃（20世纪90年代） | 是 | — | 是 | — | — | — | — | 是 |
| 有利于左派的移民法（20世纪60年代至80年代） | 是 | | | | | 是 | 是 | |
| 失败的/流产的第一代市场化改革（20世纪80年代至90年代） | 是 | — | — | — | — | — | — | — |
| 保持相对稳定的军事预算（20世纪70年代以来没有大幅削减） | 是 | — | — | — | 是 | 是 | 是 | — |
| 出现军队的扩张（20世纪80年代以来） | 是 | — | — | — | 是 | 是 | — | — |
| 文职政府对军队控制力的下降 | 是 | — | — | — | — | 是 | — | 是 |
| 没有出现右派军人对军队的清洗 | 是 | — | — | — | — | — | 是 | — |

资料来源：Javier Corrales, "Explaining Chavismo: The Unexpected Alliance of Radical Leftists and the Military in Venezuela under Hugo Chávez", in Ricardo Hausmann and Francisco Rodríguez (eds.), *Venezuela before Chávez: Anatomy of an Economic Collapse*, University Park: Pennsylvania State University Press, 2014, p. 395（表格内容有删减）。

1992年军事政变使查韦斯受到本国左派政治力量的广泛关注，双方逐步建立合作。路易斯·米基莱纳（Luis Miquilena）、尼古拉斯·马杜罗（Nicolás Maduro）等左派领导人前往狱中探望，与他建立了联系。在他开始竞选之后，蓬托菲霍时期被排斥的左派政党和新兴的政治力量逐渐团结在他的周围。在他的盟友之中，米基莱纳曾是委内瑞拉共产党成员，后在1999年任委内瑞拉制宪大会主席，也曾任查韦斯政府内政部长；左派记者何塞·比森特·兰赫尔（José Vicente Rangel）曾是争取社会主义运动成员，后任查韦斯政府国防部长和副总统；阿里·罗德里格斯来自祖国为大家党，后在查韦斯政府担任能源矿业部长、外交部长、财政部长和委内瑞拉石油公司总裁。一批信奉马克思主义或支持国家干预的大学教授成为查韦斯的盟友和顾问。委内瑞拉中央大学（UCV）教授豪尔赫·希奥尔达尼（Jorge Giordani）关于国家经济发展道路的看法对查韦斯产生深远影响。希奥尔达尼成为查韦斯最重要的经济政策和发展战略顾问，长期担任计划部长。一批与他密切来往的知识界人士也进入查韦斯政府任职，其中包括曾任财政部长的何塞·罗哈斯（José Rojas）、担任生产贸易部长的胡安·德赫苏斯·蒙蒂利亚（Juan de Jesús Montilla）和担任教育部长的埃克托尔·纳瓦罗（Héctor Navarro）。委内瑞拉共产党这样的激进左派政党从一开始就成为查韦斯组建的政党联盟“爱国中心”的成员。

查韦斯依托自己亲手创建的第五共和国运动开展选举和执政。鉴于蓬托菲霍时期“政党统治”的流弊，他有意避免该党成为一个传统类型的政党，没有推动它的组织化建设，也没有把社会组织纳入它的直接控制之下。该党主要发挥一种选举机器的作用，其作用集中于参与选举和推动立法。按照查韦斯的构想，委内瑞拉应当形成一种政党重要性相对较低的政治体系。按照他的设想，委内瑞拉应当大力促进参与式民主的发展，也就是实行直接民主，让大众通过自治性的社会组织直接参与社区、市、州和全国的政治事务，最大限度削弱政党作为中间机构的作用。①

① José E. Molina, “The Unraveling of Venezuela's Party System”, in Jennifer L. McCoy and David J. Myers (eds.), *The Unraveling of Representative Democracy in Venezuela*, Baltimore: The Johns Hopkins University Press, 2004, p. 154.

委内瑞拉在两党格局解体之后形成一种高度碎片化的多党制。第五共和国运动是规模最大、影响力最强的全国性政党。许多活跃政党往往是地方性政党，例如主要在加拉加斯活动的正义第一党（PJ）和勇敢人民联盟（ABP），主要在苏利亚州活动的新时代党（UNT）。两大传统政党逐渐沦落为委内瑞拉政坛无足轻重的“小伙计”。它们不断发生党员脱党和分裂。其中，勇敢人民联盟和新时代党都是脱胎于民主行动党，全国汇合党、委内瑞拉计划党和正义第一党均脱胎于基督教社会党。新兴政党在政坛不断涌现，但它们普遍规模较小、组织松散和难以维系党内团结。例如，激进事业党在80年代末崛起，但很快因内部分歧而分裂。一部分党员在1997年退党，另行成立祖国为大家党。

总体而言，政党在1999年以来委内瑞拉政治中的作用呈现下降之势。大众对政党的认同不断弱化，很少有人真正加入某个政党，选民对某个政党的支持往往是短期行为。与之相对，魅力型领导人发挥越来越突出的作用。全国汇合党在很大程度上服务于卡尔德拉的总统选举；委内瑞拉计划党服务于萨拉斯·罗梅尔的总统选举；查韦斯则是第五共和国运动的绝对领导核心，他的成败直接关系该党的兴衰。

## 第四节 玻利瓦尔革命

查韦斯在从政伊始就自视为“革命者”，希望重构国家的政治、经济和体制基础。他深信，只有一场革命（也就是一场深刻而全面的经济社会转型）才能够使委内瑞拉走出持续数十年的危机。[①] 1998年12月6日是总统选举投票日，查韦斯告诉集会现场的70万名支持者：“我们正在目睹一场真正的革命，谁都无法阻止它！”[②] 他毫不掩饰对现行政治体制的厌恶，在

① Hugo Chávez and Marta Harnecker, translated by Cheesa Boudin, *Understanding the Venezuelan Revolution: Hugo Chávez Talks to Marta Harnecker*, New York: Monthly Review Press, 2005, p. 12.

② Diana Jean Schemo, "Renegade Officer Favored in Venezuelan Election Today", December 6, 1998, http://www.nytimes.com/1998/12/06/world/renegade-officer-favored-in-venezuelan-election-today.html.

竞选中承诺与现状“决裂”。1999 年 2 月 2 日，查韦斯在总统就职典礼上声称，眼前这部 1961 年宪法以及由此形成的糟糕政治体制注定“灭亡”。①

查韦斯把自己改造国家的事业称为“玻利瓦尔革命”（Revolución Bolivariana）。这场革命具有强烈的民族主义色彩，其目标是对国家的政治、经济和社会结构进行一次全面调整。1999 年 2 月 2 日，他宣誓就任总统。这一天被视为玻利瓦尔革命的开端。② 他认为，和平方式是实现这场革命的最好方式，深信大众能够运用选举权力阻止敌人破坏革命。③ 这场革命是大众渴望变革、改变现状的产物，是一场全国性的、不依托单一阶级的斗争事业，代表草根阶层、人民大众和左派政治力量的利益。④

查韦斯把玻利瓦尔革命视为一场多数人共同反对寡头集团的斗争。寡头集团的化身就是他毕生都在猛烈抨击的第四共和国，也就是蓬托菲霍时期的委内瑞拉。他和他的支持者把国家在 1983 年之后面对的困境归咎于蓬托菲霍体制时期的统治精英们，归咎于两大传统政党，以及它们与美国的密切联系。罪恶的统治精英包括富有的工商界人士、腐败的传统政党领导人、许多专业人士和受传统政党控制的工会。⑤ 查韦斯鼓励那些在蓬托菲霍体制下受到排斥压迫的群体捍卫自身的权益。玻利瓦尔革命的目标就是要取代那些在过去数十年间把持权力的精英，打破两大政党对权力的把持和垄断，打破长

---

① Clifford Krauss，“New President in Venezuela Proposes to Rewrite the Constitution”，February 4，1999，https：//www. nytimes. com/1999/02/04/world/new－president－in－venezuela－proposes－to－rewrite－the－constitution. html.

② República Bolivariana de Venezuela，“Lineas generales del Plan de Desarrollo Económico y Social de la Nación，2001－2007”，Septiembre 2001，http：//www. mppp. gob. ve/wp－content/uploads/2018/05/Plan-de-la-Naci%C3%B3n-2001-2007. pdf.

③ Hugo Chávez and Marta Harnecker，translated by Cheesa Boudin，*Understanding the Venezuelan Revolution：Hugo Chávez Talks to Marta Harnecker*，New York：Monthly Review Press，2005，p. 12.

④ Julia Buxton，“Continuity and Change in Venezuela's Bolivarian Revolution”，2019，https：//www. tandfonline. com/doi/full/10. 1080/01436597. 2019. 1653179.

⑤ Jennifer L. McCoy and David J. Myers，“Introduction”，in Jennifer L. McCoy and David J. Myers（eds.），*The Unraveling of Representative Democracy in Venezuela*，Baltimore：The Johns Hopkins University Press，2004，p. 12.

期存在的经济和社会不平等。[①] 他指出，国家已经有了法律-政治框架的变革，“这个框架并不完美，仍有许多瑕疵，受到种种威胁，处于初始阶段，但它正处于孕育之中，理应得到我们的保护”。[②] 在查韦斯看来，委内瑞拉人民、拉美人民，乃至世界其他地区的人民都把希望寄托于这场革命。[③]

查韦斯在执政之初全力推动制定一部新宪法，使其成为破除旧体制、重新构建国家权力架构的起点。1999 年 2 月 2 日，他在就任总统之后发布的第一条政令就是举行一场咨商性质的公民投票，表决是否成立制宪大会。1999 年 4 月，委内瑞拉举行公民投票，表决是否成立制宪大会、制定新宪法。绝大多数选民（90%）赞同成立制宪大会。同年 7 月，委内瑞拉人选举产生制宪大会。大会代表来自不同领域，既有政党成员，也有许多独立人士；制宪大会专门设立免费热线，方便民众提出建议，也是鼓励民众参与政治；许多大会代表主持成立了地方大会，更充分地收集有关新宪法的民意。[④] 制宪大会耗时 3 个月制定了新宪法草案，并在同年 12 月 15 日付诸公民投票。最终，新宪法以 71.19%的得票率获得通过。1999 年宪法成为委内瑞拉历史上第 26 部宪法，也是第一部通过公民投票批准生效的宪法。查韦斯指出，委内瑞拉近代历史上从未有如此开放的制宪进程，从未有如此充分的制宪讨论。[⑤]

---

① República Bolivariana de Venezuela, “Lineas generales del Plan de Desarrollo Económico y Social de la Nación, 2001 - 2007”, Septiembre 2001, http://www.mppp.gob.ve/wp-content/uploads/2018/05/Plan-de-la-Naci%C3%B3n-2001-2007.pdf.

② Hugo Chávez and Marta Harnecker, translated by Cheesa Boudin, *Understanding the Venezuelan Revolution: Hugo Chávez Talks to Marta Harnecker*, New York: Monthly Review Press, 2005, p. 107.

③ Hugo Chávez and Marta Harnecker, translated by Cheesa Boudin, *Understanding the Venezuelan Revolution: Hugo Chávez Talks to Marta Harnecker*, New York: Monthly Review Press, 2005, p. 12.

④ Hugo Chávez and Marta Harnecker, translated by Cheesa Boudin, *Understanding the Venezuelan Revolution: Hugo Chávez Talks to Marta Harnecker*, New York: Monthly Review Press, 2005, pp. 48-49.

⑤ Hugo Chávez and Marta Harnecker, translated by Cheesa Boudin, *Understanding the Venezuelan Revolution: Hugo Chávez Talks to Marta Harnecker*, New York: Monthly Review Press, 2005, p. 49.

1999年宪法的内容具有三大特点。

第一，增强以总统为核心的行政部门的权力。1961年宪法规定总统不得连选连任。1999年宪法改变这一规定，允许总统可以连选连任1次，总统任期也由5年延长为6年（根据2009年修改宪法结果，总统和其他各级民选官员的任期限制被取消）。军官的晋升成为总统独享的权力，国会不再享有决定权。1999年宪法允许总统在特定条件下解散国会，可以宣布国家紧急状态，在无须国会批准的情况下任命政府部长和确定其职责，可以通过"授权法"机制享有立法权。

第二，设置一个高度集权的联邦政府。新宪法规定委内瑞拉保持联邦制架构，州长和市长由选举产生，成立联邦委员会负责向州和市分配国家资金。与1961年宪法相比，1999年宪法把更大的税收权力集中在联邦政府手中，州政府基本上失去税收权力。

第三，为推进直接民主体制奠定法律框架。新宪法设立公民投票机制，规定依靠公民投票解决一系列重大问题。它的第62条规定：公民有权通过直接方式或选举产生的代表参与公共事务；公民参与公共事务的决策、实施和管理是保障他们在个人层面和集体层面实现全面发展的必要途径；国家和社会有责任和义务推动这一目标的实现。它还规定，公民有权发起4种形式的公民投票——罢免、批准、废除和咨商，公民有权发起对国家机构账目的审计，公民组织有权共同提名最高法院、全国选举委员会和共和国道德委员会的候选人。

玻利瓦尔革命寻求实现政治变革，构建一种针对蓬托菲霍体制的替代性政治体制。查韦斯毕生都在抨击蓬托菲霍体制，承诺构建一种"不同的民主体制"。[①] 在他看来，委内瑞拉必须在激进和多元方向上深化和扩大民主，为民众开辟新的制度化参与渠道。委内瑞拉以及其他拉美国家所奉行代议制民主的主要问题是不能有效代表人民的意愿，无法从根本上解决当前拉美社

① Jennifer L. McCoy and David J. Myers, "Introduction", in Jennifer L. McCoy and David J. Myers (eds.), *The Unraveling of Representative Democracy in Venezuela*, Baltimore: The Johns Hopkins University Press, 2004, p. 12.

会所面临的重重危机。代议制民主排斥大众的政治参与，大众只能在选举时投票，却无法有效参与公共管理。政治精英滥用权力，没有受到有效制约；他们制定法律，却拒绝遵守法律。政治排斥逐渐对社会稳定产生破坏，长期处于边缘化状态的群体与主流社会群体产生对立和冲突，从而导致社会的分裂和政治不稳定。委内瑞拉应当建立一个更加负责任的政府，而不仅仅是一个符合宪法程序的政府。①

具体而言，查韦斯及其支持者追求的替代性政治发展模式是一套参与式的、主人翁式的民主体制，也就是一套大众直接参与管理政治和社会事务的政治体制。执政者将通过民主选举、公民投票、自主管理等手段调动广大民众的政治热情，使之参与到革命建设事业中来，以人民的直接参与打破精英阶层对权力的垄断。在参与式民主体制之下，以往受到排斥的三大群体（非正规就业者、城市贫民和原住民）将享有直接政治参与途径，充分行使其经济社会权利。

参与式民主构想始终是查韦斯政治理念的核心之一。体现这一指导思想的一个具体行动是：在 2001 年举行的美洲国家领导人峰会讨论《民主宪章》有关民主的定义时，委内瑞拉公开反对把“民主”定义为自由选举、多党竞争以及尊重人权和基本自由，认为这一定义过于狭隘，而是主张引入“参与”的概念。

在查韦斯执政期间，委内瑞拉先后举行 5 次公民投票。除了在 1999 年举行的两次公民投票，该国还在 2004 年 8 月举行是否罢免总统的公民投票，在 2007 年 12 月举行修宪公投，在 2009 年 2 月再次举行修宪公投。查韦斯政府在 4 次公民投票中获得胜利，仅在 2007 年 12 月的公民投票中失利。

在国家发展方向上，玻利瓦尔革命代表一场反对新自由主义的斗争。查韦斯一度把时任英国首相布莱尔（Tony Blair）视为一个可以效仿的榜样，

---

① Edgardo Lander, “Venezuelan Social Conflict in a Global Context”, *Latin American Perspectives*, Vol. 32, No. 2, 2005, pp. 20-38.

提出让委内瑞拉尝试“第三条道路”（也就是以国家干预弥补市场失灵）。[①]他在1999年1月的总统就职典礼上这样表示：“我们的事业不是国家主义的，也不会像新自由主义那么极端。我们正在寻找一个中间点，既有必要的国家作用，也有尽可能多的市场作用。”他提出构建一种混合经济模式，强调国家的作用，恢复政府和市场之间关系的平衡，国家要在战略部门（石油、矿业、重工业和军工）保持其作用。[②]

随着玻利瓦尔革命的不断推进，反对新自由主义的指向变得越来越清晰。对查韦斯而言，委内瑞拉寻找替代发展道路的努力不仅指向政治模式，还应当寻求实现整体性的转变。对他而言，新自由主义及其在拉美的实行具有以下三个方面的问题。

第一，新自由主义完全是“北方”（el Norte）[③] 强加给拉美的。20世纪80年代以来，拉美国家在经济危机的压力下被迫实施新自由主义性质的经济改革，对经济结构进行重大调整。尽管社会斗争日趋尖锐、一些国家的政府已经被推翻，“北方”仍然说，新自由主义改革还没有收到成效，因为这一改革没有被完全付诸实施。[④]

第二，新自由主义的实质是市场至上。新自由主义者试图以市场这只“看不见的手”解决所有的经济乃至社会问题。这种做法不但无助于帮助拉美国家解决既有问题，反而严重地加剧三大“痼疾”——失业、分配不公和贫困。

新自由主义模式承诺带给拉美更快的经济增长，但在新自由主义盛行的年代，拉美的经济增长速度不及1945年至1975年速度的一半。新自由主义

① Julia Buxton, “The Bolivarian Revolution as Venezuela's Post-crisis Alternative”, in Jean Grugel and Pía Riggirozzi (eds.), *Governance after Neoliberalism in Latin America*, New York: Palgrave Macmillan, 2009, p. 149.

② Hugo Chávez, “Hugo Chávez: discurso de toma de posesión presidencial”, 1999, http://democraciasur.com/2004/08/02/hugo-chavez-discurso-de-toma-de-posesion-presidencial/.

③ “北方”在拉美语境中指美国或欧美发达国家。

④ Hugo Chávez, “Speech by President Hugo Chávez, at the Opening of XII G-15 Summit”, March 1, 2004, http://www.venezuelanalysis.com/analysis/381.

模式承诺，在痛苦的调整期结束之后，财富将在拉美扩散，贫困与欠发达的历史将被抛在身后。然而，所谓暂时的痛苦调整看起来是永无止境的。[①]

第三，新自由主义在社会领域造成严重破坏，是制造拉美社会混乱的根源。新自由主义在拉美被教条化，并被最大程度地遵照执行。查韦斯指出，新自由主义使一小撮人暴富，却让大多数人变得一贫如洗，被排除在正常的生产与消费活动之外；教育、医疗、水、能源和公共服务都属于基本人权，野蛮的新自由主义却要将其私有化。[②]

玻利瓦尔革命谋求在经济领域推动构建一种以国家为主导的发展模式。新自由主义经济改革导致的混乱让许多委内瑞拉人转向支持国家干预经济。在 1995 年和 1998 年进行的民意调查显示：相较于其他城市居民，城市贫民更加支持国家干预经济和激进的政治变革，强烈反对私有化；相较于最高经济收入的阶层，城市贫民和中间阶层更希望政府保障就业和医疗。[③]

对查韦斯政府而言，国家的干预作用首先体现在充分掌握石油资源和石油收入、公平分配石油财富。在查韦斯看来，委内瑞拉走向强大的道路就是控制自身的资源，尤其是石油资源。政府必须捍卫石油主权，把石油收入作为实现经济模式转变的工具，从而能够控制改善人民生活、扩大生产投资的主要资金来源，也就是掌握国家建设的主动权。

查韦斯政府将依靠石油财富，推动国家实现从食利经济到生产型经济的结构性变革。未来的委内瑞拉经济模式应当是一种多元化、竞争型的生产体系，向国际市场开放；私营部门的活力是经济的基础，国家在战略产业中发挥作用；产业结构的下游向私人投资开放；商业盈利模式的基础必须是生产

① Hugo Chávez, "Speech by President Hugo Chávez, at the Opening of Ⅻ G-15 Summit", March 1, 2004, http://www.venezuelanalysis.com/analysis/381.

② Hugo Chávez, "Capitalism Is Savagery", April 10, 2005, http://www.zmag.org/content/showarticle.cfm?ItemID=7612.

③ Damarys Canache, "Urban Poor and Political Order", in Jennifer L. McCoy and David J. Myers (eds.), *The Unraveling of Representative Democracy in Venezuela*, Baltimore: The Johns Hopkins University Press, 2004, p. 42.

率和效率。一旦面对不公平竞争，国家有责任保护本国工业和农业。[①] 这一变革将通过大力发展农业、工业、贸易、旅游和建设基础设施实现，将极大地改善大多数委内瑞拉人的生活状况。这些纲领将在“银色十年”（2001~2010）付诸实施。“银色十年”成为关键性转型阶段。接下来，委内瑞拉将迈入“金色十年”（2011~2020）。在这一阶段，玻利瓦尔革命得以完成，进而展现繁荣的未来。[②]

查韦斯政府强调委内瑞拉满足社会需求的重要性和迫切性。在它看来，社会状况的恶化随着它的执政而停止。但是，整个国家仍然背负沉重的“社会债务”，因为精英们没有使这个国家的大多数人获得应有的福祉。查韦斯政府承诺偿还“社会债务”，把应对社会不平等和贫困的斗争视为道德需要，而不是为了配合经济效率的提升。[③] 它认为，“我们必须推动国家实现集体福祉的最大化，为此需要扩大民主、提供更充分的社会保障、创造更多的工作岗位、形成更高的产品附加值、提高大众的生活水准和更有力地维护国家主权”。[④] 发展结果必须以团结、活力、可持续性、长期性和经济增长的公平为基础，带来国家财富的公平分配，国家的战略规划和民主的集体参与必须融入其中。

玻利瓦尔革命不但要提出新的经济社会发展构想，还谋求解决种族和文化领域的不公正。时至20世纪末，委内瑞拉的贫困和不平等依然与种族差异密切相关，肤色深浅依然在很大程度上决定着一个人的社会地位和受歧视程

① República Bolivariana de Venezuela, “Lineas generales del Plan de Desarrollo Económico y Social de la Nación, 2001 - 2007”, Septiembre 2001, http://www.mppp.gob.ve/wp-content/uploads/2018/05/Plan-de-la-Naci%C3%B3n-2001-2007.pdf.

② República Bolivariana de Venezuela, “Lineas generales del Plan de Desarrollo Económico y Social de la Nación, 2001 - 2007”, Septiembre 2001, http://www.mppp.gob.ve/wp-content/uploads/2018/05/Plan-de-la-Naci%C3%B3n-2001-2007.pdf.

③ República Bolivariana de Venezuela, “Lineas generales del Plan de Desarrollo Económico y Social de la Nación, 2001 - 2007”, Septiembre 2001, http://www.mppp.gob.ve/wp-content/uploads/2018/05/Plan-de-la-Naci%C3%B3n-2001-2007.pdf.

④ República Bolivariana de Venezuela, “Lineas generales del Plan de Desarrollo Económico y Social de la Nación, 2001 - 2007”, Septiembre 2001, http://www.mppp.gob.ve/wp-content/uploads/2018/05/Plan-de-la-Naci%C3%B3n-2001-2007.pdf.

度。这种差异的形成源于西班牙对当地的军事征服和殖民统治。独立以来，委内瑞拉的社会上层和下层之间、浅肤色群体和深肤色群体之间的分裂与对抗一直存在。查韦斯多次重提西蒙·罗德里格斯的反种族主义主张。后者担心大规模的欧洲移民将导致原住民屈从于比西班牙殖民统治更恶劣的专制制度，因而呼吁新建立的拉美国家不要引入更多的欧洲移民，而是要让美洲原有的居民更好地生活在这片土地上。[①] 1999 年宪法专门就包含原住民和黑人权益与文化做出规定，颂扬他们的各种文化符号越来越显著地出现于媒体、建筑和各种文化活动中。在查韦斯政府的推动下，委内瑞拉语境中的“穆拉托”“梅斯蒂索”“黑人”等词语不再带有以往那种侮辱之意。这种强大的尊严感是许多原住民、黑人和混血人坚持追随这位领导人的一个重要原因。[②]

查韦斯政府在外交领域强调委内瑞拉的第三世界属性，是拉美国家团结合作的坚定倡导者和践行者。查韦斯坚信，神奇的解决办法不是来自“北方”，不是来自国际货币基金组织或世界银行；委内瑞拉以及广大拉美国家能够打破资本主义范式、自由贸易范式和新自由主义，最终找到破解发展问题的途径。[③]

在委内瑞拉谋求实现独立自主发展的过程中，拉美国家的团结合作始终是必要条件之一。查韦斯深信真正区域一体化的必要性，一种超越关税和自由贸易区的一体化。现行的一体化使跨国公司获利，使地方精英得利，却没有造福大众和本地区的生产链。[④] 他为此提出一系列合作构想，例如：委内瑞拉把本国生产的铝出口美国和欧洲，哥伦比亚的铝业加工厂却从欧洲或其他国

---

① 参见 Simón Rodríguez，Sociedades Americanas en 1828，Caracas：Biblioteca Ayacucho，1990。

② Benjamin Keen and Keith Haynes，*A History of Latin America*（8th Edition），Boston：Houghton Mifflin Harcourt Publishing Company，2009，p. 494.

③ KPFK，“Interview of President Hugo Chávez on Democracy Now!”，September 16，2005，http：//www. embavenez-us. org/news. php？nid = 1759.

④ Hugo Chávez and Marta Harnecker，translated by Cheesa Boudin，*Understanding the Venezuelan Revolution：Hugo Chávez Talks to Marta Harnecker*，New York：Monthly Review Press，2005，p. 122.

家进口铝，委内瑞拉和哥伦比亚能够在铝业方面形成产业链；委内瑞拉、哥伦比亚、厄瓜多尔、秘鲁和玻利维亚这些由玻利瓦尔解放的国度都盛产石油或天然气，可以与同处拉美加勒比地区的巴西、墨西哥、特立尼达和多巴哥联合起来，成立一个西半球油气生产国组织，使其发挥与欧佩克相同的作用。①

在查韦斯执政期间，他所构想的军民联盟成为玻利瓦尔革命向前推进的重要动力。在蓬托菲霍时期，军队的作用受到抑制，军人处于权力结构的边缘。军人可以获得现代化的军事装备、专业培训和经济保障，但不能发挥政治作用。20 世纪 90 年代，军队开始更多地介入国内事务。例如，加拉加斯地铁员工发动罢工，卡尔德拉总统下令军队介入，使地铁保持运行。1998 年，查韦斯在竞选时就提出改革军队-政府关系，认为军队被错误地排除于国家发展进程之外。1999 年宪法放宽对军队参与政治的限制，允许现役军人享有投票权，允许退伍军人竞选公职。

在查韦斯政府成立之初，军队成为提升政府反应能力的关键因素。在查韦斯看来，政府机构充斥着传统政党的支持者，其工作效率极为低下。因此，他呼吁军人支持和加入他的革命计划，希望依靠军队的人力和技术资源帮助实施政府的重大计划。1999 年 2 月，委内瑞拉多地发生严重的泥石流，数万人罹难。查韦斯政府为此在 2 月 27 日推出“玻利瓦尔计划 2000”(Plan Bolívar 2000)。它是查韦斯政府把军队纳入国内政治经济事务的首个尝试，以求为急需救助、遭受严重排斥的社会群体提供援助。在计划实施期间，政府派遣士兵为民众发放食品和提供医疗服务，使用军事工程设备修建道路，出动军用飞机运送急需诊治者。查韦斯这样回忆道：“每天清晨 6 点，全国各地的 6 万多名士兵走上街头。无论是伞兵，还是国民警卫队员，都在服务那些最需要帮助的人。”②

---

① Hugo Chávez and Marta Harnecker, translated by Cheesa Boudin, *Understanding the Venezuelan Revolution: Hugo Chávez Talks to Marta Harnecker*, New York: Monthly Review Press, 2005, pp. 122–123.

② Aleida Guevara, *Chávez: Venezuela and the New Latin America: An Interview by Aleida Guevara*, Melbourne: Ocean Press, 2005, p. 25.

查韦斯总统任命许多现役和退役军官担任执政党和政府的重要职务。1999 年，一批曾与他共同组织和实施 1992 年军事政变的战友进入政府担任高级职务。此后，军方出身人士常常占据 1/3 的部长职位，国防部长通常由现役军人担任（除了何塞·比森特·兰赫尔）。查韦斯还任命一批军人出身的人担任国有企业（例如委内瑞拉石油公司）的高级管理职务。查韦斯坦承军人在自己的政府有着广泛的存在。他这样回忆自己在 1999 年 2 月就任总统之初的情境：几乎所有的州政府和市政府都反对我们，国会反对我们，最高法院反对我们，政府没钱给大家发工资，油价掉到 7 美元/桶；另一方面，伴随选举胜利而来的是选民对我们的很高预期……所以，我决定求助于军队。①

在媒体传播领域，查韦斯注重持续开展高强度的宣传活动。在他看来，没有组织起来的、有意识觉悟的大众，就不会有一场革命。② 他在就任总统之后，把国家电视台——委内瑞拉电视台（VTV）——转变为一个 24 小时电视频道，加强传播政府信息。按照政府的规定，所有的电视台和广播电台都必须播放政府的决定。③ 他在执政之后大力加强政府的媒体传播能力建设，为此在 1999 年开办广播电视节目“总统，你好”（Aló Presidente），在 2003 年设立新闻宣传部（MINCI），在 2005 年开办南方电视台（teleSUR），在 2010 年注册自己的社交媒体账户。

“总统，你好”节目成为查韦斯最有效的传播手段之一。1999 年 5 月，它在委内瑞拉国家电台（RNV）首播。此后，它通过电视和广播同时直播，拥有固定的时间段，很快成为委内瑞拉收视率最高的节目之一。至

---

① Hugo Chávez and Marta Harnecker, translated by Cheesa Boudin, *Understanding the Venezuelan Revolution: Hugo Chávez Talks to Marta Harnecker*, New York: Monthly Review Press, 2005, p. 74.

② Hugo Chávez and Marta Harnecker, translated by Cheesa Boudin, *Understanding the Venezuelan Revolution: Hugo Chávez Talks to Marta Harnecker*, New York: Monthly Review Press, 2005, p. 12.

③ Brian A. Nelson, *The Silence and the Scorpion: The Coup against Chávez and the Making of Modern Venezuela*, New York: Nation Books, 2009, p. 68.

开播 10 周年时，该节目已经录制 357 期，并且是在全国 249 处地方录制完成的。[①] 节目内容涵盖内阁会议、国会辩论、部委听证会和总统的现场访谈。委内瑞拉历史上第一次出现这样一种情况：一位总统不断通过媒体宣传他的政治主张和观点，告知民众政府决策。[②] 查韦斯在谈话时极为放松，充满自信，其言辞鼓舞人心。他能够连续数小时发表演讲。2007 年 9 月，他在中午 11 点开始发表演讲，直到傍晚 7 点才结束。换言之，第 295 期“总统，你好”节目持续 8 个小时，创下开播以来的时长纪录。

查韦斯邀请到访委内瑞拉的各国名流政要来到节目现场互动交谈，其中包括菲德尔·卡斯特罗、“球王”迭戈·马拉多纳（Diego Maradona）、影星丹尼·格洛弗（Danny Glover）等知名人士。政府部长、州长、市长和军队将领常常被要求参与节目，并可能在节目播出期间当场受到质询和批评。一些重大政府决定会在节目播出过程中直接做出。2008 年 3 月 2 日，查韦斯在节目中直接下令国防部长派出 10 个营的士兵前往与哥伦比亚交界地带，以示对哥伦比亚军队擅自进入厄瓜多尔行动的反制。他还多次在节目中发布对政府官员的任命。以 2000 年为例，他在 1 月任命伊萨亚斯·罗德里格斯（Isaias Rodríguez）为副总统，在 11 月任命阿里·罗德里格斯（Alí Rodríguez）担任石油输出国组织秘书长。

① RNV，“‘Alo，Presidente’，at 11 Years of Its First Broadcast by RNV”，24 Mayo 2010，http：//www. rnv. gov. ve/noticias/index. php？ act = ST&f = 31&t = 128337.

② 〔委〕巴布罗：《“你好，总统先生”：委内瑞拉政府传播策略分析》，《传媒》2010 年第 7 期。

# 第五章　替代发展道路与“21世纪社会主义”

查韦斯政府在执政伊始就发起玻利瓦尔革命，希望重构政治体制和政策框架，为国家找到一条替代发展道路。从1999年宪法的制定到查韦斯在2001年运用“委任立法权”颁布49项法律，到查韦斯政府和反对派围绕委内瑞拉石油公司控制权进行激烈争夺，再到2002年军事政变的爆发和2004年罢免公投的举行，委内瑞拉国内政治斗争在一轮又一轮的较量中走向“极化”。

高强度的政治对抗使查韦斯政府经受持续的考验。在此过程中，下层民众受到广泛动员，在各个领域给予政府有力支持。同时，政府加强对军队的控制，完全掌控委内瑞拉石油公司。一系列政治斗争的失败则使反对派被边缘化。

在此背景下，查韦斯政府的政治立场趋于激进化。一系列政治斗争表明，它需要以更有力的手段动员下层民众，实施他们渴望的重大改革，从而巩固其执政地位。2005年，查韦斯在参加第5届世界社会论坛时明确提出把社会主义设定为玻利瓦尔革命的方向。此后，委内瑞拉寻找替代发展道路的方案可以表述为构建“21世纪社会主义”。

查韦斯政府在政治、经济和社会三大领域推进建设，努力为民众开辟新的制度化政治参与渠道，积极构建生产型经济发展模式，高度重视应对社会不平等和贫困的斗争。在此过程中，它尝试发展社会经济，希望使其成为该国向社会主义转型的核心动力，并为此推动合作社的发展、成立社会生产企业和开展共同管理。在它看来，社会经济不但能够促进生产资料的社会所有和国家的内生发展，还能够改变大众心理和行为模式，创造符合社会主义的社会意识。

在外交领域，查韦斯政府实行“革命的外交政策”，积极为玻利瓦尔革命进程争取外部支持，从而使委内瑞拉对外关系发生巨大的转变。它在增强南南合作理念的指引下，在全球范围寻找新的合作伙伴，不断加强与发展中大国的关系，通过能源外交拓展国际合作空间；注重推动拉美国家尤其是南美洲国家的团结合作和一体化；呼吁变革国际政治经济秩序，寻求打破制约本国和广大发展中国家发展的结构性因素。

## 第一节 政治对抗与“极化”

查韦斯政府在 1999 年 2 月正式成立。新政府在成立伊始就打破蓬托菲霍体制时期的传统政治安排，拒绝与在野党就政府大政方针进行协商，没有任命委内瑞拉商会-贸易生产商协会联合会（FEDECAMARAS）的成员和企业界人士担任部长，不再组织成立政府、资方和工会参与的三方委员会。

查韦斯政府在政治领域采取的最重大举措是推动成立制宪大会，并由它接管国家最高权力。在委内瑞拉当时环境下，通过举行制宪大会制定新宪法已经属于突破。1961 年宪法规定，对宪法的全面修改需要得到国会两院 2/3 多数的批准，并付诸公民投票表决。这部宪法并未规定可以通过成立制宪大会制定新宪法。现在，该国不仅选举成立制宪大会，还允许制宪大会获得超越现行体制的权力，直接统治整个国家。在拉美，这种权力被称为“原初制宪权”，通常建立在以内战或武装暴动推翻旧秩序的基础之上。查韦斯及其顾问认为，尽管委内瑞拉没有暴力革命，但有一场和平的革命，行使原初制宪权完全可以成立。[①]

① Joshua Braver, “Hannah Arendt in Venezuela: The Supreme Court Battles Hugo Chávez over the Creation of the 1999 Constitution”, *International Journal of Constitutional Law*, Vol. 14, Issue 3, 2016, pp. 555-583.

1999年8月中旬至2000年7月底，选举成立的制宪大会成为委内瑞拉最高立法机构。它在8月9日通过决议，承认查韦斯为共和国总统。查韦斯在8月11日再次宣誓就职。此外，它还任命产生新的护民官、总检察长和全国选举委员会成员，任命多名最高法院法官。

查韦斯政府在经济领域展现了安抚市场的姿态。由于查韦斯在竞选期间主张实行激进经济变革、加强国家干预和市场管制，委内瑞拉工商界和在委外国投资者都感到担忧。有鉴于此，查韦斯在1999年留任卡尔德拉政府的经济部长、基督教社会党人马里萨·伊萨吉雷（Maritza Izaguirre），任命企业家罗伯托·曼迪尼（Roberto Mandini）担任委内瑞拉石油公司总裁，以示经济政策的延续性。他还承诺遵守财经纪律、限制最低工资涨幅，表示不会单方面停止偿债，规定政府优先购买来自本国中小企业和合作社的产品。

在对外关系领域，查韦斯政府以较为温和的立场处理对美关系。查韦斯在当选总统之前未与美国建立合作关系。1997年，美国国务院以他曾发动军事政变为由，拒绝给他发放赴美签证。在1998年总统选举到来之际，美国发出立场转变的信号，表示将与选举获胜者进行合作。同年9月，查韦斯与美国驻委内瑞拉大使约翰·F. 梅斯托（John F. Maisto）首次会面。他在当选总统之后，收到时任美国总统克林顿发来的贺电。1999年6月，他在就任总统之后首次访问美国，前往纽约和休斯敦会晤金融界和石油业的重要人物，向其表达继续合作的意向。

随着1999年宪法生效，委内瑞拉在2000年7月举行总统选举。查韦斯再次当选总统，并在同年8月就任，开始第二个总统任期（2000年8月至2007年2月）。自此以来，查韦斯政府不断推出新的经济社会政策，意在使1999年宪法有关社会和经济权利的规定走向具体化，从而使国家形势发生急剧的变化。

就任总统以来，查韦斯多次获得国会授予总统的委任立法权。委任立法权是委内瑞拉的一种行政机制。1961年宪法允许国会在特定情况下把一部分立法权让渡给总统行使。具体而言，国会需要以2/3多数批准通过《授权法》，从而授予总统处理经济事务和金融事务的特别权力；在这项权力生效期间，国会必须批准总统颁布的所有法令。1999 年之前，委内瑞拉国会至少 5 次授予在任总统委任立法权（el poder de gobernar por decreto），国会允许总统颁布带有法律性质的行政命令。1999 年 4 月，国会曾批准授予查韦斯这一权力，期限为 6 个月。他拒绝接受，因为相关权限没有满足他的要求。1999 年宪法沿用这一安排，进一步增强总统的相关权限。2000 年 11 月，国会第二次授予查韦斯委任立法权；2007 年 1 月，国会第三次授予他委任立法权；2010 年 12 月，国会第四次授予他委任立法权，有效期长达 18 个月。

查韦斯在 2001 年 11 月运用委任立法权颁布 49 项法律，对委内瑞拉政治进程产生极为重大的影响。这些法律涉及教育政策、社会政策、土地所有权规则和国家对经济事务的干预权限。其中，最具争议的两部法律是《碳氢化合物法》和《土地法》。《碳氢化合物法》寻求提高国家对石油收入和石油业的控制权，主要规定是：本国的和外国的石油企业需要为开采石油支付更高的矿税；外国石油企业只能通过与国有的委内瑞拉石油公司组建合资企业的方式参与石油生产，且只能占有少数股权；石油业必须完全服从能源和矿业部的管理。《土地法》的主要目标是把农业用地分配给小农，解决大片土地被闲置的问题。按照它的规定，如果一块土地的 80% 长期处于闲置状态，其所有者必须为此纳税；在极端情况下，政府有权把长期闲置的土地收归国有。

49 项法律的出台成为查韦斯政府和传统政治经济精英之间矛盾激化的转折点。在支持者看来，查韦斯政府推动了委内瑞拉的革命计划（其中包括制定一部新宪法），使其激进化，而不再是一场“被动的革命”。[①] 在批评者看来，查韦斯完全是在滥用权力，总统不能依靠委任立法权颁布如此重要的法律，其内容必须提前在国会接受质询和讨论。

到 2001 年末，反对派力量逐渐集结起来，试图合力把查韦斯赶下台。

① Ryan Brading, “From Passive to Radical Revolution in Venezuela's Populist Project”, *Latin American Perspectives*, Vol. 41, Issue 6, 2014, pp. 48-64.

这个阵营的成员既包括众多传统政党、右派政党以及一些与查韦斯不和的左派政党，还纳入了传统工会、工商业组织、教会和私营媒体。许多私营企业对查韦斯政府的价格管制、外汇管制和高额税收不满。委内瑞拉商会-贸易生产商协会联合会反对政府进行国有化。天主教会的主教们反对查韦斯把耶稣与他倡导的社会-政治模式联系在一起。政府与传统工会的关系不断恶化。2001 年，与民主行动党关系紧密的委内瑞拉石油工会联合会（Fedepetrol）领导人卡洛斯·奥尔特加（Carlos Ortega）当选委内瑞拉工人联合会主席。同年 12 月，该工会发起一场全国大罢工，向政府施加压力。

对委内瑞拉石油公司的控制权成为查韦斯政府和反对派争夺的焦点。委内瑞拉石油业的权力结构由三部分组成：总统、能源矿产部和委内瑞拉石油公司。总统作为国家权力的最高代表，有权任命能源矿产部部长、委内瑞拉石油公司总裁及董事会成员；能源矿产部负责制定能源政策，批准委内瑞拉石油公司的一般政策、投资和预算；委内瑞拉石油公司掌握从上游至下游的整个石油产业链。对查韦斯政府而言，唯有控制委内瑞拉石油公司，才能完全控制本国石油业，也就是控制最重要的出口收入和财政收入来源。在石油国有化前后，该公司实际上是由同一批人员掌管，在日常事务乃至战略决策方面保持很大的自主性。

委内瑞拉石油公司控制权之争的实质是谁来掌管这个国家的“钱袋子”。在查韦斯及其支持者看来，委内瑞拉石油公司如同“国中之国”。一批精英分子长期控制该公司，企图将其私有化，也就是抢夺、占有本该属于全体委内瑞拉人的石油收益。因此，查韦斯政府决心完全控制委内瑞拉石油公司，从而堵住 1976 年石油国有化留下的“漏洞”和逆转第二届卡尔德拉政府的“石油开放”政策，进而依靠石油收入打破旧的经济社会模式。这种做法势必导致查韦斯政府与众多长期受益于石油业的经济社会力量产生冲突。

查韦斯在 1999 年 2 月就任总统之后，多次改组委内瑞拉石油公司领导层。罗贝托·曼迪尼（Roberto Mandini）在同月就任公司总裁，成为查韦斯执政时期首个担任该职务者。他与查韦斯意见不合，很快在同年 8 月辞职。

埃克托尔·西亚瓦尔蒂尼（Hector Ciavaldini）接任公司总裁，但未能妥善处置 2000 年 10 月石油工人罢工活动，因而遭到解职。他的继任者是瓜伊凯普罗·拉梅达（Guaicaipuro Lameda）。他曾是第五共和国运动成员，但他的立场被认为偏向该公司管理层，不能在公司事务中贯彻查韦斯的意志。

查韦斯政府与委内瑞拉石油公司的对抗在 2002 年走向白热化。此前，该公司管理层公开反对在 2001 年颁布的《碳氢化合物法》，指责政府企图把该公司政治化，拒绝服从能源矿产部的决定。因此，查韦斯决定再次调整公司总裁人选。2002 年 2 月，他任命经济学家加斯东·帕拉（Gaston Parra）接任总裁。后者成为他在 3 年以来任命的第 4 位公司总裁。这一人事决定在公司内部引发强烈反弹，管理层和员工纷纷发声反对，声称要捍卫公司的自主权。他们发起的怠工和罢工行动得到企业界、传统工会和私营媒体的支持。查韦斯政府坚持强硬立场，拒绝撤销对帕拉的任命，也拒绝与抗议者进行谈判。

社会冲突的加剧导致委内瑞拉军队内部加速分化。时至 2002 年 2 月，多名将领站到政府的对立面，公开发声批评查韦斯。其中，佩德罗·索托（Pedro Soto）上校在媒体上把查韦斯斥为“独裁者”；海军少将卡洛斯·莫利纳·塔马约（Carlos Molina Tamayo）指责查韦斯“破坏国家利益”；空军准将拉蒙·戈麦斯·鲁伊斯（Román Gómez Ruiz）公开要求总统辞职。

查韦斯政府与私营媒体的冲突愈演愈烈。政府严厉批评 4 家私营电视台——委内瑞拉电视公司（Venevisión）、加拉加斯广播公司（RCTV）、泰莱文公司（Televen）和环球电视公司（Globovisión），指责它们的报道充斥反查韦斯言论、煽动反政府政治抗议活动。它们在节目中做出反击，抨击政府限制新闻自由，声称政府的改革措施破坏市场作用和私人产权。查韦斯在 2002 年 4 月 11 日下午向全国发表电视讲话，强烈指责私营媒体夸大罢工冲突、煽动反政府情绪。

委内瑞拉国内形势日益动荡，一个由反对党成员、部分高级军官、工商界和工会上层人士组成的政治联盟寻求策动反查韦斯的军事政变。2002 年 4 月 7 日，查韦斯宣布大规模调整委内瑞拉石油公司管理层，解雇 7 名高层管理人员。此举导致公司管理层和员工发起大罢工。4月9日，委内瑞拉工人联合会宣布举行24小时总罢工，委内瑞拉商会-贸易生产商协会联合会也采取相应行动，共同声援委内瑞拉石油公司的抗议者。4月11日，大批抗议者游行前往总统府，继而与查韦斯的支持者形成对峙。十多人（既有查韦斯的支持者，也有抗议者）在对峙过程中死亡，另有上百人受伤。抗议者声称查韦斯下令开枪，要求他对流血事件负责。4月11日夜间，以陆军司令埃弗拉因·巴斯克斯·贝拉斯科（Efraín Vásquez Velasco）为首的军人团体突然发表电视讲话，声称军队不再忠于查韦斯。巴斯克斯表示："这不是一场政变，不是抗命行为，而是要与委内瑞拉人民保持团结。"[①] 查韦斯被政变军人扣押，先被关押在蒂乌纳（Tiuna）军营，后被押送至位于加勒比海的奥奇拉岛（Orchila）。

政变者在4月12日成立临时政府。委内瑞拉商会-贸易生产商协会联合会主席佩德罗·卡莫纳·埃斯坦加（Pedro Carmona Estanga）自行就任临时总统。他在就任伊始就宣布解散国会和最高法院，废除1999年宪法和查韦斯在2001年颁布的49项法令，逮捕支持查韦斯的州长，承诺在1年内重新组织大选。同时，他还下令把国名从"委内瑞拉玻利瓦尔共和国"改回"委内瑞拉共和国"，要求拉梅达继续担任委内瑞拉石油公司总裁。

政变者不惜一切代价迫使查韦斯下台，但很快因为缺乏内部团结而丧失前进动能。卡莫纳自行宣布为临时总统，而非得到国会的授权。因此，许多人认为他缺乏合法性。他在自行宣布为临时总统之后，没有广泛吸收各派力量加入临时政府。例如，卡洛斯·奥尔特加支持卡莫纳，但临时政府没有任何一位部长来自工会；两名海军将领在临时政府担任部长，巴斯克斯将军或其他来自陆军的将领没有得到任用。强行解散国会、废除1999年宪法和耗时1年准备新一届大选的决定更是引发巨大争议。巴斯克斯将军公开要求卡莫纳恢复国会，否则拒绝支持临时政府。

---

① CNN, "Reports: Venezuelan President Chávez Resigns", April 12, 2002, http://edition.cnn.com/2002/WORLD/americas/04/11/venezuela/index.html.

卡莫纳以临时总统身份任命一批高级军官，但这些任命无法产生实效，也使临时政府无法真正控制军队。直接指挥作战部队的中下级军官继续效忠查韦斯。劳尔·巴杜埃尔（Raúl Baduel）准将及其指挥的空降兵牢牢控制至关重要的马拉凯（Maracay）军事基地，并始终站在查韦斯一方。负责指挥加拉加斯驻军的豪尔赫·加西亚·卡内罗（Jorge García Carneiro）将军在政变之初被捕，后设法逃出关押地点。他手持扩音器走上加拉加斯街头，要求效忠总统的军人拿起武器，呼吁支持查韦斯的民众发起抗议。这一场景成为反政变斗争的经典一幕。

种种迹象表明，美国与这场军事政变存在关联。美国驻委内瑞拉大使查尔斯·夏皮罗（Charles Shapiro）在2002年3月中旬就任。在政变发生前夕，私营媒体大亨古斯塔沃·西斯内罗斯（Gustavo Cisneros）为他举办欢迎宴会。许多与会的委内瑞拉工商界和媒体人士在席间暗示支持一场反对查韦斯的军事政变。[①] 4月12日，也就是政变发生次日，布什政府负责西半球事务的助理国务卿奥托·赖克（Otto Reich）召集拉美和加勒比国家驻美国大使开会。据与会者描述，赖克并不认为委内瑞拉出现民主秩序的断裂，因为查韦斯主动宣布辞职。他说：“我们必须支持新政府。”[②] 4月13日，夏皮罗与卡莫纳共进早餐，讨论委内瑞拉形势。美国前海军情报官员韦恩·马德森（Wayne Madsen）向媒体揭秘：停泊在加勒比海的美国海军舰艇向政变者提供了情报支持；美国向策动政变的关键人物提供资金支持；美国驻委内瑞拉大使馆武官与委内瑞拉军方的一些人员就政变事宜进行过密切联系。[③] 委内瑞拉海军少将卡洛斯·莫利纳·塔马约参加了此次军事政变。他加入临

① Larry Rohter, “Venezuela's 2 Fateful Days: Leader Is Out, and In Again”, April 20, 2002, https://www.nytimes.com/2002/04/20/world/venezuela-s-2-fateful-days-leader-is-out-and-in-again.html.

② Larry Rohter, “Venezuela's 2 Fateful Days: Leader Is Out, and In Again”, April 20, 2002, https://www.nytimes.com/2002/04/20/world/venezuela-s-2-fateful-days-leader-is-out-and-in-again.html.

③ Duncan Campbell, “American Navy ‘Helped Venezuelan Coup’”, April 29, 2002, https://www.theguardian.com/world/2002/apr/29/venezuela.duncancampbell.

时政府，负责临时总统的安全保卫，在政变失败后被捕。他表示，“我们认为自己是在得到美国支持的情况下行动。……（美国）不能允许这里出现一个共产党政府。”[①] 有鉴于此，查韦斯在事后怒斥：这场政变是在华盛顿炮制而成的。[②]

与美国的立场相反，拉美和加勒比国家普遍反对委内瑞拉军事政变。古巴媒体高度关注委内瑞拉进程，并首先报道指出：查韦斯从未辞去总统职务；在该国发生的政治事件不是政府更迭，而是一场军事政变。[③] 4 月 12 日，正在哥斯达黎加参加里约集团会议的 19 个拉美国家领导人发表联合声明，将委内瑞拉的事件定性为“政变”，谴责这一破坏宪法秩序的行径，不承认所谓的“临时政府”。

由于临时政府无力控制局势，军事政变很快宣告失败。4 月 12 日以来，头戴红色棒球帽、身穿红色 T 恤衫的查韦斯支持者不断涌向总统府，全力声援查韦斯。临时政府未能控制军队，也就无力强制驱散抗议人群。周边国家的谴责声浪使临时政府陷入孤立。4 月 13 日，卡莫纳宣布辞去临时总统职务。同日夜，国会复会，选举副总统迪奥斯达多·卡韦略（Diosdado Cabello）担任临时总统。4 月 14 日凌晨，查韦斯返回总统府，继续履职。

在军事政变失败之后，委内瑞拉朝野双方在美洲国家组织（OAS）的推动下开展对话，以便缓和矛盾。2002 年 7 月，多个反对党组成合作同盟“民主协调”（CD），其中既有基督教社会党和民主行动党这样的传统政党，也包括激进事业党、争取社会主义运动等左派政党，还有正义第一党、勇敢人民联盟、新时代党、委内瑞拉计划党等新兴政党。委内瑞拉商会-贸易生产商协会联合会和委内瑞拉工人联合会也加入其中。

---

① Scott Wilson, “Clash of Visions Pushed Venezuela Toward Coup”, April 21, 2002, https://www.washingtonpost.com/archive/politics/2002/04/21/clash-of-visions-pushed-venezuela-toward-coup/7e18ff12-a04a-40a7-80d5-a67a17b6394b/.

② ABC News, “Transcript: Hugo Chávez Interview”, September 16, 2005, https://abcnews.go.com/Nightline/International/story?id=1134098&page=1.

③ Mike Gonzalez, *Hugo Chávez: Socialist for the Twenty-first Century*, London: Pluto Press, 2014, p. 88.

时至2002年底，查韦斯政府和反对派对委内瑞拉石油公司控制权的争夺再度激化。12月2日，反对查韦斯的管理层成员和员工发动罢工，试图切断石油生产和出口，阻止政府获得石油收入，迫使查韦斯辞职或同意提前举行大选。这场罢工行动得到“民主协调”、委内瑞拉工人联合会和委内瑞拉商会-贸易生产商协会联合会的共同支持，从2002年12月持续至2003年初，导致石油出口瘫痪、物资供应紧张和暴力冲突升级。查韦斯政府拒绝妥协，决意对委内瑞拉石油公司管理层进行重组和开除参与罢工人员。据估计，多达1.8万名公司员工被解雇。与此同时，政府依靠军队恢复石油生产和出口。军人采取的行动包括：接管石油生产设施，帮助那些支持政府的委内瑞拉石油公司员工回到工作岗位，从而恢复石油生产；接管油轮，恢复石油的外运；保障食品的进口、运输和供应，优先满足下层民众的基本生活供应需求。

随着社会抗议和石油罢工丧失影响力，反对派转而通过发起罢免公投向查韦斯政府施加压力。2002年11月，反对派向全国选举委员会提交约200万个签名，要求就是否罢免总统等议题举行公民投票。全国选举委员会在12月宣布同意举行投票。查韦斯政府坚决反对举行公民投票，并向最高法院提出上诉。2003年1月，最高法院裁定搁置此次公民投票。在国际社会调解下，查韦斯政府与反对派在同年5月签署协议，承诺通过公民投票解决国内危机。2004年，“民主协调”征集340多万个支持签名，从而能够首次启动1999年宪法设置的公民投票机制，就是否允许查韦斯总统完成剩余任期进行表决。同年8月15日，公民投票正式举行。982万名选民参加投票，投票率达到69.92%。查韦斯获得580万张支持票（得票率达到59%），得以继续履行总统职责。①

2001年11月至2004年8月，查韦斯政府经历前所未有的考验，最终成功站稳脚跟。这场激烈的政治斗争具有以下政治意义。

① CNE, “Boletin Electoral Referendum 15 de Agosto de 2004”, 2004, http://www.cne.gob.ve/referendum_presidencial2004/.

第一，查韦斯政府进一步夯实自己的民意基础。下层民众受到广泛动员，在各个领域给予政府有力支持。查韦斯在公民投票中获得的支持票数远远超过他在 2000 年当选总统之时的得票数（358 万张）。这就表明，多数民众支持他的经济社会发展政策。

第二，查韦斯政府进一步加强对军队的控制。查韦斯在恢复履职之后对军官进行大换血，确保他的支持者掌握实际权力。例如，巴杜埃尔将军获得提拔，负责指挥该国的最强作战部队陆军第 4 师。

第三，石油主导权完全收归总统。2002 年 2 月以来，查韦斯相继任命帕拉和阿里 · 罗德里格斯 · 阿拉克（Alí Rodríguez Araque）担任委内瑞拉石油公司总裁，对公司管理层和员工队伍进行大规模重组，许多反政府的员工被开除。接替罗德里格斯担任公司总裁的拉斐尔 · 拉米雷斯（Rafael Ramírez）表示，委内瑞拉石油公司是"一家为国家效力、代表全体委内瑞拉人民利益的国有企业"。[①] 这些情况意味着，查韦斯政府已经完全控制了委内瑞拉石油公司，从而能够掌握石油业的全部决策权。

第四，在一系列政治斗争失败的打击下，反对派被进一步边缘化。在 2004 年公民投票结束之后，"民主协调"宣告解散，反对派无法依靠共同行动挑战查韦斯政府。2005 年 10 月，民主行动党和基督教社会党公开抵制国会选举。此举没有动摇这场选举的合法性，反而导致它们没有获得下届国会的任何席位。

## 第二节　走向"21世纪社会主义"

高强度的政治对抗推动查韦斯的政治立场日益激进化。2002 年军事政变、2002 年底至 2003 年初的大罢工、2004 年罢免公投等一系列重大事件既使查韦斯感受到政治斗争的巨大压力，也使他感受到来自大众的坚定支持。

---

① PDVSA, " PDVSA Estú Completamente Recuperada ", 29 Noviembre 2006, http://www.pdvsa.com/index.php?option=com_content&view=article&id=1886:3297&catid=10&Itemid=589&lang=es.

一系列政治斗争表明，政府必须实施他们渴望的重大改革，才能更有力地争取中下层民众的支持。查韦斯坚信，委内瑞拉实现完全独立自主的途径就是使发展进程激进化，加速向社会主义转变。[①]

查韦斯越来越清晰地把玻利瓦尔革命的斗争矛头从新自由主义指向资本主义。他表示自己一度相信第三条道路，一度认为能够让资本主义更人性化；事实表明，社会主义是拯救世界的唯一道路。[②] 他在2005年2月指出，“‘第三条道路’是在给魔鬼戴上一副面具”，但“这副面具掉到了地上，并被现实踩得粉碎”。[③] 他认为：“我们需要超越资本主义，但无法由内而外实现对资本主义的超越，只能通过社会主义实现超越。”[④] 阿丹·查韦斯这样分析查韦斯的思想转变过程：总统（乌戈·查韦斯）指出，玻利瓦尔革命不可能通过第三条道路进行，只能选择社会主义道路；这并不意味着委内瑞拉要移植其他国家的社会主义模式；委内瑞拉必须使社会主义与本国的具体情况相适应。[⑤]

查韦斯在2004年8月赢得罢免公投，他的执政地位得到极大的巩固，反对派在短时期内丧失对抗动能。他希望借助这个有利时机把玻利瓦尔革命推向更高层次。在他看来，赢得罢免公投标志着玻利瓦尔革命进程进入“反对帝国主义”的阶段，他重申将把社会主义纳入讨论议程。[⑥] 2004年10月的地方选举到来之前，他多次在群众集会上指出，革命不仅应当涉及社会领域（医疗、教育和其他社会计划），还要涉及经济领域。

2005年成为查韦斯转向社会主义的标志性年份。这一年初，他在参加

---

① ABN, “The Lines of Chávez # 63: With Marx, Christ and Bolivar!”, March 16, 2010, http://www.abn.info.ve/noticia.php?articulo=224981&lee=17.

② Stephen Sackur, “Hugo Chávez Grants Rare Interview to Western Media”, June 13, 2010, https://www.theguardian.com/world/2010/jun/13/hugo-chavez-bbc-hardtalk-interview.

③ Jorge Martin, “President Chávez Reaffirms Opposition to Capitalism”, March 1, 2005, http://www.handsoffvenezuela.org/chavez_opposition_capitalism.htm.

④ Hugo Chávez, “Capitalism Is Savagery”, April 10, 2005, https://zcomm.org/znetarticle/capitalism-is-savagery-by-hugo-chavez/.

⑤ Alan Woods, “A Conversation of Alan Woods with Adan Chávez”, May 5, 2005, http://www.marxist.com/alan-woods-adan-chavez180405.htm.

⑥ Heinz Dieterich, *Hugo Chávez y el Socialismo del Siglo XXI* (*Segunda edición revisada y ampliada*), Barquisimeto: Editorial Horizonte, 2007, pp. 9-10.

第5届世界社会论坛（World Social Forum，WSF）时指出："资本主义无法从内部实现自我超越，超越资本主义的道路在于真正的社会主义、平等和正义。"① 这一讲话意味着查韦斯在执政6年之后，首次明确把玻利瓦尔革命的方向确定为社会主义。这是"冷战"结束以来，第一次有民选国家领导人公开主张实行社会主义。②

查韦斯对资本主义进行强烈鞭挞。在他看来，资本主义是野蛮和残忍的，人类不可能使它变得人道。③ 人类在资本主义制度下无法解决贫困和不平等，无法实现社会公正；个人权利高于集体权利，资本高于人民；资本主义无法容忍真正的民主，导致落后、依附、殖民主义、独裁、贫富分化、大众失业和生态环境恶化，破坏人类的可持续发展。作为资本主义的一种极端形式，新自由主义使委内瑞拉社会遭受严重破坏，也使拉美陷入政治混乱。④

委内瑞拉执政党——统一社会主义党（PSUV）——深刻分析了资本主义的危机和"外围"国家的处境。它指出，资本主义世界存在严重的内在危机，危机源于日益扩大的社会生产和私人占有生产资料之间的矛盾，源于资产阶级、寡头和帝国主义对工人以及其他社会群体的剥削、压迫，源于帝国主义及其控制的跨国企业对各国独立和主权的破坏。它还分析了资本主义内部存在的两极分化趋势。一极是财富、土地、生产资料和特权的集聚，另一极是苦难、奴役、无知、野蛮和道德低下。这一趋势导致"外围"国家及其主权遭到破坏，使"外围"国家不得不屈服于霸权国家。美国及其控制的超国家组织试图控制全球，再度使其被殖民化。⑤

---

① Alan Woods, "Chávez: 'Capitalism Must Be Transcended", February 1, 2005, http://www.marxist.com/Latinam/chavez_speech_wsf.htm.

② Richard Gott, "Venezuela under Hugo Chávez: The Originality of the 'Bolivarian' Project", *New Political Economy*, Vol. 13, No. 4, 2008, pp. 475-490.

③ Hugo Chávez and Marta Harnecker, *Understanding the Venezuelan Revolution: Hugo Chávez Talks to Marta Harnecker*, New York: Monthly Review Press, 2005, p. 116.

④ Hugo Chávez, "Capitalism Is Savagery", April 10, 2005, http://www.zmag.org/content/showarticle.cfm?ItemID=7612.

⑤ PSUV, "Declaración de Principios: I Congreso Extraordinario del Partido Socialista Unido de Venezuela (PSUV)", April 2010, http://www.psuv.org.ve/psuv/declaracion-principios/.

在统一社会主义党看来，社会主义是人类通向后资本主义时代的整体性替代道路。只有社会主义能够使人类走向可持续发展，建设社会主义是人类摆脱资本主义的唯一道路。从资本主义到社会主义的转变将逐步改变委内瑞拉的生产关系，实现工人阶级的解放，终结资产阶级对生产资料的垄断，最终建成一个全新的世界。具体而言，这些改变意味着生产资料的社会化，理性分配土地和财富，铲除腐败和官僚主义，克服既有的食利性质经济模式，在生产者和消费者之间建立富有成效的、多样性的关系，从而能够最大限度地满足社会需求。①

查韦斯使用“21 世纪社会主义”描述、定义委内瑞拉的社会主义。2005 年 2 月，他明确提出：有必要创造“21 世纪社会主义”，而不是沿袭旧的社会主义模式。② 他在同年 5 月的讲话中指出：“我邀请所有委内瑞拉人共同走上通往新世纪社会主义的大道。我们必须建设 21 世纪社会主义！”③ 学术意义上的“21 世纪社会主义”并非查韦斯创造，但他创造了通用意义的政治名词“21 世纪社会主义”，并使其走向大众、流行开来。④

“21 世纪社会主义”的内容究竟为何？查韦斯没有预先绘制其政治蓝图或经济蓝图。他之所以要给社会主义加上“21 世纪”这个限定词，意在使新的社会主义区别于以往的社会主义模式；他对社会主义的阐述更多是强调它不是什么，而非它究竟是什么。⑤ 换言之，委内瑞拉的社会主义建设将是一个充满探索的动态过程。在他看来，社会主义不能依靠自上而下颁布命令

① PSUV, “Declaración de Principios: I Congreso Extraordinario del Partido Socialista Unido de Venezuela (PSUV)”, April 2010, http://www.psuv.org.ve/psuv/declaracion-principios/.

② “Venezuela's Chávez Reiterates Support for Socialism”, February 26, 2005, http://www.venezuelanalysis.com/news.php? newsno=1524.

③ Gregory Wilpert, “Chávez Affirms Venezuela Is Heading Towards Socialism of 21st Century”, May 2, 2005, https://venezuelanalysis.com/news/1099.

④ Marta Harnecker, “Reading Marx's Capital Today: Lessons from Latin America”, March 5, 2017, https://mronline.org/2017/03/05/reading-marxs-capital-today-lessons-from-latin-america/.

⑤ Richard Gott, “Venezuela under Hugo Chávez: The Originality of the ‘Bolivarian’ Project”, *New Political Economy*, Vol. 13, No. 4, 2008, pp. 475-490.

建成，而是要依靠大众的努力建成。[①] 他不断呼吁在知识分子和政治人物之中掀起有关人类未来的大讨论，其目的是寻找一条超越资本主义和社会民主主义的替代发展道路，从而“摆脱资本主义”和“创造 21 世纪社会主义”。[②] 2005 年 1 月，他在讲话中指出，世界社会论坛就是一个掀起有关社会主义的世界范围大讨论的良好场所。[③]

查韦斯主张通过体制内道路建设“21 世纪社会主义”。他指出，当今时代不是一个“无产阶级革命的年代”，因而不赞同切·格瓦拉倡导的以武力夺取政权的“游击中心论”。格瓦拉的策略能够在古巴奏效，但在情况迥异的其他国家就很可能会失败。拉美国家的城市人口远远超过农村人口，游击战很难在农村开展。历史已证明格瓦拉关于“一个、两个或三个越南”的观点是行不通的。[④] 对于查韦斯及其支持者而言，委内瑞拉处于民主体制之下，左派政党能够通过参加选举获得政权，从而实践自身主张。

就社会基础而言，玻利瓦尔革命的主体力量包括城市贫民、非正规就业者、原住民、农民、家庭妇女等长期未能从国家发展进程中受益的“被排斥者”。就传统路径而言，发展中国家走向社会主义的结构性转型要求扩大工人阶级的规模、降低农民阶级的规模。在委内瑞拉，社会构成的异质性使查韦斯把注意力更多集中于“被排斥者”，而非倚重有组织的工人。[⑤] 传统工会组织代表正规部门就业者的利益，长期从属于两大传统政党，在某种程度上成为既得利益者。查韦斯政府的工作重点是把“被排斥者”纳入国家的政治生活、经济生活和社会生活，谋求以社会项目促进他们的价值观和能

---

① Marta Harnecker, “Reading Marx’s Capital Today: Lessons from Latin America”, March 5, 2017, https://mronline.org/2017/03/05/reading-marxs-capital-today-lessons-from-latin-america/.

② Heinz Dieterich, *Hugo Chávez y el Socialismo del Siglo XXI* (*Segunda edición revisada y ampliada*), Barquisimeto: Editorial Horizonte, 2007, p. 9.

③ Cleto A. Sojo, “Venezuela’s Chávez Closes World Social Forum with Call to Transcend Capitalism”, January 31, 2005, https://venezuelanalysis.com/news/907.

④ Hugo Chávez, “Capitalism Is Savagery”, April 10, 2005, https://zcomm.org/znetarticle/capitalism-is-savagery-by-hugo-chavez/.

⑤ Steve Ellner, “Venezuela’s Social-Based Democratic Model: Innovations and Limitations”, *Journal of Latin American Studies*, Vol. 43, Issue 3, 2011, pp. 421-449.

力的转变，建立以社会为基础的民主体制。这些“被排斥者”人数众多，他们的支持票足以使一个革命政权长期执政；这些“被排斥者”具有很强的组织觉悟，也具有推动国家激进转型的意愿，但他们缺乏斗争经验、组织能力和纪律性，需要在革命实践中逐步实现自我完善。

就政权形态而言，查韦斯政府不追求建立无产阶级专政，而是强调把既有的民主体制“激进化”，最终确立多数人的统治。这种政治理念可以追溯到卢梭（Jean-Jacques Rousseau）倡导的激进民主体制，其内容强调多数人统治和大众直接参与决策，选举（包含公民投票、罢免公投和党内初选）始终发挥重要作用。对于查韦斯及其支持者而言，代议制民主不能代表人民的真正意愿，无法从根本上解决当前拉美社会所面临的重重危机。委内瑞拉应当建立一个更加负责任的政府，而不仅仅是一个符合宪法程序的政府。民主不仅仅是自由公正的选举，不仅是政治自由，还要通过重新分配社会资源帮助大多数人，建立经济社会民主。委内瑞拉必须建立和发展新的民主体制，为大众开辟新的制度化政治参与渠道。在史蒂夫·埃尔讷（Steve Ellner）看来，查韦斯执政时期委内瑞拉政治体制的独特性就是把“基于社会的民主”（特点是大规模的社会融合）与激进民主（突出特点是政治极化、致力于消灭资本主义）相结合。这种做法是对委内瑞拉自由民主失败、东欧社会主义实践受挫做出的反应。①

在经济社会领域，查韦斯主张加强非私人形式的所有权，但无意废除生产资料的私有制。根据查韦斯政府在2007年公布的修宪提案，私人所有权、社会所有权和国家所有权都得到政府的认可和保障，私营经济将与国有经济和集体经济共同在国家经济生活中发挥基础作用。但是，私营经济的发展将会受到限制。查韦斯政府在征用土地和工厂时，向其所有者给予相应的赔偿，以便团结民族资产阶级。分析者指出，委内瑞拉的情况不同于20世纪60年代的古巴。当时，卡斯特罗政府没有资金进行经济建设，只能没收私

① Steve Ellner, “Venezuela's Social-Based Democratic Model: Innovations and Limitations”, *Journal of Latin American Studies*, Vol. 43, Issue 3, 2011, pp. 421-449.

营企业。在委内瑞拉，查韦斯政府必须服从1999年宪法保护私有产权的规定；同时，它拥有比较充裕的资金，能够向产业的所有者提供赔偿。①

整体而言，委内瑞拉仍然处于资本主义体系之中，这一状况尚未得到根本改变。但是，政府开始把更多的资金用于儿童医疗，用于教育，用于提供饮用水。这些都是委内瑞拉在资本主义模式下出现的人道主义改变，但仍然是转型阶段的组成部分，“我们正在向着一个替代资本主义的经济模式迈进”。②

在2006年总统选举到来之际，查韦斯把构建“21世纪社会主义”确定为自己的选举纲领，承诺在当选之后以更有力的措施推动国家向社会主义转变。他成功实现连任，并认为这场选举胜利的重要性在于：选民完全知道他的“21世纪社会主义”主张，仍然把支持票投给他，这是大众授权进行革命事业的重要表现。③ 2007年初，他表示将在新的总统任期（2007～2013）集中精力推动建设社会主义。他指出，构建社会主义模式的“五大引擎”是修宪、把权力交给社区委员会（Consejo Comunal）、道德教育斗争、以国家为主导的发展和委任立法权。④

## 第三节 “21世纪社会主义”的建设进程

随着“21世纪社会主义”理念的提出，查韦斯政府在政治、经济和社会三大领域推进建设，努力为民众开辟新的制度化政治参与渠道，积极构建替代资本主义的生产型经济发展模式，高度重视应对社会不平等和贫困的斗

① Richard Gott, “Venezuela under Hugo Chávez: The Originality of the ‘Bolivarian’ Project”, *New Political Economy*, Vol. 13, No. 4, 2008, pp. 475-490.

② Hugo Chávez and Marta Harnecker, translated by Cheesa Boudin, *Understanding the Venezuelan Revolution: Hugo Chávez Talks to Marta Harnecker*, New York: Monthly Review Press, 2005, p. 117.

③ 刘宁宁、白艳立编写《海因兹·迪特里奇论21世纪社会主义》，《国外理论动态》2007年第3期。

④ D. J. Sagar (ed.), *Political Parties of the World* (7th Edition), London: John Harper Publishing, 2009, p. 645.

争，并以这些措施带动国家实现石油财富的公平分配和国家的内生发展。构建“21 世纪社会主义”的各项举措与查韦斯政府成立以来的众多做法一脉相承，并将其放大和强化、融入新的内容。

在政治领域，查韦斯政府把参与式民主视为“21 世纪社会主义”的政治体制。参与式民主能够谋求保障大众在各个层级对公共事务的充分参与，以人民的直接参与打破精英阶层对权力的垄断，打破官僚政治，推动国家从“政党的民主”走向“公民的民主”。它能够充分调动广大民众的政治热情，使之投身社会主义建设事业。查韦斯在接受采访时指出：“我们正在试验民主模式……它是参与式民主，一种充分意义的民主……我们要把权力交给人民，特别是最贫困者。如果你想消除贫困，就要把权力交给穷人。”①

在联邦层面，参与式民主具体表现为公民投票机制，大众能够依靠这一机制推动解决一系列重大问题。1999 年宪法第 62 条规定：公民有权通过直接方式或选举产生的代表参与公共事务；公民参与公共事务的决策、实施和管理是保障他们在个人层面和集体层面实现全面发展的必要途径；国家和社会有责任和义务推动这一目标的实现。它还规定，公民有权发起 4 种形式的公民投票——罢免、批准、废除和咨商，公民有权发起对国家机构账目的审计，公民组织有权共同提名最高法院、全国选举委员会和共和国道德委员会的候选人。

在社会基层，查韦斯政府推动成立许多人民团体，以便为大众参与开辟渠道。政府希望依靠它们汇总社区居民的需求、找出社区存在的问题和民主地提出解决方案。玻利瓦尔小组（Círculos Bolivarianos）的成立意味着政府首次尝试使大众成为参与式民主的社会主体。查韦斯在 2000 年提出相关构想，继而在 2001 年颁布总统令，玻利瓦尔小组随即在全国各地广泛成立，便利民众讨论公共问题和提出解决办法。它的成员主要是查韦斯的支持者，从一开始就与第五共和国运动有着较多联系。专业技术小组（Mesas Técnicas）是

① KPFK, “Interview of President Hugo Chávez on Democracy Now!” September 16, 2005, http://www.embavenez-us.org/news.php? nid=1759.

查韦斯政府在2001年推动成立的社区组织，主要负责为所在社区居民提供公共服务（涉及供水、住房、交通、医疗和食品），务求反应迅速及时。城市土地委员会（CTU）成立于2002年，它负责推动土地规范使用，保障落实宪法规定的住房权利。

社区委员会是最受查韦斯政府重视的人民团体之一，也是委内瑞拉参与式民主在社会基层的主要表现形式。查韦斯政府在2006年颁布《社区委员会法》，从法律上认可社区委员会的地位。此后，此类团体在全国各地纷纷成立。按照该法，社区委员会的建立需要符合以下标准：在城市，150户至400户家庭可成立一个社区委员会；在农村，大约20户家庭可成立一个社区委员会；在印第安居民区，10户及以上家庭就可以成立一个社区委员会。委员会由全体社区居民组成，其最高决策机构为社区大会。它可以从国家、州和市的财政中得到预算资金，负责讨论和制订与自身生活密切相关事务（例如房屋修理、医疗和食品援助）的社区发展计划，并把这些计划提交职能部门和地方政府审核，从而使其列入来年的参与式预算。

根据查韦斯政府的设想，社区委员会应当获得更大的权力，从而为建立新的政治体制奠定基础。由于社区委员会的管理范围不能超过400户家庭，无法在更大地域范围、更多民众中行使决策权。因此，查韦斯一度考虑成立一种新型的自治组织——公社（Comune），以便使多个社区委员会在公社框架下对更大范围的集体事务做出共同决策。查韦斯在2007年1月表示，委内瑞拉应当创建一种区域性乃至全国性的社区委员会联盟，最终发展成为一个“社区国家”（Estado Comunal）。[①] 2007年修宪方案提出确立“人民权力”，也就是在联邦、州和市之外设立又一级政府（社区委员会），充分体现直接民主。但由于修宪提案在公民投票中遭到否决，这一设想未能纳入宪法框架。

查韦斯政府为发挥社区委员会的作用而颁布一系列配套法律。颁布于

① Stuart Piper, “The Challenge of Socialism in the 21st Century—Some Initial Lessons from Venezuela”, May 2007, http://www.internationalviewpoint.org/spip.php?article1269.

2008年的《公共管理法》把社区委员会纳入公共管理机构，使它享有一些公共管理机构才能行使的权力；《住宅与环境法》直接把社区委员会纳入全国的住房事业之中；《粮食与农业安全和主权法》赋予社区委员会在农业和食品分配领域的重要作用；《促进人民经济法》规定，委内瑞拉的生产模式“应当对社区的需求做出反应”，通过社会生产企业加强社区主导的生产。

查韦斯政府在2009年完成对《社区委员会法》的修改。修改之后的法律明确规定：社区委员会的职责是促进新形式的“社会的、人民的、替代性的经济”；它是免于征税的生产企业，具有社会产权，旨在满足集体需求”；它可以组织社会生产网络，以便适应生产、分配、交换和消费的新型可持续关系。社区委员会的总体目标是为社会主义奠定社会-政治基础，从而巩固一种新型的政治、社会、文化和经济模式。

对查韦斯政府而言，经济发展模式的转变首先需要强化国家对经济的干预能力，为此需要实施大规模的国有化。国有化能够扩大非私有形式的所有制——国家所有制，把战略生产部门纳入国家的发展进程之中。国家在充分掌握生产资料的基础上，才能使经济生产以满足社会需求为导向，既能够为大众提供基本服务（电信、电力和金融），也能够提供基本商品（水泥、钢铁和食品）。国家对战略部门的控制也被视为确保国家独立和自主发展的重要条件。

查韦斯政府国有化进程的首要目标是石油业国有化。1999年以来，政府逐步加强对石油业的控制，在2001年11月颁布的《碳氢化合物法》，为石油业国有化确立法律框架。至2004年，查韦斯政府完全控制委内瑞拉石油公司，为实现全面的石油业国有化扫清障碍。它在2005年4月宣布：所有在委内瑞拉境内从事石油开发的外国企业和本国私营企业都必须按照《碳氢化合物法》的要求，在2005年12月31日之前与委内瑞拉石油公司签署协议，把它们的企业转变为合资企业；新的合资企业必须由委内瑞拉石油公司控股，且控股比例不低于60%。从2006年1月1日起，委内瑞拉石油公司收回本国境内32块油田的勘探和开发权。2007年5月1日，奥里诺科石油带的4个重油升级项目被正式收归国有。至此，20世纪90年代启动的

“石油开放”进程被逆转，政府将石油业完全收归国有。

在查韦斯的第三个总统任期（2007~2013 年），委内瑞拉的国有化进程走向深化，从石油业向电信、电力、水泥、钢铁、银行等战略部门扩展。2007 年，查韦斯政府对本国最大的电信企业——全国电话股份有限公司（CANTV）和最大的私营电力公司——加拉加斯电力公司（EDC）进行国有化；2008 年，查韦斯政府把 3 家外资水泥企业、奥里诺科钢铁公司（SIDOR）和委内瑞拉银行（BDV）收归国有；2009 年，查韦斯政府对多家中小金融企业和保险企业实行国有化。据估计，查韦斯政府把 1000 多家企业或其资产收归国有。①

查韦斯政府在大力实施国有化的同时，积极推动社会经济的发展，谋求使其成为替代新自由主义的一个主要工具，成为新的国家发展模式的主要组成部分。② 社会经济特指一种提供产品和服务的生产领域，既与国有经济和私营经济相区别，也与它们形成互补关系；它结合了共同的经济社会利益，得到地方社区的支持，广大公民和工人通过替代性企业（例如自我管理的微型企业）参与其中。③ 查韦斯政府希望通过发展合作社、微型企业、农民企业以及工业企业的共同管理，提供多样化的扶持措施（金融、技术支持、培训、市场销售和其他配套措施），培育社会经济的成长。

合作社是查韦斯政府培育社会经济的主要抓手。在委内瑞拉，它被定义为一种组织企业的形式，其主要经济-社会目标是使成员按照共同意愿进行工作、获得收益；它区别于其他类型企业之处是，成员的共同工作的重要性

---

① Charlie Devereux, Corina Pons & Indira A. R. Lakshmanan, "Chávez Legacy of Polarized Venezuela Endangers Transition", March 6, 2013, http://www.bloomberg.com/news/2013-03-05/chavez-legacy-of-polarized-venezuela-endangers-smooth-transition.html.

② Carmen Añez H. and Rosana Melean, "Empresas de producción social: Forma de organización socioproductiva en el marco de la economía social en Venezuela", Julio-Diciembre 2011, http://www.saber.ula.ve/bitstream/handle/123456789/34426/articulo1.pdf? sequence=1&isAllowed=y.

③ República Bolivariana de Venezuela, "Lineas generales del Plan de Desarrollo Económico y Social de la Nación, 2001-2007", Septiembre 2001, http://www.mppp.gob.ve/wp-content/uploads/2018/05/Plan-de-la-Naci%C3%B3n-2001-2007.pdf.

被置于赚取货币利润之上。①

具体而言，合作社能够在委内瑞拉发挥以下三大作用。

第一，合作社体现了集体所有制，是扩大非私有形式的所有制、实现生产资料所有制变革的一个途径。在合作社体制下，工人作为企业所有者必须注重企业的效率，因而能够使合作社在生产上超过资本主义企业。合作社不仅能够推动构建社会经济，使整个社会摆脱个人自利性，也就是使“集体”取代资本主义的个人主义。②

第二，合作社能够创造新的工作岗位，有利于充分就业，从而推动经济的可持续发展，同传统的资本主义企业进行竞争。换言之，合作社有助于把边缘化群体纳入正规经济、提高员工福利。

第三，合作社有助于更公平、更有效地分配石油财富。合作社以及其他发展社会经济的实验提供了一种机制，使政府能够快速、高效地向边缘化群体分配石油财富。对委内瑞拉而言，通过发展合作社“播种石油”可以避免重蹈食利资本主义社会关系，从而做到依靠石油收入创造独立于石油的经济基础。

委内瑞拉政府担负发展合作社的职能。1999年宪法要求政府“促进和保护”合作社的发展。2001年颁布的《合作社特别法》要求政府通过提供信贷、优先购买合作社产品、提供培训等途径推动合作社的发展。在查韦斯政府的推动下，合作社的数量快速增长。据估计，该国在1999年仅有813个注册合作社。③ 截至2007年8月，该国已有21.5万个注册合作社，合作社员工约占全国经济活动人口总数的18%。④

---

① Ivan Cañas, “Mas de 200 preguntas y respuestas sobre cooperativismo”, 18 julio 2003, https://www.aporrea.org/actualidad/a3902.html.

② Thomas Purcell, “The Political Economy of Venezuela's Bolivarian Cooperative Movement: A Critique”, *Science & Society*, Vol. 75, No. 4, 2011, pp. 567-578.

③ Dada Maheshvarananda, “The Silent Success of Cooperatives in the Bolivarian Revolution”, December 3, 2014, https://geo.coop/story/silent-success-cooperatives-bolivarian-revolution.

④ MinCI, “Sector cooperativo representa 14% del PIB venezolano”, 20 de septiembre de 2007, http://www.minci.gob.ve/noticiaseconomia/1/15865/sector_cooperativo_representa.html.

在委内瑞拉掀起合作社成立浪潮之时，查韦斯政府对合作社的监管不足凸显。2006 年，国家合作社监督局局长卡洛斯·莫利纳（Carlos Molina）在接受采访时表示，政府不清楚有多少个合作社在实际运转。[①] 政府机构在同年所做的调查显示：全国共有 15.8 万个合作社，仅有 3.8 万个保持运转。[②] 许多合作社在行政管理、技术能力和开拓精神方面都存在不足，以致它们的运转高度依赖国家，需要政府不断提供资金支持和购买其产品。部分合作社甚至存在滥用政府资金问题。

合作社在短期内难以达到查韦斯政府的预期要求。大部分合作社集中于服务业（商业、公共服务等），仅 1/4 集中于直接生产（制造业和农业）。[③] 在直接生产领域，合作社的作用并不明显，尤其是农业合作社未能有力地改善国家农产品供应状况。合作社数量的大幅上升并未带来非正规就业的显著下降。该国失业率 1999 年以来显著下降，但正规就业率的变化不大，仅仅从 1998 年的 44.5%上升至 2007 年的 49.4%。[④]

查韦斯政府在大量实施国有化和发展合作社的基础上推出“社会生产企业”（EPS）计划，寻求改变社区生产和交换产品的方式。社会生产企业理念源于匈牙利马克思主义者伊什特万·梅萨罗什（István Mészáros）的分析。在他看来，“社会生产”是对生产进程的重新定向，谋求使共同生产的产品和共同提供的服务由直接参与社会生产和消费的群体分享（而非被个人挥霍浪费）。[⑤] 首先，社会生产企业把满足公共需求作为企业生产的目标。国有企业可以是资本主义性质的，也可以是社会主义性质的；合作社可以选

① Chris Kraul, “Big Cooperative Push in Venezuela”, August 21, 2006, https: //www.latimes.com/archives/la-xpm-2006-aug-21-fi-coops21-story.html.

② Juan Carlos Monedero, “The Social Economy in Venezuela: Between the Will and the Possibility”, Jeff Shantz and José Brendan Macdonald (eds.), *Beyond Capitalism: Building Democratic Alternatives for Today and the Future*, New York: Bloomsbury Academic, 2013, p. 206.

③ Betsy Bowman and Bob Stone, “Venezuela’s Cooperative Revolution”, July 2006, https: //www.dollarsandsense.org/archives/2006/0706bowmanstone.html.

④ Mark Weisbrot and Luis Sandoval, “The Venezuelan Economy in the Chávez Years”, July 2007, https: //cepr.net/documents/publications/venezuela_ 2007_ 07.pdf.

⑤ Istvan Mészáros, *Beyond Capital: Towards a Theory of Transition*, London: Merlin Press, 1995, p. 769.

择自身利益作为出发点，也可以把公共利益视为生产活动的出发点。委内瑞拉必须发展社会生产企业，才能摆脱国家资本主义的限制。[①] 其次，社会生产企业能够推动建构社会主义所需的新型交换关系，也就是“行动的交换”，而非“物品的交换”。[②]“物品的交换”意味着购买者和销售者是相互独立的，而“行动的交换”意味着社会成员之间的团结和相互支持。[③] 对查韦斯政府而言，社会生产企业将使委内瑞拉迎来克服资本主义食利经济的起点和逐步转型为社会经济。这些企业将是这一转型进程的基础细胞，代表着“21世纪社会主义”的经济基础。[④]

查韦斯政府最早在2005年9月正式引入“社会生产企业”概念，希望由此使社会的、公共的需求成为生产和消费进程的核心关切，使企业能够以团结合作作为经营活动的导向，从而推动社会经济的蓬勃发展。要想成为社会生产企业，企业需要满足一系列条件：必须把团结、合作、互补、互惠、平等和可持续的重要性置于谋取利润之上；必须把至少10%的利润投资于它们所在的社区；必须在生产产品或提供服务的过程中凸显工作本身的意义，促进企业成员之间的平等，而非带来歧视或特权；必须是国家所有、集体所有或混合所有。社会生产企业能够享受政府提供的资金扶持、技术援助、产品包销或其他优惠待遇。

至2006年年中，委内瑞拉已经有大约500家注册登记的社会生产企业，另有约7000家处于审核之中。[⑤] 这些企业的规模通常很小，依靠职工以民主的方式进行管理，其生产活动涉及众多领域，但它们的规模远不足以与该

---

① Michael Lebowitz, *Build It Now: Socialism for the Twenty-First Century*, New York: Monthly Review Press, 2006, p. 111.

② Michael Lebowitz, *Build It Now: Socialism for the Twenty-First Century*, New York: Monthly Review Press, 2006, p. 107.

③ Michael Lebowitz, *Build It Now: Socialism for the Twenty-First Century*, New York: Monthly Review Press, 2006, p. 111.

④ Víctor Álvarez, and Davgla Rodriguez, "Guía teórico-práctica para la creación de EPS", *Revista Venezolana de Economía Social*, Año 9, N° 17, Enero-Junio 2009, pp. 87-89.

⑤ Gregory Wilpert, *Changing Venezuela by Taking Power: The History and Policies of the Chávez Government*, London: Verso, 2007, p. 82.

国私营部门或跨国企业进行较量，或是支持一个高效率的全国规划体系。[①]

查韦斯政府还尝试在国有化的企业中引入新的管理制度——“共同管理”（cogestión）。它意味着职工对企业享有控制权，包括选举经理、决定生产和技术以及参与制定企业预算，其目标是消除脑力劳动与体力劳动之间的差别；职工不再是为资本家的利润而工作，而是能够参与生产活动的决策，使体力劳动与脑力劳动有机结合起来；工人与社会之间形成一种特殊的合作关系，企业将围绕社会的整体利益运转。共同管理最终将在经济领域创造一种国家、职工和社区共同治理的机制，通过把职工纳入企业管理转变生产关系。如果说传统的共同管理（职工持有企业股份，可以向公司董事会派出代表）是一种引诱劳动者接受资本主义的办法，委内瑞拉则是要实施“革命的共同管理”，促进劳动者生产能力的多方面发展，破除国家资本主义，转变资本主义生产关系。[②]

2002 年，查韦斯政府在电力开发管理公司（CADAFE）试行共同管理制度。2 名工人代表进入一个 5 人协调委员会，而该委员会负责向公司管理层提出建议。之后，安第斯电力公司（CADELA ）也实行了共同管理。2004 年，查韦斯政府在国有化之后的委内瑞拉内生造纸工业公司（INVEPAL）和国家阀门制造公司（CNV）试行共同管理。2005 年，位于圭亚那城的卡罗尼铝业公司（ALCASA）也试行共同管理。该厂董事会有两名成员是由工人选举产生的，另外 4 名成员由政府任命。工人组成的工人委员会有权参与企业决策。这些企业都是因为经营管理不善而破产倒闭，政府出面接管它们，使其恢复运转。2008 年，安第斯乳业公司（Lacteos Los Andes）被国有化，并引入共同管理制度。

查韦斯政府之所以在这些企业实行共同管理（而非让它们像合作社一

---

① Paulo Nakatani and Rémy Herrera, “Structural Changes and Planning of the Economy in Revolutionary Venezuela”, *Review of Radical Political Economics*, Vol. 40, No. 3, 2008, pp. 292-299.

② Carlos Lanz Rodríguez, “El Socialismo y la Cogestión Revolucionaria”, 10 de abril de 2005, https://observatoriodetrabajadores.wordpress.com/2018/01/19/el-socialismo-y-la-cogestion-revolucionaria-carlos-lanz-r/.

样实行自主管理），是因为它们的规模很大，它们的经济影响远远超出企业职工范围。政府实际上代表社会利益参与企业管理。尽管查韦斯政府对“共同管理”寄予很高的期望，但共同管理企业在委内瑞拉仍然只是零星的存在，绝大多数国有企业并没有引入这一制度。政府也未能在实践中打造形成一种规范统一的共同管理模式。电力开发管理公司、安第斯电力公司、卡罗尼铝业公司、委内瑞拉内生造纸工业公司和国家阀门制造公司分属不同的政府部委管辖，而每个部委都对共同管理有自己的理解和规定。

无论是合作社，还是社会生产企业，或是共同管理，都是社会经济的重要组成部分。社会经济在委内瑞拉迈向社会主义的转型进程中占据核心地位，充分地体现了该国尝试在经济领域构建的“三角关系”，也就是：生产资料的社会所有制，职工组织的社会生产，按照需求和目标进行生产。[①] 在查韦斯政府看来，社会经济实践还能够在社会心理方面产生显著的道德教化作用。它希望依靠这些实践改变大众的工作习惯、鼓励大众的集体劳动、重组大众的生活模式和在乡村创造新的社区。[②] 在此过程中，委内瑞拉社会能够塑造一系列民主的、团结的和平等的原则，展现工作场所民主的可行性，进而依靠工作场所民主创造符合社会主义的社会意识。[③]

查韦斯政府在执政伊始就承诺偿还“社会债务”，重新定位财政开支模式，把大量资金用于社会投资。在它看来，应对社会不平等和贫困的斗争是一种道德需要，而不是为了配合经济效率的提升。[④] 2002 年以来，查韦斯政府不断推动委内瑞拉石油公司承担社会发展任务。随着国际石油价格持续攀

① Michael A. Lebowitz，“Socialism：The Goal，the Paths and the Compass”，February 20，2010，https：//socialistproject. ca/2010/02/b315/.

② Tiffany Linton Page，“Can the State Create Campesinos? A Comparative Analysis of the Venezuelan and Cuban Repeasantization Programmes”，*Journal of Agrarian Change*，Vol. 10，No. 2，2010，pp. 251-272.

③ Thomas Purcell，“The Political Economy of Venezuela's Bolivarian Cooperative Movement：A Critique”，*Science & Society*，Vol. 75，No. 4，2011，pp. 567-578.

④ República Bolivariana de Venezuela，“Lineas generales del Plan de Desarrollo Económico y Social de la Nación，2001 - 2007”，Septiembre 2001，http：//www. mppp. gob. ve/wp - content/uploads/2018/05/Plan-de-la-Naci%C3%B3n-2001-2007. pdf.

升，委内瑞拉的石油出口收入大幅增加。查韦斯政府利用这一契机，在2005年利用外汇储备设立国家发展基金（FONDEN），主要服务社会发展项目。中央政府社会支出显著上升，从相当于国内生产总值的8.2%（1998年）攀升至13.6%（2006年）；此外，委内瑞拉石油公司提供的社会支出相当于国内生产总值的7.3%（2006年）。[①] 委内瑞拉在1998年仅有1628名基层医生，服务该国2700万人；到2006年，该国有19571名基层医生。与此同时，政府努力以优惠价格向大众提供食品。到2006年，该国设立15726家商店，负责向全国民众提供食品。[②]

为加速改善社会发展状况，查韦斯政府2003年以来实施30多个名为"使命"的社会计划。"使命"是一系列由政府直接控制的社会计划，由政府和公民组织合作实施。政府通过实施这些"使命"，使石油收入用于提供住房、医疗、食品、教育和培训，从而满足大众的基本需求、促进社会发展和更为公正地分配资源。2008年颁布的《公共管理法》正式认可了"使命"的法律地位。

在2003年启动的"走进社区使命"（Misión Barrio Adentro）是查韦斯政府首批实施的"使命"之一。它的目标是改变医疗服务领域的不平等状况，把社会边缘群体纳入公共医疗体系，向全民（尤其是城市贫民窟人群）提供免费的基本医疗服务。截至2006年，该使命已经覆盖1960万人（占委内瑞拉总人口的73%）。许多委内瑞拉人平生第一次享受基本医疗服务，婴儿死亡率出现大幅下降，儿童流行疾病减少。[③]

查韦斯政府在教育和技能培训领域实施多个"使命"。2003年7月，"鲁宾逊使命"（Misión Robinson）付诸实施，推动扫盲教育和初级教育。此外，"里瓦斯使命"（Misión Ribas）为辍学学生提供高中课程；"苏克雷使

① Mark Weisbrot and Luis Sandoval, "The Venezuelan Economy in the Chávez Years", July 2007, https://cepr.net/documents/publications/venezuela_2007_07.pdf.

② Mark Weisbrot and Luis Sandoval, "The Venezuelan Economy in the Chávez Years", July 2007, https://cepr.net/documents/publications/venezuela_2007_07.pdf.

③ WHO, "Closing the Gap in a Generation: Health Equity through Action on the Social Determinants of Health", 2008, http://whqlibdoc.who.int/publications/2008/9789241563703_eng.pdf.

命”（Misión Sacre）用于保障高中毕业生进入大学；“西蒙西托使命”（Misión Simoncito）为 0~6 岁儿童提供学前教育；“重返工作使命”（Misión Vuelvan）寻求为失业者提供就业培训，或支持他们组织合作社同时给予贷款资助。

在食品供应领域，查韦斯政府实施“梅尔卡使命”（Misión Mercal）。它在 2003 年 4 月付诸实施，逐步发展成为一套完整的国有食品销售体系，以优惠的价格向大众提供食品。销售点大多分布于贫困人口聚集地区，主要面向中低收入群体。2008 年，政府推出“梅尔卡使命”的姐妹计划“委内瑞拉粮食生产与分配”计划（PDVAL），由委内瑞拉石油公司负责实施，其作用是加强政府对食品销售的控制，打击国内的食品囤积和价格上涨。

无论是社区委员会、实行共同管理的国有企业，还是合作社和社会“使命”，都是查韦斯政府实现大众参与政治经济事务、塑造社会主义“新人”的途径。查韦斯在描述“21 世纪社会主义”时，不断提及共同体、团结和社会主义道德。① 这些意识不是凭空而来的，而是来自实践经验。合作社和社会生产企业所带来的集体劳工能够使大众感受工作场所民主和参与式民主，有利于改变大众的工作习惯和生活方式，增强大众在经济-社会领域的团结意识和平等意识。公民参与一系列社会“使命”，既是为了绕过效率低下的政府官僚体制，也是为了让大众有机会直接管理与自身息息相关的事务，增强基层的自主性。

内生发展是查韦斯政府构建“21 世纪社会主义”的指引方向。内生发展意味着依靠国家自身条件发展经济，把自然资源转化为可用于消费或出口的产品。通过发展教育、形成平等的劳动者关系和有尊严的就业，内生发展创造了社会公平和经济发展，两者相辅相成而非相互抵消。② 国有企业与合作社的结合构成查韦斯政府构想的新型生产模式的基础。国有企业主要分布

---

① Michael Lebowitz, *Build It Now: Socialism for the Twenty-First Century*, New York: Monthly Review Press, 2006, p. 107.

② Sarah Wagner, “Vuelvan Caras: Venezuela's Mission for Building Socialism of the 21st Century”, July 8, 2005, http://www.venezuelanalysis.com/articles.php? artno=1497.

于基础工业、电信、航空，成为导入现代科技、推动经济增长的主要力量。生产型合作社，尤其是农业合作社主要用于解决基本消费品供应不足，推动构建内部的生产-交换网络。

查韦斯政府在扩大国有经济的同时，努力推动经济多元化，重点推进石油业的垂直一体化，带动下游产业（石化行业）的发展。2005 年，国有的委内瑞拉石化公司（Pequiven）成为一个独立运营的国有企业。它的目标是到 2012 年把委内瑞拉的石化产品产量翻一番，从 1150 万吨增至 2500 万吨。这些石化产品优先满足国内需求而非（像以往那样用于）出口。查韦斯政府还希望依托本国的钢铁工业，研制生产炼油厂管道，从而摆脱对进口产品的依赖。2006 年，它宣布要发展本国的造船业，就无须再从其他国家购买油轮。它还希望促进本国农业的发展，既能够提升农民的生活水平，也能够降低对进口产品的依赖。

查韦斯政府在食品供应领域实施的“梅尔卡使命”和“委内瑞拉粮食生产与分配”计划都要求从委内瑞拉的生产商采购食品，或进口那些委内瑞拉不能自产的产品，从而消除中间环节。查韦斯政府在 2009 年 11 月宣布成立社会主义市场公司（Comerso），目的是向市场投放无中间环节、免受价格投资影响的产品，确保人民以低廉价格获得日用品。这是政府打击通货膨胀、创造社会主义销售机制的一个新尝试。政府将在市场设立销售点和国营商店，销售产品包括食品和日用品，所有产品均来自社会生产企业和社会主义制造厂（Socialist Manufacturing Plants）。政府已经在加拉加斯的一处市场设立试点，2009 年 12 月开始营业。该公司还将在低收入地区设立销售网点，以流动或非流动的方式进行销售。

农业成为委内瑞拉推动内生发展的先行领域。21 世纪初，农业产值仅占委内瑞拉国内生产总值的 5%，满足 40%的国内需求。[①] 查韦斯政府实施

① International Fund for Agricultural Development（IFAD），“IFAD in the Bolivarian Republic of Venezuela”，February 2006，https：//www.ifad.org/documents/38714170/39972349/Enabling+poor+rural+people+to+overcome+poverty+in+the+Bolivarian+Republic+of+Venezuela_e.pdf/69a4a941-b3d4-4982-8a13-f4730c5218e2？t=1517243265000.

土地的再分配，扩大农业投资，推动成立农业合作社，发起鼓励城市居民回乡务农的“回到农村使命”（Misión Vuelta al Campo）。这些措施有助于提高委内瑞拉的粮食产量，但没有改变委内瑞拉的粮食净进口国地位，谷物、肉类和牛奶依然无法自给。2005 年至 2007 年，委内瑞拉的粮食进口量上升 44%，从 310 万吨上升至 450 万吨；相应的进口费用大幅攀升，从 19 亿美元（2005 年）上升至 58 亿美元（2007 年）。①

## 第四节 “第五共和国”的对外政策

历史上，委内瑞拉是亲美色彩最浓厚的拉美国家之一。一方面，石油业对委内瑞拉的重要作用、美国石油企业的影响力和美国石油需求的重要性，都使委内瑞拉政府高度重视对美关系。换言之，在“美国轨道”上运行成为委内瑞拉石油经济的必然结果。② 另一方面，实行亲美外交政策并不意味着委内瑞拉无条件地站在美国一方。例如，卡洛斯·安德烈斯·佩雷斯政府（1973～1978）谋求在地区事务中发挥更大的作用，能够在一些敏感问题上（例如对古巴关系）坚持自己的立场。但是，查韦斯政府之前的历届委内瑞拉政府从未真正考虑挑战美国，而是愿意把自己打造为美国的“善意伙伴”，乐于就如何与拉美国家打交道向美国总统提出建议。

查韦斯政府实行“革命的外交政策”，从而使委内瑞拉对外关系发生巨大的转变。③ 它在全球范围寻找新的合作伙伴，扩大对外贸易网络，增加新的资金和技术来源，从而完全改变了盟友格局。对美关系得到重塑，委内瑞

---

① International Fund for Agricultural Development (IFAD), “IFAD in the Bolivarian Republic of Venezuela”, February 2006, https://www.ifad.org/documents/38714170/39972349/Enabling+poor+rural+people+to+overcome+poverty+in+the+Bolivarian+Republic+of+Venezuela_e.pdf/69a4a941-b3d4-4982-8a13-f4730c5218e2?t=1517243265000.

② Miguel Tinker Salas, *The Enduring Legacy: Oil, Culture, and Society in Venezuela*, Durham: Duke University Press, 2009, p. 242.

③ Carlos A. Romero and Víctor M. Mijares, “From Chávez to Maduro: Continuity and Change in Venezuelan Foreign Policy”, *Contexto International*, Vol. 38, No. 1, 2016, pp. 165-201.

拉从一个传统上亲美合作伙伴转变为一个反美角色。两国在反恐、扫毒、贸易、民主体制、地区合作等一系列重大问题上相互批评。委内瑞拉开始把美国视为重大外部入侵威胁，后者则对前者实施越来越广泛的制裁。对美国而言，委内瑞拉是继“冷战”期间的古巴之后，在拉美地区出现的最不合作，乃至最敌对的国家，委美关系的倒退和紧张状态是两国关系史上前所未有的。[①]

这种转变无疑是委内瑞拉国内政治进程转变的直接后果。1999 年以来，查韦斯政府寻求为玻利瓦尔革命进程争取外部支持、塑造有利于己的国际环境。随着执政地位日趋巩固，它在对外政策领域的自主性不断提升，逐步实施一整套更具独立性、更有激进色彩的外交政策。

查韦斯政府的外交政策是委内瑞拉 20 世纪 80 年代末以来惨痛经历的直接产物。为满足国际货币基金组织的贷款条件，佩雷斯政府不得不在 1989 年实施一套以市场化、自由化和私有化为主要内容的新自由主义改革措施，由此导致社会矛盾激化，也暴露出国家主权地位的脆弱性。在查韦斯及其支持者看来，国际货币基金组织的做法是在委内瑞拉强推新自由主义模式，迫使委内瑞拉以牺牲自身利益为代价迎合以美国为首的债权国的不合理要求，其实质是新殖民主义对发展中国家的干涉。

查韦斯政府从本国、本地区经验出发，认为资本主义世界体系的支配逻辑就是要把“中心-外围”结构永久化。苏联的解体为“中心”国家输出危机打开闸门，“中心”国家的危机导致“外围”国家极端贫困的激增。[②] 拉美国家在被动形势下被迫实行新自由主义经济改革。改革不但没有解决长期存在的失业、分配不公和贫困化问题，反而使其加剧，导致这些国家深陷“依附性发展”。

查韦斯政府把抨击矛头直指有损发展中国家利益的全球化进程。在查韦

---

① Javier Corrales and Carlos A. Romero, *U. S. - Venezuela Relations since the 1990s: Coping with Midlevel Security Threats*, New York: Routledge, 2013, pp. 18-19.

② PSUV, “Declaración de Principios: I Congreso Extraordinario del Partido Socialista Unido de Venezuela (PSUV)”, April 2010, http://www.psuv.org.ve/psuv/declaracion-principios/.

斯看来，当前这一轮全球化进程具有浓厚的新自由主义色彩，其实质是资本主义和西方体制的全面扩散。全球化在促进世界经济发展和财富增加的同时，加剧收入分配和贫富差距，导致发达国家和发展中国家之间发展鸿沟拉大。查韦斯指出：全球化带来的不是独立，而是依附；没有财富的全球化，只有贫困的泛滥。[①]

查韦斯政府尤为关注美国霸权带给拉美国家乃至广大发展中国家的危害。加莱亚诺（Eduardo Galeano）在其著作《拉丁美洲被切开的血管》（*Las Venas Abiertas de América Latina*）中指出，拉美的经济社会问题在很大程度上源于“北方”国家的掠夺，尤其是美国的霸权。查韦斯对此深表赞同。在他看来，对美国的依附使拉美国家的主权受到损害，任何一场谋求摆脱传统精英控制的进步改革都面临美国的干涉威胁。他指出，布什政府成立以来，委内瑞拉始终面对来自美国的入侵威胁。[②] 查韦斯强烈呼吁拉美国家携手合作，齐心打破这种依附。他坚信：拉美国家摆脱困境的办法不是来自“北方”，不是来自国际货币基金组织或世界银行；拉美国家能够打破资本主义范式、自由贸易范式和新自由主义，最终找到破解发展问题的途径。[③]

在查韦斯政府看来，委内瑞拉的变革进程从一开始就与外部世界紧密关联。没有新的世界格局，没有新的支持力量，没有新的合作网络，这场变革就会因为陷入孤立而难以维系。因此，查韦斯在就任总统之初就广泛出访，宣传自己的主张。他在1999年出访24次，在2000年出访26次，在2001年1月至4月出访8次。换言之，他在任职两年多时间里累计出访58次，访问37国。[④] 查韦斯政府很早就确定以下五大外交政策目标：第一，推动

① Hugo Chávez, “Speech by President Hugo Chávez, at the Opening of XII G-15 Summit”, March 1, 2004, http://www.venezuelanalysis.com/analysis/381.

② ABC News, “Transcript: Hugo Chávez Interview”, September 16, 2005, https://abcnews.go.com/Nightline/International/story?id=1134098&page=1.

③ KPFK, “Interview of President Hugo Chávez on Democracy Now!” September 16, 2005, http://www.embavenez-us.org/news.php?nid=1759.

④ 《委总统查韦斯出国访问频繁》，人民网，2001年4月23日，http://www.people.com.cn/GB/guoji/22/86/20010423/448870.html。

世界的多极化进程；第二，推动拉美地区一体化；第三，推动委内瑞拉国际关系的多元化；第四，增强委内瑞拉在国际经济体系中的作用；第五，推动形成新的西半球安全体系。①

多极化之所以受到查韦斯政府如此重视，是因为多极化的世界格局有助于委内瑞拉以及其他拉美国家突破国际体系施加的限制，实现最充分的自主发展。查韦斯指出：多极世界正在形成之中；这个新的世界“不是一个两极世界，而是包括俄罗斯、中国和欧洲在内的多极世界”。② 在世界多极化进程中，作为世界第五大经济实体的南美洲有望成为21世纪世界格局中与北美洲并驾齐驱的一极，成为“世界权力”的一个方面，在重塑世界格局的进程中发挥作用。③

为推动世界多极化进程，查韦斯政府呼吁改革包括联合国在内的国际组织，从而改变超级大国主宰世界事务的局面。2005年，查韦斯针对联合国改革提出倡议：扩大安理会规模，增加常任理事国和非常任理事国的数量，允许更多的发达国家和发展中国家加入其中；改进工作方式，使安理会更具透明度；废除否决权。④ 另外，查韦斯政府呼吁改革国际金融体制，主张成立一批由发展中国家组成的多边金融机构，提供替代国际货币基金组织的融资渠道，维护第三世界的经济独立。在查韦斯执政时期，委内瑞拉与国际货币基金组织的关系极为冷淡。委内瑞拉偿还了国际货币基金组织的全部贷款，不再谋求向其贷款。2007年，委内瑞拉偿还世界银行的贷款之后，正式宣布退出世界银行与国际货币基金组织。

查韦斯政府主张建立多元的国际货币体系，取代以美元为中心的国际货

---

① República Bolivariana de Venezuela, “Lineas generales del Plan de Desarrollo Económico y Social de la Nación, 2001 - 2007”, Septiembre 2001, http: //www. mppp. gob. ve/wp - content/uploads/2018/05/Plan-de-la-Naci%C3%B3n-2001-2007. pdf.

② Hugo Chávez, “South America Should Be among the New Facets of World Power”, October 6, 2008, http: //www. embavenez-us. org/news. php? nid = 4560.

③ Hugo Chávez, “South America Should Be among the New Facets of World Power”, October 6, 2008, http: //www. embavenez-us. org/news. php? nid = 4560.

④ Hugo Chávez, “Speech Given by President Hugo Chávez at 60th UN General Assembly”, September 15, 2005, http: //www. embavenez-us. org/news. php? nid = 1745.

币体系，打破美国的金融霸权。2007年，查韦斯在欧佩克第三届首脑会议上建议该组织寻找替代方案，改变以美元为石油定价的做法。他曾在多个场合提议以欧元取代美元进行石油交易。2009年，他在第二届南美洲-阿拉伯国家首脑会议上提议与会国家发行一种新的国际通用货币“石油元”（Petro Currency），并使其取代美元。查韦斯政府在美洲玻利瓦尔联盟（ALBA）框架下推动建立一个地区货币集团，寻求打破拉美国家在对外贸易中使用美元的传统。2010年，作为联盟内部贸易结算货币的“苏克雷”（Sucre）正式启用，并在一定范围内实现应用。

查韦斯政府在世界范围开展外交活动，推动提升与非传统合作伙伴的关系，扩大和充实对外关系网络。在拉美国家之中，古巴成为委内瑞拉最重要的合作伙伴。历史上，两国关系较为冷淡，双边关系在1974年才实现正常化。在查韦斯政府成立之后，两国关系真正变得密切起来。2000年，古巴和委内瑞拉签署一项易货贸易协定，委内瑞拉用石油交换古巴的商品和服务。在此基础上，两国贸易稳步增长。据估计，委内瑞拉输往古巴的原油约占古巴进口原油的61%（2011年），相当于委内瑞拉当年出口原油的5.1%；两国货物贸易额占古巴货物贸易额的44%（2012年），占委内瑞拉货物贸易额的5%。[①] 古巴通过提供专业人员赚取劳务收入，弥补货物贸易的逆差。为帮助查韦斯政府实施“走进社区使命”，古巴派遣大量医生前往委内瑞拉，在基层社区为民众提供医疗服务。

在拉美之外的地区，查韦斯政府大力提升委内瑞拉与俄罗斯、伊朗、印度、叙利亚、利比亚等国的双边关系。2000年8月，他乘坐汽车从伊朗进入处于美国制裁之下的伊拉克，从而成为1991年海湾战争结束后首位访问该国的外国元首。查韦斯多次出访俄罗斯，吸引俄罗斯企业参与委内瑞拉石油开发，并与俄罗斯加强国防合作。委内瑞拉和伊朗在能源领域建立密切的合作，并在一系列重大外交问题上相互支持。

---

① Ted Piccone and Harold Trinkunas, “The Cuba-Venezuela Alliance: The Beginning of the End?” June 2014, https://www.brookings.edu/wp-content/uploads/2016/06/CubaVenezuela-Alliance-Piccone-Trinkunas.pdf.

中委关系在查韦斯执政之后急速升温。查韦斯在执政第一年即对中国进行访问。此后 10 年间，他又 5 次访华（2001 年、2004 年、2006 年、2008 年和 2009 年）。这一访问密度在拉美国家元首之中无人企及。中委两国在 2001 年建立了共同发展的战略伙伴关系。两国以能源合作领域为基础，从两国经济的互补性和互利互惠出发，推动经贸合作的迅速发展。

查韦斯政府极力推动能源出口国加强合作，以便提升委内瑞拉在国际经济事务中的影响力。查韦斯关注如何使欧佩克恢复效能，联合广大产油国稳定国际石油价格、掌握石油定价权。他在就任总统之初广泛出访欧佩克成员国，说服它们遵守生产限额。他还访问俄罗斯和墨西哥这样的非欧佩克石油生产国，推动它们参与限产保价。2000 年 10 月，欧佩克在委内瑞拉举行首脑会议，讨论如何稳定石油价格。查韦斯政府还主张成立类似石油输出国组织的“天然气欧佩克”，使其协调天然气生产国合作、控制天然气的产量和价格走势。在天然气出口国论坛内部，委内瑞拉与俄罗斯、伊朗、阿尔及利亚、卡塔尔等国是这一倡议的主要支持者。在拉美，天然气储量巨大的委内瑞拉和天然气主要生产国玻利维亚、阿根廷开展合作，讨论成立类似组织的可能性。

查韦斯政府是“南南合作”的大力倡导者，呼吁南方国家共同致力于打破制约自身发展的不利因素，携手推动改革不公正、不合理的国际政治经济秩序。2004 年 3 月，15 国集团第 12 届领导人会议在委内瑞拉举行。查韦斯在会上强调：在当今世界依然存在严重的失衡与不平等交换的情况下，有关“南方”的自我意识和“南南合作”依然具有极为重大的意义；面对现行国际经济秩序带给发展中国家的巨大威胁，各国有必要重振“南方精神”。[①] 他提出一系列有关南方合作的宏大构想，主张把 15 国集团发展成为南方一体化运动，并纳入不结盟运动、77 国集团，乃至整个“南方”；提议设立债务国基金，使其成为债务国进行协商、协调集体行动的一个工具；推

① Hugo Chávez, “Speech by President Hugo Chávez, at the Opening of Ⅻ G-15 Summit”, March 1, 2004, http://www.venezuelanalysis.com/analysis/381.

动南方国家之间的贸易和投资，而不是为获得来自北方的投资而无休止地做出让步；建立一所南方大学和成立南方银行；成立“南方电视台”，以南方国家的视角报道新闻。[①] 2006年，他在参加第七届非盟领导人会议时提出，非洲、拉美和加勒比人民应该在南南合作精神指引下致力于四大合作计划：南方石油公司、南方电视台、南方银行和南方大学。[②]

查韦斯政府在推进拉美地区一体化方面进行长期努力和大胆尝试。它把南方共同市场（Mercosur）视为推动南美洲经济一体化进程的“发动机”，在2001年正式提出加入该组织。2006年，委内瑞拉成为该组织的正式成员国。委内瑞拉和古巴合作成立美洲玻利瓦尔联盟，力图把它打造为美洲自由贸易区的替代选择。联盟在2004年成立，最初名为“美洲玻利瓦尔替代计划”（ALBA），后在2009年更改为现名。联盟强调成员国的一体化基础是合作而非竞争，注重实现成员国的共同发展，同时维护它们的主权和经济独立。它代表着拉美国家第一次倡议以贸易自由化之外的原则为基础实现一体化。在联盟框架下，委内瑞拉和古巴开展具有示范效应的合作：前者以优惠条件提供石油，帮助后者解决石油短缺问题；后者则向前者派遣大批医生，帮助改善医疗服务。

“加勒比石油计划”（PetroCaribe）是查韦斯推崇的另一种区域合作模式。2005年6月，委内瑞拉在拉克鲁斯港（Puerto la Cruz）与14个加勒比国家签署该计划。它同样强调成员国的合作基础是公正、团结、平等、合作与互补，谋求在共同意愿和相互尊重主权的基础上推进经济合作。在计划框架下，委内瑞拉以低廉价格和优惠条件向成员国出口石油，从而帮助它们克服石油价格波动对经济发展的不利影响。

查韦斯政府还主张成立南方银行（Banco del Sur），希望使之成为南美洲的“国际货币基金组织”。该银行将促进地区金融一体化进程，以本地区

---

① Hugo Chávez, “Speech by President Hugo Chávez, at the Opening of Ⅻ G-15 Summit”, March 1, 2004, http: //www. venezuelanalysis. com/analysis/381.

② Angola Press, “Chávez Proposes South-South Cooperation at African Union Summit”, July 3, 2006, http: //www. venezuelanalysis. com/news/1815.

的资金帮助本地区国家，从而使这些国家摆脱对国际金融机构的依赖。2009年9月，阿根廷、巴西、巴拉圭、乌拉圭、厄瓜多尔、玻利维亚和委内瑞拉的总统在加拉加斯签署协议，正式启动南方银行。查韦斯希望在南方银行的基础上进一步整合南南金融体系，在未来创办一家跨地区的南南银行，推动发展中国家的经济增长，降低它们对西方信贷机构的依赖。

按照查韦斯政府的构想，拉美国家应当致力于构建一个将美国排除在外的区域治理体系。进入21世纪以来，南美洲国家举行一系列首脑会议，最终使南美国家联盟（UNASUR）在2008年正式成立。在查韦斯看来，联盟使南美洲能够巩固自身作为“一个民主和平区域”的地位。① 2011年12月，拉美和加勒比地区33国国家元首、政府首脑或代表在委内瑞拉首都加拉加斯举行会议，拉美和加勒比共同体（CELAC）宣告成立。当时已经身患癌症的查韦斯出席会议，呼吁地区各国共同发出自己的声音，打破美洲国家组织对地区事务的把控。委内瑞拉在上述两组织的成立过程中发挥重要的推动作用，也成为它们的坚定拥护者。

在实际运转过程中（2008~2018年），南美国家联盟成为支撑南美洲区域治理进程的核心组织。它把合作重点指向政治领域、安全领域和基础设施领域，使它与那些以经济一体化为基础的区域或次区域组织形成显著的功能区别。它在区域治理中发挥以下四大作用：第一，调停活动成员国之间的冲突，推动稳定区域形势；第二，捍卫成员国的民主体制，规定对发生政变等违宪行为的成员国采取外交、政治和贸易制裁；第三，管控外部因素对地区安全的影响，向外部世界表达本地区的共同立场（例如马岛问题）；第四，强化成员国的区域认同。南美国家联盟的成立和运转意味着南美洲形成一种主权增强型区域治理。② 自成立以来，联盟

① Agencia Venezolana de Noticias（AVN），“Chávez：‘UNASUR Is Our Armour against Barbarism’”，October 27，2011，https：//venezuelanalysis. com/news/6585.

② Mary Farrell，“The Global Politics of Regionalism：An Introduction”，in Mary Farrell，Björn Hettne and Luk Van Langenhove（eds.），*Global Politics of Regionalism：Theory and Practice*，London：Pluto Press，2005，p. 8.

不但积极化解本地区的冲突与危机，并在解决重大问题（例如委内瑞拉和哥伦比亚2009年冲突、巴拉圭卢戈被弹劾下野问题和马岛问题）时展现明显区别于美洲国家组织的立场，从而形成针对美洲国家组织的替代作用，抑制了美国向拉美传导影响力。

# 第六章　委内瑞拉：挑战与前景

委内瑞拉是一个脱胎于西班牙殖民统治的第三世界国家，并在20世纪经历比其他拉美国家都要剧烈的变化。[①] 在20世纪初，它还只是一个默默无闻的初级农产品出口国；至70年代，它依靠巨额石油收入跻身该地区最富有国家行列。它不但享受经济的繁荣，还取得斐然的政治发展成就。在1958年之前，它是民主化水平最低的拉美国家之一；1958年之后，它曾长期保持民主体制的稳定运转，一度成为拉美的“民主橱窗”。

委内瑞拉的独特性在很大程度上来自石油。石油开发使该国形成长时间、结构性的经济社会转型。对蓬托菲霍时期的委内瑞拉而言，石油收入成为协议民主体制的“润滑剂”，推动国家在经济发展进程中发挥主导作用，塑造了财政资源的汲取和管理模式。然而，石油收入没有能够使委内瑞拉从“食利者”转变为生产者，没有改变它在世界经济格局中的地位。

20世纪80年代以来，以石油收入为基础的经济发展模式难以为继。经济衰退、社会动荡和军事政变接踵而至，委内瑞拉不再拥有昔日的光彩。对这个石油国家而言，迈向非食利的、生产型经济的进程将是极为艰难而曲折的。没有任何一个拉美国家会像委内瑞拉一样深切感受到：石油收入既是上帝的庇佑，又像是魔鬼的诅咒。

政治“局外人”查韦斯在1998年历史性地赢得总统选举，成为委内瑞拉发展进程中转折性的事件。他的选举成功应当被视为大众对现状的强烈不满，

---

① Judith Ewell, *Venezuela: A Century of Change*, Stanford: Stanford University Press, 1984, p. 13.

而不应被简单地归因于“民粹主义”。[1] 他在 1999 年至 2013 年连续执政 14 年之久，通过大规模实施玻利瓦尔革命改造国家和建设“21 世纪社会主义”。这场革命带给委内瑞拉剧烈的冲击，引发民意的两极分化和不同政治集团的对抗。但是，它究竟在多大程度上改变了这个国家？其影响依然有待观察。

对委内瑞拉而言，摆脱石油依赖、改变国家发展轨迹的前进之路注定是艰辛曲折的。一方面，时至今日，石油不再是一种“非理性的身份象征”，也不再被委内瑞拉视为国家实现发展和走向现代化的工具。[2] 另一方面，委内瑞拉经济和社会仍然高度依赖石油收入，国家能力的欠缺制约了其迈向生产型经济的转型。这种状况意味着委内瑞拉的一个发展时期告一段落，但新的前景尚不清晰。委内瑞拉还需要经历一轮又一轮的探索，才能真正找到摆脱石油、自主发展的新道路。

## 第一节　石油与经济转型之阻

委内瑞拉是最早独立的西属美洲殖民地之一。独立之后，该国依赖农产品（例如咖啡和可可）出口维持经济运转。少数农场能够形成较大的产出，而大多数农业生产者仍然处于自给自足状态。至 20 世纪初，该国是人口密度最低的拉美国家之一，绝大多数人口生活在农村，大多数地区处于孤立分离状态。就族群结构而言，统治者是一群人数很少、掌握大量财富的白人，被统治者则是在贫困中挣扎的较深肤色人群。

石油的大规模商业开发成为委内瑞拉发展进程的一道分水岭。凭借巨大的石油储量和优越的开采条件，委内瑞拉在 20 世纪初崛起为世界主要石油生产国和出口国。在石油开发的推动下，委内瑞拉形成长时间、结构性的经济社会转型，也就是所谓的“石油化”。石油比其他任何因素更深刻地改变

---

① Julia Buxton, “Venezuela's Contemporary Political Crisis in Historical Context”, *Bulletin of Latin American Research*, Vol. 24, No. 3, 2005, pp. 328-347.

② Miguel Tinker Salas, *The Enduring Legacy: Oil, Culture, and Society in Venezuela*, Durham: Duke University Press, 2009, p. 245.

了委内瑞拉的政治、经济、社会和国民心理。

在经济领域，委内瑞拉从农业经济体转变为矿业经济体。在第一次世界大战期间，委内瑞拉跻身世界主要石油出口国行列。石油成为它的主要出口产品，石油收入成为最重要的出口收入和财政收入来源。石油财富带给委内瑞拉前所未有的繁荣。在石油获得大规模商业开发之前，委内瑞拉是最贫困、最缺少经济活力的拉美国家之一；随着石油开发的到来，委内瑞拉经济实现快速而持续的增长。1970 年，它一跃成为最富有的拉美国家，其人均国内生产总值超过西班牙、希腊和以色列。

在政治领域，委内瑞拉一度成为拉美乃至第三世界的“民主橱窗”。在 1958 年之前，它是民主化水平最低的拉美国家之一；在 1958 年恢复民主体制之后，它的体制建设成就受到普遍称赞。20 世纪 60 年代和 70 年代，军事政变浪潮席卷南美洲，委内瑞拉却继续保持民主体制的稳定运转。同时，左派游击战很快受到抑制，没有波及委内瑞拉大多数国民的生活。

石油国有化在 1976 年实现，委内瑞拉的乐观主义情绪随之达到前所未有的程度。在 20 世纪 70 年代，委内瑞拉坐享高额石油收入，失业率处于低位；产业投资预示着经济结构走向多元化。许多人相信，委内瑞拉正在缩小与发达国家的发展差距。

1958 年以来的 30 多年间，“委内瑞拉例外论”流行一时。巨额的石油财富、不断提高的生活水平、民主政治的建立、强有力的政党、持续的政治稳定、受到控制的军队，这些现象都在强化以下看法：委内瑞拉已经解决许多困扰其他拉美国家的问题或是避免出现此类问题。在研究者看来，委内瑞拉是一个实现渐进发展的教科书式案例，发展中国家走向民主的唯一道路可能就是效仿委内瑞拉。①

那么，委内瑞拉真的是一个“例外”吗？许多情况表明，石油财富至少在经济领域没有给这个国家带来实质意义的改变。

---

① Peter H. Merkl, “Democratic Development, Breakdowns, and Fascism”, *World Politics*, Vol. 34, Issue 1, October 1981, pp. 114-135.

石油财富没有拓宽委内瑞拉的经济基础。从高度依赖可可，到高度依赖咖啡，再到高度依赖石油，委内瑞拉始终没有摆脱单一经济的基本格局。作为一个石油资源富集国，委内瑞拉不可避免地走上食利发展道路。食利国家面临的主要问题是主要收入的外部性。20 世纪 30 年代，石油出口额已经占委内瑞拉出口额的 80%；1933 年至 1985 年，这一比重超过 90%；在 1976 年石油国有化之后，这一比重一度达到 95%。[①] 这种外部性使委内瑞拉暴露在世界市场石油价格波动带来的冲击之下。20 世纪 70 年代以来，油价先是在 1973 年至 1976 年暴涨，后在 1977 年至 1978 年大跌，在 1979 年至 1981 年再度暴涨，又在 1982 年至 1983 年大跌，接下来在 1986 年出现暴跌。[②] 委内瑞拉经济随之经历频繁而剧烈的震荡。

石油财富也没有改变委内瑞拉在世界经济中的地位。它仍然处于世界经济的外围，只是从农产品提供者转变为能源产品提供者。在石油的带动下，它以一种不均衡的方式融入全球地缘政治和全球资本主义市场，不断承受国际市场波动带来的冲击，经济大起大落成为常态。独立以来，它的经济始终高度依赖外国资本和技术，石油开发同样是在外国资金和技术的推动下进行的。外国石油公司进入该国之后，通过塑造国际石油市场和有利于己的国内市场条件，影响该国政治领导人，改变该国的产权法，实际上限制了它的国家主权。[③] 除委内瑞拉外，没有任何一个国家在如此短的时间内向资本主义世界提供过如此多的产品；外国石油公司从委内瑞拉这只巨大“奶牛”身上榨取的利润如此之高，只有过去的奴隶贩子和海盗可以与其“媲美”。[④]

---

① María del Mar Rubio-Varas, “Oil Illusion and Delusion: Mexico and Venezuela over the Twentieth Century”, in Marc Badia-Miró, Vicente Pinilla and Henry Willebald (eds.), *Natural Resources and Economic Growth: Learning from History*, London: Routledge, 2015, p. 162.

② Michael Coppedge, “Explaining Democratic Deterioration in Venezuela through Nested Inference”, in Frances Hagopian and Scott P. Mainwaring (eds.), *The Third Wave of Democratization in Latin America: Advances and Setbacks*, Cambridge: Cambridge University Press, 2005, p. 310.

③ Terry Lynn Karl, *The Paradox of Plenty: Oil Booms and Petro States*, Berkeley: The University of California Press, 1997, p. 89.

④ 〔乌拉圭〕爱德华多·加莱亚诺：《拉丁美洲被切开的血管》，王玫等译，人民文学出版社，2001，第 185 页。

石油财富导致委内瑞拉形成这样的利益分化：一部分人是石油财富的受益者，另一部分人则被剥夺了分享石油财富的权利。换言之，石油财富最终带来“两个委内瑞拉”：一个是有着现代化程度很高的石油经济的“委内瑞拉”，另一个则是迟迟无法解决大多数人面对的贫困和不平等问题的“委内瑞拉”。[①] 20 世纪 60 年代以来，委内瑞拉的人口数量出现显著增长。对于下层民众而言，石油经济能够使大部分人进入中间阶层的说法已经失去公信力。相反，在这个国家普遍流行的看法是：石油只是使一个人数很少、与委内瑞拉石油公司或其下属企业有直接联系的特权集团获得了财富。[②] 在这个国家，集团利益、政治利益都与对石油业的控制权紧密关联。这样一幅图景使我们能够理解查韦斯执政为何强调对石油业的控制权，以及由此所带来的委内瑞拉社会大重组。[③]

石油财富助长了委内瑞拉在西班牙殖民统治时期即已形成的食利文化。这种文化把发展视同消费，把现代化视为一种个人经验而非社会事业。[④] 20 世纪 50 年代以来，随着石油收入源源不断地流入，许多委内瑞拉人愿意相信：国家能够依靠石油美元进口产品，进而成为一个现代消费者，却无须成为一个现代生产者或形成相应的现代生产文化。[⑤] 巨额石油收入逐渐催生一种“应得权益文化”。在民众看来，石油是国家财富，国家是富有的，所有委内瑞拉人生来就应当享有石油创造的收益。

“丰饶悖论”（paradox of plenty）一直是有关委内瑞拉政治经济的主导性议题。历史经验表明，某种形式的自然资源禀赋和成功的国家建构之间存

① Miguel Tinker Salas, *Venezuela: What Everyone Needs to Know*, New York: Oxford University Press, 2015, p. 89.

② Miguel Tinker Salas, *The Enduring Legacy: Oil, Culture, and Society in Venezuela*, Durham: Duke University Press, 2009, p. 247.

③ Iselin Åsedotter Strønen, *Grassroots Politics and Oil Culture in Venezuela: The Revolutionary Petro-State*, Cham: Palgrave Macmillan, 2017, p. 48.

④ Luis Ugalde, "Productive Values and Poverty in Venezuela", in Lawrence E. Harrison and Jerome Kagan (eds.), *Developing Cultures: Case Studies*, New York: Routledge, 2006, p. 320.

⑤ Luis Ugalde, "Productive Values and Poverty in Venezuela", in Lawrence E. Harrison and Jerome Kagan (eds.), *Developing Cultures: Case Studies*, New York: Routledge, 2006, p. 312.

在一种反向关系，也就是产生所谓的“丰饶悖论”。它的含义是：新发现的自然资源往往被视为一国新的财富来源；然而，该国围绕这一自然资源进行的经济重组却导致宏观经济扭曲、欠发达和社会不平等的扩大；如此一来，石油财富沦为一个抑制生产、增长和就业的“诅咒”。① 在委内瑞拉进入石油时代之后，人数很少的精英集团和外国石油企业大赚特赚，但是石油财富并未充分造福大众，也没有带来整体的产业发展。石油带给这个国家的出口收入远远多于之前那些出口产品。但是，对石油的依赖意味着委内瑞拉不得不面对食利国家的固有主要问题（也就是收入的外源性），其经济受到国际市场价格波动的剧烈影响。

委内瑞拉在 20 世纪 80 年代和 90 年代一再出现的剧烈经济波动表明，以石油为基础的经济增长模式已经失效，石油价格上涨仅仅可以缓解压力而非解决问题，与石油财富相联系的政治-社会模式不再可持续。具体而言，该国发展模式具有以下三个致命弱点：第一，试图以石油“购买发展”，既不强调节俭和储蓄，又不强调奉献；第二，试图在短期内实现发展目标，不分主次、不分轻重缓急地同时解决问题，忽视了自身作为发展中国家进行改革和建设的艰巨性、复杂性和长期性；第三，试图让国家包揽一切，依靠国家满足居民的一切需求。②

石油枯竭的可能性始终存在，但不会在短时间内成为事实，食利者幻想的“后石油时代的委内瑞拉”尚不会到来。③ 新储量的发现、新技术的应用、生产效率的提高（甚至价格的走高）能够补充既有石油储量的消耗，甚至使储量增加的速度超过消耗量增加的速度。④ 截至 2020 年底，委内瑞

① Anaïs Özyavuz and Dorothée Schmid, “Persistence and Evolutions of the Rentier State Model in Gulf Countries”, April 2015, https://docs.google.com/viewer?url=https%3A%2F%2Fwww.ifri.org%2Fsites%2Fdefault%2Ffiles%2Fatoms%2Ffiles%2Frentier-state-final.pdf&pdf=true.

② 石瑞元：《委内瑞拉经济落伍的原因及教训》，《拉丁美洲研究》1996 年第 6 期。

③ Bernard Mommer, “Integrating the Oil: A Structural Analysis of Petroleum in the Venezuelan Economy”, *Latin American Perspectives*, Vol. 23, No. 3, 1996, pp. 132-158.

④ Bernard Mommer, “Integrating the Oil: A Structural Analysis of Petroleum in the Venezuelan Economy”, *Latin American Perspectives*, Vol. 23, No. 3, 1996, pp. 132-158.

拉的探明石油储量达到 3036 亿桶，是全球石油探明储量最多的国家；[①] 而在 1980 年，它的探明储量仅为 195 亿桶。[②] 技术进步使人类可以开采以往无法开采或不具备开采价值的石油（例如近海石油、超重油和页岩油）。委内瑞拉当前拥有的很大一部分石油储量是奥里诺科石油带的超重油。在查韦斯执政时期，该国开始大规模开发超重油，从而使石油生产具备巨大的上升潜力。高油价迫使石油进口国提高石油利用效率，或开发替代能源。1974 年以来，创造 1000 美元国内生产总值所需石油量下降 30%。[③] 事实上，随着各国经济结构的调整和替代能源的涌现，石油在世界经济中的作用不断下降。因此，影响该国石油政策的因素应当是世界能源业的生产效率、世界能源消费状况和世界经济增长状况，而非食利者幻想的“后石油时代”。委内瑞拉需要超越“播种石油”，在经济上、政治上和社会上实现“整合石油”，创建一种可以自我维持、最终摆脱石油的发展模式。[④]

在经历石油带来的兴衰之后，委内瑞拉人看待石油的心情变得越来越复杂。乌斯拉尔·彼得里之所以在 20 世纪 30 年代提出“播种石油”，是因为石油经济是以牺牲未来为代价满足眼前的需求；委内瑞拉需要把石油收入引入非石油领域，尤其是用于工业生产，以避免“石油寄生性”。然而，“播种石油”的成效并不理想。20 世纪 90 年代，他为委内瑞拉的“石油寄生性”深感担忧，因为该国在 1976 年至 1995 年产生的数十亿石油美元财富在很大程度上被浪费。[⑤]

胡安·巴勃罗·佩雷斯·阿方索曾任委内瑞拉石油能源部部长，亲自参

① OPEC，“OPEC Annual Statistical Bulletin 2021”，2021，https：//www. opec. org/opec_ web/static_ files_ project/media/downloads/publications/OPEC_ ASB_ 2021. pdf.

② OPEC，“OPEC Annual Statistical Bulletin 1999”，1999，https：//www. opec. org/opec_ web/static_ files_ project/media/downloads/publications/ASB1999. pdf.

③ Osmel Manzano，“Venezuela after a Century of Oil Exploitation”，in Ricardo Hausmann and Francisco Rodríguez（eds.），*Venezuela before Chávez：Anatomy of an Economic Collapse*，University Park：Pennsylvania State University Press，2014，p. 67.

④ Bernard Mommer，“Integrating the Oil：A Structural Analysis of Petroleum in the Venezuelan Economy”，*Latin American Perspectives*，Vol. 23，No. 3，1996，pp. 132-158.

⑤ Arturo Uslar Pietri，“El paratismo petrolero”，*El Nacional*，August 3，1997，§A，4.

与创建欧佩克，最深切感受到石油带给委内瑞拉的利弊。他曾忧心忡忡地指出，委内瑞拉无可遏制地陷入这种“魔鬼的排泄物”之中。[①] 委内瑞拉在20 世纪 70 年代迎来发展进程的巅峰时刻，他却对“石油美元”涌入该国深感担忧，担心国人因此丧失努力工作的精神品质。[②] 他对万众期盼的石油国有化持反对态度。在他看来，在国有化之后，“石油是我们的，而其他东西都需要进口”。[③] 他断言：石油产量的极端下降将有利于这个国家。“我们在这种状况出现时被迫做出的调整将为独立的经济发展和进步奠定更坚实的基础，将推动我们形成不同的心理状态，使我们不再沉迷于轻易得来的石油收入所创造的危险虚幻之中。”[④]

20 世纪 80 年代末，乌斯拉尔·彼得里呼应胡安·巴勃罗·佩雷斯·阿方索的看法，发出这样的感叹：作为一种能源，石油还不会枯竭，将在未来30 年间、40 年间或 50 年间发挥作用，但它的作用在不断下降，它的市场地位在不断下降；委内瑞拉人必须从不知命运终点何在的漫长迷梦中醒来，去工作，去生产，去依照一条成功民族曾走过的艰难道路前行。[⑤]

相较于其他类型的矿业国家，石油出口国（例如委内瑞拉）在改变国家发展轨迹时面对更大的困难。石油国家获得的租金收入极为丰厚，这些国家的政府能够在不增加投资的情况下从本国的资源中攫取非同寻常的高收入。石油收入先是成为公共资金，然后流向个人或组织。对这类国家而言，外国企业、食利资本家、依靠国家权力而生的政治精英和有组织的劳工受益

① 参见 Juan Pablo Pérez Alfonzo, *Hundiéndonos en el Excremento del Diablo*, Caracas: Fundación Editorial el perro y la rana, 2010.

② “Juan Pérez Alfonso, Venezuelan, Regarded as Founder of OPEC”, *The New York Times*, September 4, 1979, https://www.nytimes.com/1979/09/04/archives/juan-perez-alfonso-venezuelan-regarded-as-founder-of-opec-left.html.

③ Juan Pablo Pérez Alfonzo, *Hundiéndonos en el Excremento del Diablo*, Caracas: Fundación Editorial El perro y la rana, 2010, p. 42.

④ Juan Pablo Pérez Alfonzo, *Hundiéndonos en el Excremento del Diablo*, Caracas: Fundación Editorial El perro y la rana, 2010, p. 73.

⑤ Arturo Uslar Pietri, “¿En que medida se ha cumplido el vaticinio de Uslar Pietri (Ahora, 1936) sobre el parasitismo rentista en la Venezuela petrolera?” 1989, http://ance.msinfo.info/bases/biblo/texto/BA/BA.03.08.pdf.

于现状。他们为改变石油财富的分配状况而你争我夺，却都主张维持依靠石油财富度日的现状。在关键节点的政治斗争都是针对租金的内部分配，而不是讨论如何控制这些租金对本国经济的影响，不是讨论形成适当的替代模式。对石油出口国而言，既有发展轨迹的永久化成为最合理、最容易做出的选择。[①] 石油带来的高租金收入还有助于石油出口国获得国际借贷（也就是使这些国家寅吃卯粮）。这种状况使石油国家可以在宏观经济出现问题时，比其他发展中国家更长时间地规避迫切需要的结构性改革。就这种意义而言，“石油美元”被“套牢”，强化了以往以石油为基础的发展道路选择，导致制度的固化和极高的改革“门槛”。换言之，在其他国家足以改变发展轨迹的重大事件却无法在石油出口国产生同样的作用。对委内瑞拉这个石油出口国而言，迈向一种非食利的、生产型经济的转型任务将是在拉美各国中最艰难的。[②]

## 第二节　发展转型与“弱国家”之困

如前文所述，拉美国家的创造更多表现为国家形成而非国家建构。不同于西欧的战争催化型国家形成，拉美的国家形成主要是贸易催化型国家形成。国际贸易机遇是国家缔造者主要考虑的问题。他们的主要目标是创造较为有利的商业环境，以便扩大国际贸易，而贸易带来的关税是政府财政收入的主要来源。就军事力量而言，国家缔造者具有相对优势，但不足以在短时间内扫平地方割据势力。在这种背景下，针对大小考迪罗的一个基本共识是维持现状。因此，地方考迪罗被大量保留下来，中央政府难以取得对本国领土的绝对控制权。由此带来的不利影响束缚了拉美国家在20世纪的发展。当那些有抱负的政治人士尝试推动国家建构时，却发现国家形成时期所留下

---

① Terry Lynn Karl, *The Paradox of Plenty: Oil Booms and Petro States*, Berkeley: The University of California Press, 1997, p. 225.

② Terry Lynn Karl, *The Paradox of Plenty: Oil Booms and Petro States*, Berkeley: The University of California Press, 1997, p. 235.

的历史遗产对他们的行动产生极大的制约。[①]

委内瑞拉在 19 世纪的发展历程同样体现以上特点，也就是较为成功的国家形成和明显滞后的国家建构进程。它的国家形成在很大程度上归功于中央政府与众多地方考迪罗之间的妥协，以及对以咖啡为主的国际出口贸易利益的追求。独立以来，它保持领土的基本稳定，但一直难以形成一个强有力的中央政府，地方考迪罗保持很大的独立性。如同其他拉美国家，它在独立伊始就确立一套现代政治体制，其内容包括颁布宪法、实行共和制和联邦制、成立国会和举行选举。但是，这套政治体制与当地的社会基础不相匹配，也就难以带来稳定的政治秩序。中央政府的行政管理十分混乱，其政令无法在全国通行，民众对本地的认同往往高于对国家的认同。中央政府和地方实力派之间的权力争夺屡屡引发剧烈的甚至是长时间的内战。

委内瑞拉在 20 世纪初从一个负债累累的农业国转变为一个富有的石油出口国，国家的整体发展状况随之得到显著提升。对于委内瑞拉以及其他发展中世界的石油出口国来说，资源禀赋和制度选择之间形成密切的互动关系。一般而言，对某种大宗商品出口的依赖不仅塑造了社会阶层和政权类型，还塑造了国家的政治制度、决策架构和决策者的决策规划；这些制度性的改变塑造了国家的收入基础，特别是税收结构；国家如何收税和如何支出税收深刻影响了政治生活和经济生活的组织形式，推动形成国家的公共政策偏好。上述这些状况影响了资源分配的长期效率，也影响了国家的发展轨迹。[②]

随着石油开发的到来，委内瑞拉的国家建构得到极大推动。收入来源的极高外部性意味着石油国家的政府需要和国际行为体（外国石油公司）进行高强度的博弈。一方面，为了与其打交道，石油国家往往形成一个强大的中央政府；另一方面，外国石油公司也希望与这样一个政府打交道，以便保障自己在当地的利益。戈麦斯政府通过向外国石油公司授予石油开发特许经

① Sebastián Mazzuca, *Latecomer State Formation: Political Geography and Capacity Failure in Latin America*, New Haven: Yale University Press, 2021, p. 401.

② Terry Lynn Karl, *The Paradox of Plenty: Oil Booms and Petro States*, Berkeley: The University of California Press, 1997, p. 7.

营权获取丰厚的财政收入，从而能够创建和维持一支强大的国家军队，推进官僚体制的发展，修建全国性的交通和通信网络。石油收入成为一股强大力量，使中央政府的权力能够渗透到地方事务之中，抑制地方精英的作用。戈麦斯借机巩固自己的执政地位，成为委内瑞拉独立以来，也是迄今为止唯一的终身独裁者。但是，不断加剧的资源依赖导致委内瑞拉关键领域（非矿业收入、支出模式、财政负责任性和公民参与）的退化。就最好的情况而言，矿业依赖最初有利于某种形式的国家建构；就长期而言，它有损国家的效率、代表能力和可持续性。[①] 例如，石油国家能够在与国际石油业打交道、汲取石油收入相关的领域构建一套很有效的官僚机器（能源部和国有的石油企业），却未能形成同样有效的对内行政部门（用于汲取财税资源、管理税收体系和分配财税资金）。[②]

石油财富极大地推动委内瑞拉的城市化进程，使社会阶层结构发生重大变动。一方面，在石油开发浪潮的吸引下，大量农村劳动力前往石油营地或城市寻找工作机遇。石油收入的到来使本币的币值出现高估，质优价廉的进口食品涌入该国，农产品的生产和出口受到严重损害。由于农村劳动力不足和农业衰败，土地所有者把土地出让给石油公司或其他企业，前往城市定居，从而导致土地精英集团的解体。这种状况使委内瑞拉难以形成一个强大的右派集团。另一方面，城市化的快速推进促进人口的融合，弱化了基于地域的传统身份认同。工人和中间阶层（来自服务业、教育、政府部门）日益崛起，带来新的政治诉求。城市人口成为大众型政党进行政治动员的天然对象，为这些政党的崛起奠定了社会基础。

石油财富助推委内瑞拉实现从威权体制到民主体制的成功转型。建立于1958年的蓬托菲霍体制的经济合法性来源于对石油财富的分配。国家在石

---

① Terry Lynn Karl，“The Political Challenge of Escaping the Resource Curse：The Case for a Transparent Fiscal Social Contract”，2007，https：//inequality. stanford. edu/sites/default/files/media/_ media/working_ papers/karl_ terry_ wp_ 20070330a. pdf.

② Terry Lynn Karl，“The Political Challenge of Escaping the Resource Curse：The Case for a Transparent Fiscal Social Contract”，2007，https：//inequality. stanford. edu/sites/default/files/media/_ media/working_ papers/karl_ terry_ wp_ 20070330a. pdf.

油财富分配中发挥主导作用。石油财富使国家有能力在实施慷慨再分配政策的同时保持经济增长。蓬托菲霍体制也是一种以石油收入为基础的和解体系，所有阶层的成员能够不同程度地从中受益。1958 年以来，民选政府把很大一部分石油收入用于构建恩庇网络，实施改善下层民众生活的社会项目，以缓和社会冲突和换取下层民众的选票。

石油财富给委内瑞拉注入强烈的国家干预动能，使该国形成一个高度中央集权的政府。一般而言，“后发”加剧国家的干预倾向，而石油国家有着更为强烈的国家干预冲动。开发石油需要巨额的资本和复杂的组织管理，政府负责制定相关政策；政府而非私营部门是积累的中心，负责征收、管理和分配石油收入；新发现的石油储量或石油价格的攀升都在增强政府的作用。因此，权力向政府集中成为自然而然的结果。在第二次世界大战即将结束时，委内瑞拉各界就扩大政府职能形成比较广泛的共识，国家主义的发展理念逐渐确立。委内瑞拉逐渐形成一个前所未有的、高度集权的中央政府。

在委内瑞拉，政府的基本作用是汲取、管理和分配石油收入。在这一过程中出现的三大问题是：第一，政府的职能增加了，但政府管理机制的能力没有得到相应的增强，尤其是为其民众找到替代性的收入来源的能力；第二，委内瑞拉也没有认真讨论把公共资源用于私营部门的标准；第三，没有讨论如何利用石油补贴提高其他生产部门的生产率，最终实现可持续的发展。[①] 由于政府是就业、消费、生产和信贷的主要来源，政府的作用和规模不断增大。到 20 世纪 80 年代，委内瑞拉政府负责近 70%的资本积累，雇用约 1/4 的劳动人口。[②] 石油收入往往遵循政治方式进行分配，用于为利益集团和政府支持者提供各种回报和好处。1974 年以来，委内瑞拉国内生产总值的 65%~75%往往用于公共消费和私人消费，也就是指向支持执政者的关

① Terry Lynn Karl, *The Paradox of Plenty: Oil Booms and Petro States*, Berkeley: The University of California Press, 1997, p. 85.

② Nikolaus Werz, “State, Oil and Capital Accumulation in Venezuela”, in Christian Anglade and Carlos Fortin (eds.), *The State and Capital Accumulation in Latin America: Volume 2: Argentina, Bolivia, Colombia, Ecuador, Peru, Uruguay, Venezuela*, Houndmills: Macmillan Publishers Ltd, 1990, p. 182.

键性选民群体。[①] 换言之，很大一部分石油收入没有用于提升经济生产能力，而是服务于党派政治。与此同时，石油收入掩盖了那些经济上不太行得通的政策决策的负面效果，使其看起来可以接受。[②]

20 世纪 60 年代中期以来，委内瑞拉非石油经济的全要素生产率和劳动力生产率的增长速度都出现显著的下降。在 1960~1982 年 20 多年间，该国制造业生产率增长速度只有拉美平均水平的一半多一点。政府越来越依赖扩大政府支出保持经济增长，随之而来的却是公共债务负担的加剧。第一届佩雷斯政府（1974~1979 年）获得巨额的石油收入，却仍然需要举债弥补资金不足。政府希望“播种石油”，实施进口替代工业化。此举只是带来一种依附式的工业化，该国制造业在很大程度上依赖于外国资本、设备和技术。[③] 换言之，石油收入被“播种”，但“种子”没有得到审慎地播撒。

在石油收入源源不断流入之时，委内瑞拉没有认真开拓其他收入来源。在石油国家，石油的生产和出口带来一种轻易获取的收入。这些国家只对外国石油公司征税，而无须从出口部门之外的经济领域征税（尽管这样有助于形成广泛的财政汲取能力），因此可以避免在国内采取那些易于引发不满情绪的政治决定。既然石油税收能够取代其他形式的国内税收，政府也就无意进一步向其他经济社会领域渗透，无意形成更多样化的收入结构，因而错失一个构建强大行政管理架构的机会。[④] 委内瑞拉的情况同样如此。尽管石油收入不断增长，但该国仍然是一个有着显著内在脆弱性的国家，对内汲取税收的能力十分有限。[⑤]

---

① Terry Lynn Karl, “The Perils of the Petro-State: Reflections on the Paradox of Plenty”, *Journal of International Affairs*, Vol. 53, No. 1, Fall 1999, pp. 31-48.

② Moisés Naím, *Paper Tigers and Minotaurs: The Politics of Venezuela's Economic Reforms*, Washington, D. C.: The Carnegie Endowment for International Peace, 1993, p. 23.

③ Benjamin Keen and Keith Haynes, *A History of Latin America* (8th Edition), Boston: Houghton Mifflin Harcourt Publishing Company, 2009, pp. 489-490.

④ Terry Lynn Karl, *The Paradox of Plenty: Oil Booms and Petro States*, Berkeley: The University of California Press, 1997, p. 91.

⑤ María Antonia Moreno and Francisco Rodríguez, “Plenty of Room? Fiscal Space in a Resource Abundant Economy”, 2005, https://www.undp.org/content/dam/aplaws/publication/en/publications/poverty-reduction/poverty-website/plenty-of-room-fiscal-space-in-a-resource-abundant-economy/PlentyofRoom.pdf.

委内瑞拉的快速发展使民众的生活状况得到一定改善，但并未从根本上改变收入分配不公的局面。时至20世纪70年代末，该国1/3人口赚取的工资仍然低于最低工资水平。委内瑞拉人在名义上全体享有免费医疗、教育等社会保障，但是，真正的受益者通常来自两大传统政党、军队、正规部门就业人员和两党控制的工会。相当多的人口，尤其是农村人口没有被纳入社会保障体系。至20世纪80年代，委内瑞拉在社会发展方面的许多表现甚至不如那些收入水平低于它的国家。在医疗领域，它的人均公共支出是智利、牙买加和巴拿马人均支出的3倍多（1985年），但它的婴儿死亡率（1988年）较牙买加高出2倍，较智利高出0.8倍，较巴拿马高出0.3倍。[①] 此外，它的学生入学率、人口识字率以及其他表明初等和中等教育水平的指标都在拉美国家中位居末流。

腐败问题伴随分配型政治而出现，并随着石油繁荣的到来而逐渐恶化。1958年以来，贝当古、莱昂尼和卡尔德拉三届政府推动官僚的专业化，强调负责任性，使腐败得到一定的遏制。但是，这些成就是短期的。政府在不停地分配资源，监督管理机制却在退化。两大政党需要为本党成员和支持者提供职位，往往利用执政地位控制人事录用和晋升权力，而录用或晋升的标准越来越考虑政治回报而非职业技能。20世纪70年代，石油收入暴涨使两大政党愈加依赖国家资源满足其追随者的欲求，最终导致腐败问题在80年代泛滥成灾。

蓬托菲霍体制的稳定性与石油收入高度挂钩。丰厚的石油收入使民选政府不必经过艰难抉择即可满足各个社会群体的需求，能够在实施再分配政策的同时保持经济增长。1958年以来，蓬托菲霍体制能够稳定运转的奥秘正是如此。该体制实际上是各派政治力量利益调和的产物，力图使精英集团能够在维护特权地位的基础上保持政治合作，因而带有浓厚的保守妥协色彩。政治体制的清廉与效能被放在次要位置，长期存在的庇护主义、

① Moisés Naím, *Paper Tigers and Minotaurs: The Politics of Venezuela's Economic Reforms*, Washington, D.C.: The Carnegie Endowment for International Peace, 1993, pp. 42-43.

家长式专制、裙带关系、贪污腐败等旧政治的弊端被大量保留下来。以两大政党为代表的政治精英没有在执政过程中致力于清除这些弊端，而是把政治和解精神逐渐扭曲为他们分享和操纵权力的工具。他们只要取得执政权，就能够掌握至关重要的石油收入，也就获得与其他政治行为体、社会行为体进行讨价还价的权力，可以依靠国家资源构建一个笼络人心的庇护关系网。

一旦石油收入下降，委内瑞拉政府就会丧失其财富再分配的主要收入来源，政治稳定便受到威胁。在 1983 年 2 月出现的“黑色星期五”意味着该国经济开始陷入困境，以石油为基础的增长模式失效。此后，该国开始爆发大规模社会抗议活动，未遂军事政变多次上演，传统政党格局走向解体。批评者指出，该国政府的经济决策极为简单化和缺乏先见之明；在国内外环境出现变化之时，相关决策的调整过程极为迟缓，财政金融政策、贸易政策和产业政策没有形成相互之间的有效协调。① 例如，埃雷拉政府在 1983 年 2 月推出一项重大改革措施——汇率改革，却没有出台其他配套改革政策。银行利率依然远远低于通胀水平，公共支出继续处于扭曲状态，国有企业的管理不善依然如故。两伊战争爆发导致油价上涨，委内瑞拉的石油出口收入增加，卢辛奇政府得以规避进行全面改革，把问题甩给继任者处理。

简而言之，石油国家是“虚弱的巨人”。一方面，它们有着强烈的国家干预冲动；另一方面，它们的国家能力落后于许多国家。对于石油收入的严重依赖导致石油国家承担广泛的干预功能和软弱的权力体制之间出现一个“不幸的”差距，不利于国家根据情况的变化做出政策调整。石油收入能够帮助石油国家遮盖体制的脆弱性，使执政者不断以扩大财政支出维系政治秩序。但是，国家无力真正使其管控渗入社会的各个角落（以便改变行为体的行为），也就无法制定和实施具有综合性和前瞻性的政策。当危机到来

---

① Moisés Naím, *Paper Tigers and Minotaurs: The Politics of Venezuela's Economic Reforms*, Washington, D. C.: The Carnegie Endowment for International Peace, 1993, p. 24.

时，石油国家的政治领导人往往选择回避，而非直接面对和解决棘手的政治经济问题。挪威之所以能够有不同于其他石油生产国的表现，是因为它的发展起点不一样，在石油开发到来之际它已经具有很高的国家发展水平，已经形成较为完备的官僚体制和民主体制，因而能够良好地管控石油收入、推动经济的多元化和保障石油收入以外的税收基础。[①]

20 世纪 80 年代至 90 年代，历届委内瑞拉政府未能就如何应对经济危机形成具有连贯性的政策，也未能真正扭转形势。在经济危机爆发之后，它们在压力之下推出规模或大或小的改革方案，改革措施通常包括经济紧缩和削减支出。此类改革方案包括：非正统的经济稳定措施（1985~1988），"休克疗法"（1989~1992），推进贸易自由化（1990~1993），依靠价格管制实现宏观经济稳定（1994~1996），经济的渐进调整（1996~1998）。[②] 这些改革往往在紧缩-放松-崩溃的周期中徘徊：在经济紧缩措施取得最初的收效之后，经济改革就丧失前进势头，其实施力度变弱，甚至被过早地废弃（也就是进入"放松阶段"），直到另一场经济危机爆发（进入"崩溃阶段"）。[③] 这种状况意味着，一场改革能够付诸实施，却无法获得充分执行，最终在政府的犹豫不决中丧失前进动力；所谓的改革不但没有解决经济停滞问题，反而使民众对政府愈加失望。

对委内瑞拉而言，任何一场寻求摆脱石油的实质性改革意味着利益分配格局的重大调整，势必在政治上和经济上付出高昂的代价；即使被迫启动此类改革，执政者也担心流失选票而无意将其深化。因此，该国出现这样一种状况：既没有规避新自由主义改革，也没有坚决推进此类改革，委内瑞拉最

① Terry Lynn Karl, "The Political Challenge of Escaping the Resource Curse: The Case for a Transparent Fiscal Social Contract", 2007, https://inequality.stanford.edu/sites/default/files/media/_media/working_papers/karl_terry_wp_20070330a.pdf.

② Javier Corrales, "Venezuela in the 1980s, the 1990s and beyond: Why Citizen-Detached Parties Imperil Economic Governance", 1999, https://revista.drclas.harvard.edu/book/venezuela-1980s-1990s-and-beyond.

③ Javier Corrales, "Venezuela in the 1980s, the 1990s and beyond: Why Citizen-Detached Parties Imperil Economic Governance", 1999, https://revista.drclas.harvard.edu/book/venezuela-1980s-1990s-and-beyond.

终成为一个“改革滞后”的国家。[①] 20 世纪 80 年代末，该国经济形势严重恶化，政府收入急剧下降。由于大选即将在 1988 年 12 月举行，卢辛奇政府反而扩大政府支出、信贷和外汇供应，以便拉高经济增长率，从而为该党候选人造势。待到新政府在 1989 年初宣布国家外汇储备近乎枯竭时，委内瑞拉人感到无比震惊。此时，他们才知道 1988 年的政府财政赤字相当于国内生产总值的 9%；经常账户赤字是该国有史以来的最大值；从利率到鸡蛋，从药品到公交车票，所有的价格都被人为压低，且无法再延续下去。[②]

第二届佩雷斯政府在 20 世纪 80 年代末实施一场非常失败的改革，折射了蓬托菲霍体制在应对危机、推动改革方面的无能。委内瑞拉在 80 年代陷入长期的经济停滞，但其不利影响是逐渐释放的。该国没有出现恶性通胀（例如阿根廷和秘鲁），也没有出现游击队的暴力活动（例如秘鲁和哥伦比亚）。许多人仍然认为自己的国家是一个富裕的国家。这就意味着，一场新自由主义性质的经济改革缺少民意基础，这样一场改革势必招致国会、反对党、工会等各方势力的反对。在此情况下，佩雷斯政府先是秘密筹划改革方案、进行人事布局，然后突然发起改革，迅速铺开摊子，幻想摆脱外部掣肘，毕其功于一役，通过“6 个月的休克”创造一个“新的委内瑞拉”。[③] 这种单方面发起重大改革的做法严重破坏了精英集团的传统共识，激化了执政党内部派系矛盾和朝野矛盾。

佩雷斯政府还严重低估了改革进程的艰巨性。委内瑞拉政府帮助穷人的传统做法是提供一揽子的价格补贴，其中包括限制商品价格、向生产厂商提供生产补贴和压低公共服务的价格。[④] 佩雷斯政府试图通过改革取消这种低

---

① Javier Corrales, “Venezuela in the 1980s, the 1990s and beyond: Why Citizen-Detached Parties Imperil Economic Governance”, 1999, https://revista.drclas.harvard.edu/book/venezuela-1980s-1990s-and-beyond.

② Moisés Naím, *Paper Tigers and Minotaurs: The Politics of Venezuela's Economic Reforms*, Washington, D.C.: The Carnegie Endowment for International Peace, 1993, p. 28.

③ Benjamin Keen and Keith Haynes, *A History of Latin America* (8th Edition), Boston: Houghton Mifflin Harcourt Publishing Company, 2009, p. 491.

④ Moisés Naím, *Paper Tigers and Minotaurs: The Politics of Venezuela's Economic Reforms*, Washington, D.C.: The Carnegie Endowment for International Peace, 1993, p. 53.

效率的做法，代之以直接面向最脆弱群体的帮扶措施。在改革过程中，佩雷斯政府很快取消这些价格补贴，但无法迅速建立替代机制，导致穷人完全暴露在改革带来的剧烈冲击之下。于是，民怨在瞬间沸腾，一场大规模社会抗议活动随即爆发，延续数十年的跨阶级合作彻底崩塌，消失已久的军事政变再度上演。以查韦斯为首的军人集团公开表示，要通过自己的行动“让委内瑞拉民众不再受到政客、蛊惑人心者和官僚的伤害”。[①]

政府行政能力的欠缺是导致这场改革受挫的又一个重要原因。佩雷斯政府之所以通过“休克疗法”实施经济改革，主要是因为国家缺少渐进改革的行政能力。如果想要以渐进方式调整宏观经济，国家机器就需要能够对经济政策进行微调，需要具有行政能力管控不断出现的新情况。但是，委内瑞拉不具备这些前提条件。[②] 例如，政府在改革启动伊始就全面取消了价格管制。这种激进做法并非“休克疗法”的必要条件，而是因为该国实行价格管制的行政体系崩溃了。此前，委内瑞拉一直通过工业部下属的消费者保护署（SUNDDE）管理物价。该机构的人员招聘、晋升和管理往往由执政党掌控，它在各州分支机构的负责人往往挑选本党成员担任物价巡查员。物价巡查员只有微薄的工资，但可以凭借职权获得额外收入，从而过上相当阔绰的生活。因此，这一工作岗位成为执政党回馈其支持者的绝佳礼物，也就导致政府的价格管制难以落到实处。20 世纪 80 年代以来，宏观经济不稳定导致通胀压力放大、价格波动剧烈。由于监管力度薄弱，工业部制定的物价无法落到实处，物价巡查工作已经名存实亡。取消价格管制在很大程度上是对现状的一种承认。

在 20 世纪 90 年代，委内瑞拉国家管理经济能力的危机和崩溃是拉美国家中最严重的。委内瑞拉的经验实际上否定了有关国家能力的两大假设：假设之一，当“增强”国家能力变得不那么重要时，反而有利于抑制国家在

① Stan Yarbro, “Perez Vows to Press Economic Reforms”, February 12, 1992, https://www.csmonitor.com/1992/0212/12041.html.

② Moisés Naím, *Paper Tigers and Minotaurs: The Politics of Venezuela's Economic Reforms*, Washington, D.C.: The Carnegie Endowment for International Peace, 1993, p. 54.

经济生活中的干预作用；假设之二，在大多数发展中国家，市场失灵之下的净收益大于国家干预之下的净收益。委内瑞拉的情况表明，急剧削弱国家的作用导致国家管控能力的崩溃。即便在更加自由化的市场经济环境之中，有效管控市场行为（也就是市场竞争和金融管控）的国家能力也被证明不会引发问题。对于委内瑞拉这样的中等收入国家，国家能力的缺失才是真正的问题。①

委内瑞拉可以被视为典型的“弱国家”（weak states）。事实上，1875年以来的大多数拉美国家都可以被归入此类国家（也就是国家能力低下）；相较于它们在国家意识、政治体制、经济发展模式方面经历的诸多显著变化，“弱国家”成为一种它们始终无法克服的问题。② 导致这种状况的第一个原因是伊比利亚殖民统治时期留下的文化基因（也就是一套不利于国家能力发展的社会价值观），第二个原因是殖民统治时期遗留的制度遗产（西班牙和葡萄牙殖民者建立一套掠夺制度，以便榨取自然资源和剥削原住民），第三个原因则是拉美国家未能在国家建构过程中化解掉许多殖民时期遗留的不利因素。③ 历史上，拉美国家长期存在国家建构赤字，其表现就是它们的政府既缺乏能力，也缺少意愿提供公共产品，低能力成为它们的“天生缺陷”。随着民主化浪潮席卷拉美，独裁政权垮台了，但无能的国家依然如故。④

如果说有效的国家是发展的基础条件，那么，什么因素能够使国家变得更有效？这无疑是委内瑞拉在摆脱石油、实现经济转型、探索自主发展道路过程中迫切需要解答的问题。

---

① Jonathan Di John, “Economic Liberalization, Political Instability, and State Capacity in Venezuela”, *International Political Science Review*, Vol. 26, No. 1, 2005, pp. 107-124.

② Gerardo L. Munck and Juan Pablo Luna, *Latin American Politics and Society: A Comparative and Historical Analysis*, Cambridge: University Printing House, 2022, p. 119.

③ Gerardo L. Munck and Juan Pablo Luna, *Latin American Politics and Society: A Comparative and Historical Analysis*, Cambridge: University Printing House, 2022, pp. 120-121.

④ 参见 Sebastián Mazzuca, *Latecomer State Formation: Political Geography and Capacity Failure in Latin America*, New Haven: Yale University Press, 2021.

## 第三节 玻利瓦尔革命：发展进程新起点？

查韦斯在 1999 年首次就任总统。他在 1999 年至 2013 年取得一连串耀眼的选举胜利，连续担任总统 14 年之久。在他执政期间，委内瑞拉进入“第五共和国时期”，迎来政治、经济、社会和外交领域的一系列重大变化。

查韦斯执政是始于 20 世纪 90 年代末拉美左派执政浪潮的组成部分。这一波浪潮的兴起源于地区民主化进程的深化和拉美左派的“融入”体制选择，而非针对现行政治体制的“另起炉灶”。因此，查韦斯和其他左派领导人都是依靠选举实现执政，在体制框架内谋求变革；既取得显著的成就，也有明显的局限性。他们不可能对现行的政治经济体制实行“推倒和重建”，只能对其进行利用和改造。

查韦斯把自己改造国家的事业称为“玻利瓦尔革命”。这场革命首先是针对蓬托菲霍体制及其危机做出的反应。蓬托菲霍体制主要体现了政党精英而非下层民众的利益。实践表明，它无力在更充分的平等和政治参与方面推动民主化。[①] 20 世纪 80 年代以来，石油收入的大幅下降导致委内瑞拉的石油增长模式失效，也导致蓬托菲霍体制丧失其经济基础。第二届佩雷斯政府为应对困局而单方面发起实施新自由主义改革，延续数十年的精英共识宣告破裂；改革措施严重损害下层民众的利益，激化社会矛盾，引发激烈的抗议活动。随着经济社会形势的恶化，两大政党不断衰落，传统政党格局趋于解体。该国在 1992 年接连爆发两场未遂军事政变，凸显了政局的不稳定性。政坛频频曝出腐败丑闻，佩雷斯总统因涉腐被弹劾和罢免，执政阶层越来越受到鄙弃。改投其他政党的卡尔德拉在 1993 年再度当选总统，打破两大传统政党 1958 年以来对总统职位的垄断。他在竞选期间

① Jennifer L. McCoy, “From Representative to Participatory Democracy? ” in Jennifer L. McCoy and David J. Myers (eds.), *The Unraveling of Representative Democracy in Venezuela*, Baltimore: The Johns Hopkins University Press, 2004, pp. 285-286.

抨击佩雷斯政府的新自由主义改革，却在执政之后实施名为“委内瑞拉议程”的新自由主义经济改革，进一步加剧蓬托菲霍体制的危机。查韦斯正是在此背景下走上政治舞台的中央，谋求构建一个全面替代蓬托菲霍体制的发展模式。

玻利瓦尔革命在演化过程中呈现由相对温和到激进的立场转变。执政之初的查韦斯多次提及英国首相布莱尔，把“第三条道路”（也就是通过国家干预弥补市场的失灵）视为找寻替代发展模式的重要借鉴。他在 1999 年留任卡尔德拉政府的经济部长，以示经济政策的延续性和对投资者的安抚。他还承诺遵守财经纪律，限制最低工资涨幅，表示不会采取任何单方面行动停止偿债。

随着内外环境的变化，查韦斯政府的立场不断激进。引发这一转变的第一个驱动力是如何应对反对派不断发起的抗议活动。随着反对派压力的加剧，查韦斯政府开始越来越积极地响应其核心支持者（以下层民众为主体）的诉求。在它看来，只要得到这样一个人数众多群体的支持，就可以稳固执政地位，而无须效仿蓬托菲霍时期的做法（也就是依靠公共支出把处于对抗立场的社会集团纳入政治体制）。第二个驱动力是如何应对反对派频频发动大罢工和停工歇业带来的挑战。查韦斯政府不得不更大范围地介入经济事务，以便保障生产和社会供应（例如动用军队保障石油生产和向贫民窟居民提供食品）。第三个驱动力是如何应对反对派采取的体制内对抗行动。查韦斯政府在对抗过程中牢牢控制了主要国家机构，借助 2002 年军事政变对军队高层进行“大换血”，借助 2002 年石油大罢工解雇拒绝服从政府的委内瑞拉石油公司员工，借助反对党的抵制行动从而在 2005 年控制新一届国会的绝对多数席位。第四个驱动力是委美关系的恶化。布什政府大力扶持委内瑞拉反对派，对 2002 年军事政变表露支持态度，对委内瑞拉实施多重制裁，都促使查韦斯政府采取直接对抗美国的立场，奉行更加独立自主的外交路线。第五个驱动力则是石油收入的增加。2002 年以来，国际石油价格的上涨以及随之而来的石油收入为查韦斯政府开辟新的执政空间，使它能够为国内的经济社会发展注入资源，并无惧于美国的外交打压（制裁、禁运和停止贷款）。

2005 年，查韦斯明确提出在委内瑞拉建设社会主义，玻利瓦尔革命的目标指向“21 世纪社会主义”。查韦斯领导委内瑞拉启动尼加拉瓜桑地诺革命以来拉美地区最为激进的社会转变。[①] 可以认为，走向“21 世纪社会主义”不是预先计划的事业，而是在斗争之中形成的。[②]

玻利瓦尔革命首先是一场政治革命，谋求改变国家治理模式、打破传统精英对政治权力的垄断。在查韦斯及其支持者看来，1998 年之前的委内瑞拉是不民主的，是腐败低效的政党专制。在蓬托菲霍体制之下，本应由人民掌握和行使的权力被两大传统政党窃取。查韦斯认为自己的历史使命是深化民主而非摧毁民主。[③] 在他看来，重订宪法、打击腐败、颁布新选举法都是在清除旧政治。委内瑞拉实现团结和公正的核心是从一种类型的民主转型为另一种类型的民主，也就是从协议民主体制转向激进民主体制。在激进民主体制之下，政府大力发展参与式民主，为大众开辟自下而上政治参与的各种渠道，创造提升政治回应性和社会包容性的机制，从而构建真正意义上的“人民权力”。

玻利瓦尔革命也是一场社会和经济的革命。查韦斯认为，民主不仅仅是政治平等，还是社会平等、经济平等和文化平等。[④] 查韦斯政府强调国家在经济社会领域发挥主导作用，强烈反对该国在 20 世纪 90 年代启动的私有化进程，坚持把石油业置于国家的完全控制之下。因此，它不断加强对委内瑞拉石油公司的控制，实行石油业国有化，逆转委内瑞拉在 20 世纪 90 年代实

---

① Bart Jones, *The Hugo Chávez Story from Mud Hut to Perpetual Revolution*, London: The Bodley Head, 2008, p. 9.

② Julia Buxton, “The Bolivarian Revolution as Venezuela's Post-crisis Alternative”, in Jean Grugel and Pía Riggirozzi (eds.), *Governance after Neoliberalism in Latin America*, New York: Palgrave Macmillan, 2009, p. 148.

③ Michael Coppedge, “Explaining Democratic Deterioration in Venezuela through Nested Inference”, in Frances Hagopian and Scott P. Mainwaring (eds.), *The Third Wave of Democratization in Latin America: Advances and Setbacks*, Cambridge: Cambridge University Press, 2005, p. 291.

④ Ignacio Ramonet, “A Few Hours with Chávez”, August 29, 2016, https://www.versobooks.com/blogs/2819-a-few-hours-with-chavez.

施的“石油开放”战略。它还在通信、电力、水泥、银行等领域实施大规模国有化，实行价格管制和外汇管制。查韦斯政府希望创造一种“社会经济”，以满足下层民众的诉求为主要目标，打破不平等的石油收入分配模式，构建新的经济生产模式和分配供应链，从而彻底消除寡头集团的经济垄断地位。这一经济发展构想的三大核心是：提升粮食主权，保障中小企业的发展，促进合作社的发展。

查韦斯政府高度重视社会发展，谋求以公平公正的方式对石油财富进行再分配，让国家偿还拖欠穷人的“债务”。政府完全控制石油资源，从而获得最重要的财政资源。在此基础上，政府通过国有化集聚更多的资源，确保自身能够发挥其社会功能（教育、医疗和社会保障）。政府增加社会支出，实施一系列社会发展计划和社会“使命”，动员军队参与解决社会领域问题，成立各种推动基层自治的社会组织，力图使下层民众融入经济发展进程、直接受益于石油财富。

玻利瓦尔革命还是一场社会心理、文化观念的革命。在玻利瓦尔叙事体系中，玻利瓦尔革命是伟人玻利瓦尔追求民族/国家独立进程的延续。查韦斯在演讲中喜好使用的字眼是“人民”（el pueblo），其含义主要指向“穷人”（the poor）或大众，暗指那些在历史上受到压迫或被边缘化的群体。①

在对外关系领域，玻利瓦尔革命使委内瑞拉的外交重心从南北合作转变为南南合作，反对新自由主义、自由贸易和霸权主义，支持世界多极化和地区一体化。查韦斯政府外交领域的四大支柱：加强与其他成员国的关系；推动世界多极化进程；推动基于团结与公正的地区一体化；捍卫国家主权。在查韦斯政府看来，委内瑞拉长期保持紧密的对美关系并不符合自身的国家利益。委内瑞拉在蓬托菲霍时期与美国签署的众多贸易协定导致自身沦为美国的廉价石油供应国。蓬托菲霍时期的精英们在经济上、政治上和文化上与美

① Iselin Åsedotter Strønen, *Grassroots Politics and Oil Culture in Venezuela: The Revolutionary Petro-State*, Cham: Palgrave Macmillan, 2017, p. 24.

国联系密切。[①] 查韦斯政府反对代表自由贸易、新自由主义等政策与原则的“推手”或“代理人”（例如美国、国际货币基金组织和世界银行），甚至宣布退出国际货币基金组织和世界银行。

地区一体化是查韦斯政府落实多极化构想的抓手，也体现了玻利瓦尔实现大陆联合、反制美国影响力的构想。在区域合作层面，它主张地区国家摆脱以自由市场为基础的区域一体化战略，共同致力于形成玻利瓦尔合作伙伴关系，其成果是美洲玻利瓦尔联盟，其作用是成为美洲自由贸易区的替代选择。查韦斯政府还提出一系列反对新自由主义、具有替代色彩的合作倡议，例如：南方银行，替代世界银行；加勒比石油计划，以优惠价格出售石油；南方电视台，传播“南方”的理念，替代“北方”媒体。[②] 查韦斯政府重组委内瑞拉的对外贸易联系，为此降低对美国贸易联系的比重，积极寻找非传统的贸易合作伙伴：中国、俄罗斯、白俄罗斯和伊朗。[③]

玻利瓦尔革命带给委内瑞拉剧烈的冲击和巨大的转变。它留下的最具积极意义的政治遗产包括以下几点。

第一，重新分配政治权力。革命重构了国家的政治体制和政策框架，打破了传统的资源分配网络和特权架构，在旧体制中受益的群体丧失其特权。在查韦斯执政期间，两大政党完全没落，传统工会也丧失影响力，天主教会的作用受到限制。在蓬托菲霍体制之下受到排斥的左派力量迅速崛起，查韦斯本人、查韦斯早期的政治导师路易斯·米基莱纳，他的重要助手阿里·罗德里格斯·阿拉克，他的继任者尼古拉斯·马杜罗，或是来自委内瑞拉共产党，或曾参与反政府游击战，或是来自社会底层。大众政治参与的社会主体

① Julia Buxton, “The Bolivarian Revolution as Venezuela's Post-crisis Alternative”, in Jean Grugel and Pía Riggirozzi (eds.), *Governance after Neoliberalism in Latin America*, New York: Palgrave Macmillan, 2009, p. 159.

② Julia Buxton, “The Bolivarian Revolution as Venezuela's Post-crisis Alternative”, in Jean Grugel and Pía Riggirozzi (eds.), *Governance after Neoliberalism in Latin America*, New York: Palgrave Macmillan, 2009, p. 158.

③ Julia Buxton, “The Bolivarian Revolution as Venezuela's Post-crisis Alternative”, in Jean Grugel and Pía Riggirozzi (eds.), *Governance after Neoliberalism in Latin America*, New York: Palgrave Macmillan, 2009, p. 159.

和参与渠道更为多元。查韦斯政府推动构建参与式民主体制，改变政府的社会支出和发展战略，最终实现政治权力和经济权力的重新分配。在蓬托菲霍时期被排斥社会群体通过新的项目和大众组织发挥积极的作用。

第二，极大地调动大众的政治参与热情，大众政治走向深化。随着革命的到来，下层民众开始在委内瑞拉社会发挥新的作用，成为新社会理念、文化观念和政治改革的践行者。他们从历史上被边缘化的状态转向融入社会发展和国家建构进程。查韦斯的最伟大功绩是使这个国家的穷人在历史上第一次获得文化的、社会的和政治的空间。[①] 在查韦斯政府的持续政治动员之下，民众不再像以往那样表现出政治冷漠。即便在莫伊塞斯·纳伊姆这种批评者看来，查韦斯的一个重要遗产是终结了曾在这个国家无处不在的政治冷漠。[②] 那些长期被边缘化、被排斥的群体可以分享石油财富，可以行使政治权利。面对动员起来的大众，政治精英无法像以往那样以高高在上的态度面对大众。大众可以用手中的选票让政治家、政党以更为平等的态度对待他们。这个国家已经形成一个新的共识：任何人都必须尊重大多数人的利益，尊重穷人的利益，不能对那些最贫困的群体视而不见。[③]

第三，国家认同得到前所未有的增强，从而推动国家建构进程的深化。国家不仅作为领土存在，也作为政治秩序存在，还作为民族存在。[④] 历史上，委内瑞拉以及其他拉美国家的精英们未能致力于创建一种命运交融的种族共同体或文化共同体，也未能创建一个所有公民致力于实现的集体政治事业的共和国。广泛存在的社会排斥性和种族排斥性使拉美国家难以在 19 世

---

① Iselin Åsedotter Strønen, *Grassroots Politics and Oil Culture in Venezuela : The Revolutionary Petro-State*, Cham: Palgrave Macmillan, 2017, p. 102.

② Moisés Naím, "Hugo Chávez, R. I. P. : He Empowered the Poor and Gutted Venezuela", March 5, 2013, http://www.businessweek.com/articles/2013-03-05/hugo-chavez-rip-he-empowered-the-poor-and-gutted-venezuel.a.

③ Al Jazeera, "Ruling a Post-Chávez Venezuela", April 13, 2013, http://www.aljazeera.com/programmes/insidestoryamericas/2013/04/20134131139585672.html.

④ Sebastián L. Mazzuca and Gerardo L. Munck, "State or Democracy First? Alternative Perspectives on the State-Democracy Nexus", *Democratization*, Vol. 21, No. 7, 2014, pp. 1221-1243.

纪形成巩固的种族共同体和文化共同体。[①] 查韦斯对下层民众的吸引力给委内瑞拉带来强大的整合作用，因为他的言论使他们产生一种强烈的归属感，推动了一种文化上的去殖民主义进程，增强了他们的国家认同。

玻利瓦尔革命是一场塑造后新自由主义发展模式的实验。它究竟在多大程度上改变委内瑞拉？其影响依然有待更多的观察。无论是左派，还是右派，都认为查韦斯政府是与委内瑞拉新自由主义时期的激进断裂，但是，这一断裂并不足以改变该国漫长历史轨迹留下的大量延续性因素。[②] 在这场革命到来之前的制度结构制约着未来的选择，历史惯性持续发挥作用。在查韦斯时代，委内瑞拉仍然保持政党、大众、选举和石油驱动互为一体的政治格局。蓬托菲霍时代和查韦斯时代的相似之处是：委内瑞拉仍然是一个典型的"食利国家"，其财政收入主要来自石油；就功能而言，它仍然是一个"分配型国家"，政府的经济合法性来源于获取石油财富和实施基于这一财富的分配型政策。

玻利瓦尔革命在提高国家创造财富能力方面存在明显的局限性。查韦斯政府的经济社会政策强调满足国内消费需求，而非提高经济多元化和出口能力。委内瑞拉没有在生产领域取得显著突破，主要收入来源依然是上天的恩赐——石油。在查韦斯执政期间，该国对石油收入的依赖更加严重。1999 年，委内瑞拉的石油出口收入为 160.68 亿美元，占该国出口收入的 77%。[③] 2012 年，这一收入达到 935.69 亿美元，占该国出口收入的比重上升至 96%。[④] 原油储量从 768.48 亿桶（1999 年）增至 2977.35 亿桶（2012 年），但原油产量徘

① Miguel A. Centeno and Agustin E. Ferraro, "Republics of the Possible: State Building in Latin America and Spain", in Miguel A. Centeno and Agustin E. Ferraro (eds.), *State Building in Latin America and Spain: Republics of the Possible*, New York: Cambridge University Press, 2013, p. 16.

② Julia Buxton, "Continuity and Change in Venezuela's Bolivarian Revolution", *Third World Quarterly*, Vol. 41, No. 8, 2020, pp. 1371–1387.

③ OPEC, "OPEC Annual Statistical Bulletin 2007", 2008, https://www.opec.org/opec_web/static_files_project/media/downloads/publications/ASB2007.pdf.

④ OPEC, "OPEC Annual Statistical Bulletin 2013", 2014, https://www.opec.org/opec_web/static_files_project/media/downloads/publications/ASB2013.pdf.

徊不前。1999 年原油产量为 280.04 万桶/日，2012 年产量则为 280.39 万桶/日，明显低于 20 世纪 70 年代历史高位水平（370.8 万桶/日）。[①] 查韦斯政府计划到 2015 年把原油产量提升至 415 万桶/日。[②] 这一目标显然是无法实现的。在批评者看来，“馅饼”得到更为公平的分配，但“馅饼”本身没有变大。[③]

查韦斯政府的诸多公共政策引发的负面效应显而易见，反映了委内瑞拉在管理石油收入方面缺乏效率的痼疾。查韦斯政府一直坚持僵化的汽车燃料价格补贴政策，使该国的汽柴油价格处于世界上最低同类价格行列。这种做法不但使政府背负沉重的财政负担，也难以使下层民众从中受益（因为他们拥有的汽车数量远不及中上阶层）。此外，政府的一些经济政策以间接的方式损害了社会发展领域的成果。这种状况尤为集中地体现在食品供应领域。查韦斯政府一直高度重视保障国民获得食物的权利，为此构建一套优惠价格食品销售体系和向学生免费提供午餐。但是，对食品生产企业的国有化和严厉的价格管制损害了市场供应机制，该国的食品供应越来越依靠进口。在查韦斯执政末期，石油收入萎缩导致食品进口下降，国家随即陷入长时间的食品供应短缺之中。众多国有的或得到政府补贴的工农业企业的生产经营状况不佳。许多迹象表明，企业在被政府征收购并之后出现生产效率的下降。[④] 这些企业受制于官僚主义、劳工争端和管理不善，无力提升生产技术，往往依靠政府订单保持运转。查韦斯政府的做法实际上只是使农工企业

---

① OPEC，“OPEC Annual Statistical Bulletin 2007”，2008，https：//www.opec.org/opec_web/static_files_project/media/downloads/publications/ASB2007.pdf；OPEC，“OPEC Annual Statistical Bulletin 2013”，2014，https：//www.opec.org/opec_web/static_files_project/media/downloads/publications/ASB2013.pdf.

② PDVSA，“Orinoco Magna Reserva”，Number 1，July－September，2010，http：//www.pdvsa.com/images/magna/pdf/omr1.pdf.

③ Charlie Devereux & Raymond Colitt，“Venezuelans' Quality of Life Improved in UN Index Under Chávez”，March 7，2013，http：//www.bloomberg.com/news/2013-03-07/venezuelans-quality-of-life-improved-in-un-index-under-chavez.html.

④ Osmel Manzano and Jose Sebastian Scrofina，“Resource Revenue Management in Venezuela：A Consumption-Based Poverty Reduction Strategy”，March 6，2013，https：//www.resourcegovernance.org/sites/default/files/Venezuela_Final.pdf.

保持一定产量，却不得不为此提供大量财政补贴。[①]

对 1999 年以来委内瑞拉政治进程的一个普遍看法是：这个国家政治体制的制度化水平不如以往。[②] 在第五共和国时期，以个人为中心的政治是国家政治生活的主要内容。政党的领袖们难以建立起强有力的党组织，也难以持续获得成员的效忠。[③] 查韦斯在执政过程中成为典型的强势总统，对政府有决定性影响。第五共和国运动/委内瑞拉统一社会主义党主要发挥一种选举机器的作用。在执政党内部，查韦斯凭借其威望成为绝对的领导核心。为避免重现以往两大政党对社会的过度控制，执政党有意避免干预社会组织和工会的内部事务。由此产生的一个后果是，委内瑞拉的发展进程愈来愈依靠查韦斯的个人领导，而非一个清晰明确的政治方案或有战斗力的政治组织。在研究者看来，玻利瓦尔革命"已经转变了委内瑞拉的社会关系，形成了美洲大陆范围的整体影响，但它从未真正制度化，也就难以被证明是具有可持续性的"。[④]

玻利瓦尔革命在委内瑞拉国内引发民意的剧烈分化。查韦斯的执政打破传统精英集团对政治经济权力的垄断，使下层民众在各领域发挥新的作用，使他们成为新的意识形态、文化观念和政治改革的推动者。这种巨大的形势改变使该国产生严重的政治极化，植根于殖民统治时代的种族分野和阶层分野都在此时凸显。许多人把查韦斯视为敌人，既是因为他的经济政治政策，也是因为他的混血血统。他看起来像是仆人，像是收垃圾的工人，而非总统

① Gregory Wilpert, "Venezuela's Oil Based Development in the Chávez Era", in Richard Westra, *Confronting Global Neoliberalism: Third World Resistance and Development Strategies*, Atlanta: Clarity Press, INC., 2010, p. 144.

② Michael Coppedge, "Explaining Democratic Deterioration in Venezuela through Nested Inference", in Frances Hagopian and Scott P. Mainwaring (eds.), *The Third Wave of Democratization in Latin America: Advances and Setbacks*, Cambridge: Cambridge University Press, 2005, p. 290.

③ José E. Molina, "The Unraveling of Venezuela's Party System", in Jennifer L. McCoy and David J. Myers (eds.), *The Unraveling of Representative Democracy in Venezuela*, Baltimore: The Johns Hopkins University Press, 2004, p. 176.

④ Slavoj Žižek, "The Problem with Venezuela's Revolution Is That It Didn't Go Far Enough", August 9, 2017, https://www.independent.co.uk/voices/venezuela-socialism-communism-left-didnt-go-far-enough-a7884021.html.

府的主人；另外，许多人正是因为同样的原因热爱他。[①]

2013 年 3 月 5 日，查韦斯总统在加拉加斯病逝，宣告一个时代的终结。他也许是委内瑞拉历史上最具争议的政治领导人物。每个人要么支持他，要么反对他。[②] 穷人对他满怀崇拜，把他视为现实世界的救世主；批评者对他的理念不屑一顾，给他贴上的标签是"强人"、"独裁者"、"考迪罗"或"民粹主义者"。

在许多委内瑞拉人看来，查韦斯是第一位代表他们利益的总统。他们之所以把选票投给他，是因为支持他为改善教育、食品供应和医疗所做的一切。他不是这个国家第一个把"穷人"这个名词整天挂在嘴边的领导人，也不是第一个拿出石油财富帮助穷人的领导人；但是，从来不曾有任何委内瑞拉领导人能够像他这样兑现诺言，实实在在地为穷人花钱。[③]

政治人士和政治研究者对查韦斯的评价充满尖锐的分歧，但他们实际上达成这样一个共识：查韦斯在 1998 年当选总统代表着一场确定无疑的变革，这个国家再也不同于以往。[④] 无论对查韦斯是爱还是憎，人们都认为他把委内瑞拉人从沉睡中唤醒，使穷人获得权力。他就如同一名休克疗法师，既使人们看到这个国家存在的尖锐阶层分裂，也充分利用了这种阶层分裂。[⑤] 简而言之，查韦斯拆毁了"大坝"，打开了"闸门"。[⑥] 在伊什特万·梅萨罗什这样的社会主义者看来，查韦斯曾是，也将永远是我们这个时代最伟大的历史人物之一。他的功绩不仅仅帮助拉美的人民，也将造福整个人类，因而

---

① Judith Levin, *Hugo Chávez*, New York: Chelsea House, 2007, p. 89.

② Deborah Sontag, "In the Time of Hugo Chávez", June 2, 2002, http://www.nytimes.com/2002/06/02/magazine/in-the-time-of-hugo-chavez.html.

③ Moisés Naím, "Hugo Chávez, R. I. P.: He Empowered the Poor and Gutted Venezuela", March 5, 2013, http://www.businessweek.com/articles/2013-03-05/hugo-chavez-rip-he-empowered-the-poor-and-gutted-venezuela.

④ Steve Ellner, *Rethinking Venezuelan Politics: Class, Conflict, and the Chávez Phenomenon*, Boulder: Lynne Rienner Publishers, 2008, p. 5.

⑤ Deborah Sontag, "In the Time of Hugo Chávez", June 2, 2002, http://www.nytimes.com/2002/06/02/magazine/in-the-time-of-hugo-chavez.html.

⑥ Alan Woods, "A Tribute to Hugo Chávez", April 16, 2013, https://www.marxist.com/a-tribute-to-hugo-chavez.htm.

是不可逆转的。[①] 即便在莫伊塞斯·纳伊姆这样的批评者眼中，查韦斯在生前即已成为可与菲德尔·卡斯特罗、切·格瓦拉相提并论的拉美领袖人物。[②]

## 第四节 “委内瑞拉例外论”及其破产

20 世纪 90 年代，委内瑞拉政界和知识界的多数人士深感国家处于危机之中。他们在讨论危机应对之道时，只是笼统地说“现代化”（其含义是以公民社会替代政党，以实用主义替代意识形态，以技术官僚理念替代不切实际的构想，以市场替代国家）。没人料到，政治“局外人”查韦斯能够在 1998 年奇迹般地当选总统，能够迫使两大政党彻底“靠边站”。这种盲目状态反映了“委内瑞拉例外论”带给这个国家的严重误导。

由于委内瑞拉 1958 年以来长期在民主体制之下保持政治稳定，一批政治研究学者，尤其是美国学者对该国抱有乐观主义情绪。他们不再把该国置于拉美的欠发达、依附状态之中进行讨论分析，而是把它视为拉美地区乃至第三世界的一个“例外”，甚至将其与西方民主国家相提并论。[③] 正是在这种“委内瑞拉例外论”的影响下，很多委内瑞拉人以及国际人士产生盲目乐观情绪，认为该国不会像其他拉美国家那样深陷债务危机，依然能够免于出现其他拉美国家经历过的社会震荡。

美国学者丹尼尔·H. 莱文（Daniel H. Levine）被视为“委内瑞拉例外论”的主要倡导者。[④] 他指出：1958 年以来的委内瑞拉是拉美极少数能够

---

① The Editors, “Notes from the Editors”, May 2013, https: //monthlyreview. org/2013/05/01/mr-065-01-2013-05_ 0/.

② Moisés Naím, “Hugo Chávez, R. I. P. : He Empowered the Poor and Gutted Venezuela”, March 5, 2013, http: //www. businessweek. com/articles/2013 - 03 - 05/hugo - chavez - rip - he - empowered-the-poor-and-gutted-venezuela.

③ Steve Ellner, “Recent Venezuelan Political Studies: A Return to Third World Realities”, *Latin American Research Review*, Vol. 32, No. 2, 1997, pp. 201-218.

④ Julia Buxton, *The Failure of Political Reform in Venezuela*, Oxon: Routledge, 2001, p. 3. 另见 Dick Parker, “Chávez and the Search for an Alternative to Neoliberalism”, *Latin American Perspectives*, Vol. 32, No. 2, 2005, pp. 39-50。

保持有效的竞争性民主体制的拉美国家；该国民主体制不仅超过许多拉美国家，甚至可以在一些方面与欧洲国家相媲美。[①] 该国看起来已经解决了一些政治发展中的艰深谜题：依托合法权威进行政治动员，控制军队，通过体制框架和程序共识化解冲突和展开竞争；委内瑞拉人在这些领域已经构建一个复杂而强大的政治底层结构，并且为以制度延续性为基础的发展和变革奠定基础。[②] 20 世纪 80 年代，他在分析拉美民主转型时指出：委内瑞拉向民主体制的转型堪称模范，南锥体国家可以从它的经验之中汲取灵感。[③] 至 20 世纪 80 年代末，他依然认为委内瑞拉民主体制"非常成功"；这个国家的确存在诸多问题，但这些问题不能否定已经取得的成功。[④] 另一位美国学者彼得·H. 默克尔（Peter H. Merkl）赞同丹尼尔·H. 莱文的观点。他认为，委内瑞拉如同一部循序渐进发展的教科书，文人政府引导国家走上一条中间道路，既规避了寡头集团的镇压行径，也规避了政治社会动员导致的政治混乱。[⑤] 在美国学者斯蒂芬·C. 道奇（Stephen C. Dodge）看来：人们在分析委内瑞拉前景时"难以抑制乐观情绪"，石油财富足以支撑这个国家的工业化进程，民主体制能够继续保持稳定；尽管该国存在许多不足之处，但还是"有很大的机会成为南美洲的主要工业国"。[⑥] 美国学者埃德温·利文（Edwin Lieuwen）有着相似的看法：对过往一代人而言，委内瑞拉政治制度在拉美国家中是罕见的，因为这个国家有民主体制、典型

---

① Daniel H. Levine, *Conflict and Political Change in Venezuela*, Princeton: Princeton University Press, 1973, p. 3.

② Daniel H. Levine, *Conflict and Political Change in Venezuela*, Princeton: Princeton University Press, 1973, p. 259.

③ Daniel H. Levine, "The Transition to Democracy: Are There Lessons from Venezuela?" *Bulletin of Latin American Research*, Vol. 4, No. 2, 1985, pp. 47-61.

④ Daniel H. Levine, "Venezuela: The Nature, Sources, and Future Prospects of Democracy", in Larry Diamond, Juan J. Linz and Seymour Martin Lipset (eds.), *Democracy in Developing Countries: Latin America (Volume Four)*, Boulder: Lynne Rienner Publishers, 1989, p. 264.

⑤ Peter H. Merkl, "Democratic Development, Breakdowns, and Fascism", *World Politics*, Vol. 34, No. 1, 1981, pp. 114-135.

⑥ Stephen C. Dodge, "Venezuela's Bright Future", *Current History*, Vol. 70, No. 413, 1976, pp. 65-68, 85-86.

的政党和自由的选举。[①]

一批学者对散见于各文献的“委内瑞拉例外论”进行了总结和概括。[②]这一看法包含三大组成部分：第一，相较于其他拉美国家，委内瑞拉是受到上天眷顾的；第二，委内瑞拉能够避免出现剧烈的阶级或种族冲突，或避免出现此类情况；第三，委内瑞拉的民主体制是稳固的，政治文化是健康的。[③] 在许多学者看来，委内瑞拉无疑是受到上天眷顾的，因为该国拥有巨额的石油收入，能够实现持续的经济增长和显著改善大众的生活状况。1958 年以来，该国形成一套能够保障国家可治理性的政治体制。两大政党成为民主体制之下的主导性行为体，竞争性选举定期举行，执政权在不同政府、不同政党之间实现平稳交接。20 世纪 60 年代和 70 年代，其他拉美国家频频发生军事政变或陷入内战，该国依然能够保持文人执政和政治稳定。一种有利于民主体制运转的政治文化业已形成。民主体制恢复以来，政治精英按照合作协议长期合作。政府掌握关键性的石油收入，努力使各个社会集团从中受益，从而推动形成跨阶级合作。简言之，委内瑞拉越是逆地区趋势而动、避免出现威权政府或陷入内战，“委内瑞拉例外论”就越是能够给各方留下强烈的观感。[④]

---

① Edwin Lieuwen, “Review: Christian Democracy in Venezuela. By Donald L. Herman. Chapel Hill: University of North Carolina Press, 1980”, *The Hispanic American Historical Review*, Vol. 61, No. 3, 1981, p. 551.

② 论述“委内瑞拉例外论”的文献包括 Louis W. Goodman, Johanna Mendelson Forman, Moises Naim, and Joseph S. Tulchin (eds.), *Lessons of the Venezuelan Experience*, Washington, D.C.: Woodrow Wilson Center Press, 1995; Fernando Coronil, *The Magical State: Nature, Money, and Modernity in Venezuela*, Chicago: The University of Chicago Press, 1997; Julia Buxton, *The Failure of Political Reform in Venezuela*, Oxon: Routledge, 2001; Steve Ellner and Miguel Tinker Salas (eds.), *Venezuela: Hugo Chávez and the Decline of an "Exceptional Democracy"*, Lanham: Rowman & Littlefield Publishers, 2007; Steve Ellner, *Rethinking Venezuelan Politics: Class, Conflict, and the Chávez Phenomenon*, Boulder: Lynne Rienner Publishers, 2008; Miguel Tinker Salas, *The Enduring Legacy: Oil, Culture, and Society in Venezuela*, Durham: Duke University Press, 2009。

③ Steve Ellner and Miguel Tinker Salas, “The Venezuelan Exceptionalism Thesis: Separating Myth from Reality”, in Steve Ellner and Miguel Tinker Salas (eds.), *Venezuela: Hugo Chávez and the Decline of an "Exceptional Democracy"*, Lanham: Rowman & Littlefield Publishers, 2007, p. 5.

④ Daniel H. Levine, “Review Essay: Goodbye to Venezuelan Exceptionalism”, *Journal of Interamerican Studies and World Affairs*, Vol. 36, No. 4, 1994, pp. 145-182.

“委内瑞拉例外论”之所以在美国学者中广为流行，是因为它与美国的“冷战”需求高度吻合。20世纪60年代初，大多数拉美国家在古巴革命道路和军事独裁政权之间进行抉择。此时此刻，委内瑞拉的民主体制成为上述两种道路的替代选择。评论者指出，当时的美国政府把委内瑞拉视为推动整个中美洲加勒比地区走向稳定的关键国家。① 肯尼迪政府把赌注押在委内瑞拉民主体制上，以后的美国政府再也无法获得这样一个押注的机会，而这次押注的确带来了回报。② 委内瑞拉之所以如此受到美国的认可，是因为贝当古比其他拉美国家领导人更成功地建立了美国想要看到的那种民主体制；1958年以来，该国历届民选政府实施了美国期望拉美国家实施的那些方针政策。③ 因此，美国政府和美国的石油公司竭力把委内瑞拉吹捧为一个值得第三世界效仿的政治经济发展榜样。④

在批评者看来，“委内瑞拉例外论”系人为编造而成的。迈克尔·德勒姆（Michael Derham）认为：“有关委内瑞拉是一个受到大众支持的、具有充分代表能力的民主体制的迷思是由那些利己主义政治人物和外国（主要是美国）学者和‘顾问’共同编造出来的。”⑤ 他指出，世界范围内有关委内瑞拉的公开研究成果很少，各方非常依赖那些在美国发表的学术成果，但是，美国学者关于委内瑞拉的研究成果往往包含预设的立场，充斥成见之论（专制政府必定是糟糕的，民主政府肯定是美好的），在这种看法的影响下，1958年以来的大量研究成果颂扬所谓的委内瑞拉民主政权，竭力为其进行辩护。⑥ 史蒂

---

① Peter R. Odell, “Review: Venezuela by Edwin Lieuwen”, *International Affairs*, Vol. 38, No. 3, 1962, p. 442.

② Daniel H. Levine, “The Transition to Democracy: Are There Lessons from Venezuela?” *Bulletin of Latin American Research*, Vol. 4, No. 2, 1985, pp. 47-61.

③ Robert Jackson Alexander, *The Venezuelan Democratic Revolution: A Profile of the Regime of Romulo Betancourt*, New Brunswick: Rutgers University Press, 1964, p. 319.

④ Miguel Tinker Salas, “Staying the Course: United States Oil Companies in Venezuela, 1945-1958”, *Latin American Perspectives*, Vol. 32, No. 2, 2005, pp. 147-170.

⑤ Michael Derham, *Politics in Venezuela: Explaining Hugo Chávez*, Oxford: Peter Long AG, 2010, p. 271.

⑥ Michael Derham, “Review: Michael McCaughan, The Battle of Venezuela, London, Latin American Bureau, 2004, ix + 166 pp”, *Journal of Iberian and Latin American Research*, Vol. 11, Issue 1, pp. 153-159.

夫·埃尔纳（Steve Ellner）持相似看法。他指出，政治研究学者以及许多靠近华盛顿权力圈子的人共同发明了“委内瑞拉例外论”，给委内瑞拉贴上“模范民主体制”的标签，因为该国能够保持政治稳定、使左派被边缘化和把工会置于控制之下。[①]

“委内瑞拉例外论”之所以能够产生很大的影响力，还因为它迎合了蓬托菲霍时期委内瑞拉精英阶层的心理。1958 年以来的政治稳定和经济繁荣使该阶层引以为傲。在莫伊塞斯·纳伊姆这种委内瑞拉知识界和政界代表看来，该国多数人口没有在 20 世纪 60 年代被卷入游击战，而是享有社会安定与政治和平，这一成就值得任何一个非工业化国家的艳羡。[②] 委内瑞拉在 1976 年实现石油业国有化，国内乐观主义情绪随之达到前所未有的程度。没人怀疑，该国正在缩小与大多数发达国家的发展差距。[③] 一个“现代化的”整体性社会看起来能够在不远的未来出现，“国家和谐”的政治文化以及相应的跨阶级政党已经成为主导力量。[④]“委内瑞拉例外论”甚至阻止这个国家接受拉美国家或第三世界国家身份。20 世纪 80 年代，卢辛奇政府拒绝加入其他拉美国家的集体谈判债务问题的行列，自认为与这些较穷国家的联合行动不利于本国。

“委内瑞拉例外论”的流行折射了委内瑞拉蓬托菲霍时期精英阶层的历史观。在该阶层成员看来，“例外”地位体现了这个国家的现代性。他们蔑视现代性在 1936 年到来之前的本国历史，竭力称赞效仿发达国家建立的政治体制。[⑤] 民主行动党及其支持者为塑造这种历史观发挥关键作用。与该党

---

① Steve Ellner, *Rethinking Venezuelan Politics: Class, Conflict, and the Chávez Phenomenon*, Boulder: Lynne Rienner Publishers, 2008, p. 2.

② Moisés Naím and Ramón Piñango, “El caso Venezuela: Una ilusión de armonía,” in Moisés Naím and Ramón Piñango (eds.), *El Caso Venezuela: Una Ilusión de Armonía*, Caracas: Ediciones IESA, 1984, p. 553.

③ Janet Kelly and Pedro A. Palma, “Economic Decline and the Quest for Change”, in Jennifer L. McCoy and David J. Myers (eds.), *The Unraveling of Representative Democracy in Venezuela*, Baltimore: The Johns Hopkins University Press, 2004, pp. 205-206.

④ Edgardo Lander, “Venezuelan Social Conflict in a Global Context”, *Latin American Perspectives*, Vol. 32, No. 2, 2005, pp. 20-38.

⑤ Steve Ellner and Miguel Tinker Salas, “The Venezuelan Exceptionalism Thesis: Separating Myth from Reality”, *Latin American Perspectives*, Vol. 32, No. 2, March 2005, pp. 5-19.

联系紧密的委内瑞拉学者马里亚诺·皮康·萨拉斯断言，戈麦斯在 1935 年病逝意味着委内瑞拉真正“迈入 20 世纪”。换言之，戈麦斯的统治代表着委内瑞拉的“落后”时代，而在他之后的政权意味着现代性。[①] 贝当古常常在分析文章中引用他的观点，而贝当古有关委内瑞拉历史和政治的看法在很长时间里处于主导地位。许多以研究委内瑞拉见长的美国学者深受贝当古的影响，例如埃德温·利文和罗伯特·杰克逊·亚历山大（Robert Jackson Alexander）即如此。委内瑞拉学者在解读本国历史时，往往贬低在建国第一个百年期间爆发的各种斗争所蕴含的政治和社会意义。在他们的笔下：这片土地上到处是独裁统治和压迫；大众无力掌握自己的命运，只是冷漠的旁观者。埃德温·利文在 1961 年出版的《委内瑞拉》同样以悲观态度看待委内瑞拉的殖民地时期历史和该国 1945 年之前的几乎所有政权，从而完全否定了该国历史遗产的作用。[②]

“委内瑞拉例外论”的流行也反映了石油业对委内瑞拉的深远影响。该国发现石油之后的时代被描述为传统和现代性相遇，进而重构这个国家灵魂的时代。[③] 许多在石油业供职或在石油关联行业工作的人后来成为该国政界、贸易界和产业界的重要人物。他们的观念包含诸多有关石油业及其对国家重要性的迷思。这些观念之一就是：石油业是委内瑞拉获取现代性的方式。[④] 在他们看来，石油业使本国出现一些现代的特质或行为模式，也就是形成所谓的石油业“集体意识”（例如纪律、效率、工作道德和精英领导体制），因而使石油业从业者不同于委内瑞拉的其他社会群体。可以认为，石油的开发不仅为委内瑞拉带来租金导向的经济，也带来快速现代化

---

① Fernando Coronil, *The Magical State: Nature, Money, and Modernity in Venezuela*, Chicago: University of Chicago Press, 1997, p. 3.

② J. León Helguera, "Review: Venezuela By Edwin Lieuwen (London, New York, Toronto: Oxford University Press, Royal Institute of International Affairs, 1961)", *The Americas*, Vol. 19, No. 1, 1962, pp. 115-116.

③ Miguel Tinker Salas, *The Enduring Legacy: Oil, Culture, and Society in Venezuela*, Durham: Duke University Press, 2009, p. 238.

④ Miguel Tinker Salas, *The Enduring Legacy: Oil, Culture, and Society in Venezuela*, Durham: Duke University Press, 2009, p. 5.

的幻想。[①] 外国石油公司借机把自己塑造为委内瑞拉破除自身落后性和第三世界地位（thirdworldism）的依靠，通过“播种石油”推动委内瑞拉的经济现代化。

“委内瑞拉例外论”自20世纪80年代起走向破灭。1983年2月的“黑色星期五”意味着委内瑞拉的石油增长模式失去动力。第二届佩雷斯政府在成立伊始遽然发起新自由主义改革，引发剧烈的社会动荡。1992年，两场未遂军事政变相继爆发。1993年，佩雷斯总统因贪腐被弹劾和解职。两大政党日渐衰败，丧失对政局的掌控能力。原来那种认为委内瑞拉能够像发达国家一样化解冲突、保持稳定的论断再也无法站得住脚。这个曾经广受认可的民主体制变成了一个“问题”，其浓厚的精英色彩和强烈的排斥性备受指摘。丹尼尔·H. 莱文不禁发出感慨，这个国家已经从“委内瑞拉例外论”走向“拉美化”。[②] 可以认为，80年代以来的政治不稳定、经济形势恶化和不平等加剧击碎了有关委内瑞拉拥有一个“例外的”民主体制的迷思，也为查韦斯的政治崛起铺垫了基础。

查韦斯在1998年当选总统之后，全力破除蓬托菲霍时期的历史观和清算“委内瑞拉例外论”。他强烈反对蓬托菲霍时期流行的贬低本国历史和传统的看法，反对把1830年至1936年的百年历史简化为一段考迪罗独裁统治的黑暗时期，主张重新评价共和国早期历史人物的功绩。在他看来，在这个百年涌现的各种斗争对国家发展进程产生重大而深远的影响，埃塞基耶尔·萨莫拉是捍卫人民利益的英雄，西普里亚诺·卡斯特罗是敢于对抗欧洲列强的民族英雄。他向大众讲述自己曾祖父佩德罗·佩雷斯·德尔加多（Pedro Pérez Delgado）的生平事迹，认为他进行的武装斗争具有革命意义。他不断重申委内瑞拉作为拉美国家、第三世界国家的基本属性，反对那些自美国输入的价值观、文化和模式。他倡导构建一个多极化的世

① Lisa Blackmore, *Spectacular Modernity: Dictatorship, Space, and Visuality in Venezuela, 1948-1958*, Pittsburgh: University of Pittsburgh Press, 2017, p. 19.

② Daniel H. Levine, "Review Essay: Goodbye to Venezuelan Exceptionalism", *Journal of Interamerican Studies and World Affairs*, Vol. 36, No. 4, 1994, pp. 145-182.

界，坚决反对美洲自由贸易区，主张拉美国家应当团结起来共同维护自身利益。

无论是查韦斯，还是民主行动党，其历史观都存在明显的局限性。民主行动党的成立和发展源于反对独裁统治和军人统治的大众斗争，因而在执政之后有意贬低历史上那些考迪罗和强人（即便他们展现爱国立场或支持大众斗争的态度）。它对1936年以来发展进程的颂扬完全是把西方民主体制理想化。查韦斯的历史观非常不同于民主行动党。他的解读代表一种对1830年独立以来委内瑞拉历史进程的更均衡看法。但是，他对蓬托菲霍体制的全面否定难以成立，可以视为对“委内瑞拉例外论”做出的过度反应。在蓬托菲霍时期，委内瑞拉在经济增长、政治稳定和民生改善方面取得的进步是巨大且显而易见的。

查韦斯的抨击论调有矫枉过正之嫌，但他对蓬托菲霍时期历史观的批判和对“委内瑞拉例外论”的清算实际上成为这个国家重构社会观念进程的重要组成部分。事实表明，“委内瑞拉例外论”满含虚假、错误与失实之处，无法站得住脚。它的概念基础是实证主义者的二分法（落后与现代，或文明与野蛮）。① 依据这种划分，该国历史以1936年为界，被人为割裂为两个部分。在批评者看来，这种历史观意味着现代委内瑞拉所做的一切只是跟随发达国家的脚步。这个国家的历史变成了当代史，整个国家似乎没有从殖民时期和19世纪获得用于塑造现代生活的养分。② 蓬托菲霍体制的失灵意味着委内瑞拉人必须重新审视自己的历史观。唯有清算这种割裂看待本国历史的做法，才能够增强大众对国家的认同，才能够从过往经历之中汲取引导前进的灵感。

清算“委内瑞拉例外论”也推动了委内瑞拉人从心理上摆脱对石油的

① Steve Ellner and Miguel Tinker Salas, “Introduction: New Perspectives and the Chávez Phenomenon”, in Steve Ellner and Miguel Tinker Salas (eds.), *Venezuela: Hugo Chávez and the Decline of an “Exceptional Democracy”*, Lanham: Rowman & Littlefield Publishers, 2007, p. xv.

② Daniel H. Levine, “Venezuela: The Nature, Sources, and Future Prospects of Democracy”, in Larry Diamond, Juan J. Linz and Seymour Martin Lipset (eds.), *Democracy in Developing Countries: Latin America (Volume Four)*, Boulder: Lynne Rienner Publishers, 1989, p. 250.

依赖。在过往的数十年之中，委内瑞拉的权力主要来自石油收入而非建立在掌握自然资源基础上的生产活动。因此，这个国家终究只能有一些“魔幻表现”，而无法真正创造奇迹。[①] 时至今日，大多数委内瑞拉人不再把石油视为国家走向现代化的工具，石油不再是一种“非理性的身份象征”，但该国经济和社会仍然高度依赖石油。[②] 要真正摆脱石油，这个国家需要“社会文化的变革，不仅是为了形成（重视）生产的态度，更是为了建立真正现代化的体制和事业”。[③]

清算“委内瑞拉例外论”还能够使委内瑞拉人更清醒地看待本国政治发展的艰巨性。委内瑞拉一度被认为“解决了政治发展中的最大谜题：通过合法权威进行政治动员，同时控制军队，以制度化、程序化方式解决冲突和竞争”。[④] 实际上，它远远没有做到这一点。这个国家可以让民主体制在形式上符合诸多标准，却在实质上仍是一个“对抗的国家”，“选举而来的精英”而非“选举而来的民意代表”掌握国家权力，限制了人民主权的行使。[⑤] 发展中国家面对的普遍问题是民主化的程度超过国家建构，而民主化不可能成为解决长期存在的政治-经济问题（例如贫困、暴力、腐败、悬殊的收入不平等和糟糕的公共基础设施）的“万灵药”。[⑥]

对委内瑞拉以及其他发展中国家而言，如何跨越历史形成的鸿沟、找到属于自己的发展道路是一项艰巨却无法回避的任务。那种声称“西方就是历史”的论断把欧洲视为现代性的来源；脱胎于殖民地的第三世界国家被

① Fernando Coronil, *The Magical State: Nature, Money, and Modernity in Venezuela*, Chicago: University of Chicago Press, 1997, p. 389.

② Miguel Tinker Salas, *The Enduring Legacy: Oil, Culture, and Society in Venezuela*, Durham: Duke University Press, 2009, p. 245.

③ Luis Ugalde, "Productive Values and Poverty in Venezuela", in Lawrence E. Harrison and Jerome Kagan (eds.), *Developing Cultures: Case Studies*, New York: Routledge, 2006, p. 321.

④ Daniel H. Levine, *Conflict and Political Change in Venezuela*, Princeton: Princeton University Press, 1973, p. 259.

⑤ Michael Derham, *Politics in Venezuela: Explaining Hugo Chávez*, Oxford: Peter Lang, 2010, p. 15.

⑥ Dan Slater, *Ordering Power: Contentious Politics and Authoritarian Leviathans in Southeast Asia*, New York: Cambridge University Press, 2010, p. 4.

认为天生无法创造属于它们自己的新发展道路，或无法摆脱历史设定的发展轨迹。[①] 一些发展中国家曾经采取模仿，甚至复制欧美的做法和模式，却在前进过程中丧失自主性；即便它们取得短期的成效，也不免在随后陷入停滞与动荡。就此而言，探索一条自主发展道路虽然艰难，但能够让一国把发展的主动权紧握在自己手中，真正做到劈波斩浪、行稳致远。

① Fernando Coronil, *The Magical State: Nature, Money, and Modernity in Venezuela*, Chicago: University of Chicago Press, 1997, p. 73.

# 参考文献

## 一 著作


Alan Gelb and associates, *Oil Windfalls: Blessing or Curse?* New York: Oxford University Press, 1988.

Aleida Guevara, *Chávez: Venezuela and the New Latin America: An Interview by Aleida Guevara*, Melbourne: Ocean Press, 2005.

Angus Maddison, *The World Economy, Volume 1: A Millennial Perspective and Volume 2: Historical Statistics*, Paris: OECD, 2001.

Bart Jones, *The Hugo Chávez Story from Mud Hut to Perpetual Revolution*, London: The Bodley Head, 2008.

Benjamin Keen and Keith Haynes, *A History of Latin America* (8th Edition), Boston: Houghton Mifflin Harcourt Publishing Company, 2009.

Brian A. Nelson, *The Silence and the Scorpion: The Coup against Chávez and the Making of Modern Venezuela*, New York: Nation Books, 2009.

B. S. McBeth, *Juan Vicente Gomez and the Oil Companies in Venezuela, 1908-1935*, New York: Cambridge University Press, 1983.

Celso Furtado, *Economic Development of Latin America*, Cambridge: Cambridge University Press, 1976.

Christian Anglade and Carlos Fortin (eds.), *The State and Capital Accumulation in Latin America, Volume 2: Argentina, Bolivia, Colombia,*

*Ecuador*, *Peru*, *Uruguay*, *Venezuela*, Houndmills: Macmillan Publishers Ltd, 1990.

Claudio Véliz, *The Centralist Tradition of Latin America*, Princeton: Princeton University Press, 1980.

Daniel H. Levine, *Conflict and Political Change in Venezuela*, Princeton: Princeton University Press, 1973.

Daniel M. Brinks, Steven Levitsky and María Victoria Murillo, *Understanding Institutional Weakness: Power and Design in Latin American Institutions*, Cambridge: Cambridge University Press, 2019.

Daniela Campello, *The Politics of Market Discipline in Latin America: Globalization and Democracy*, New York: Cambridge University Press, 2015.

David Bushnell, *The Making of Modern Colombia: A Nation in Spite of Itself*, Berkeley: University of California Press, 1993.

Enrique Cárdenas, José Antonio Ocampo and Rosemary Thorp (eds.), *An Economic History of Twentieth-Century Latin America Volume 1*, Basingstoke: Palgrave, 2000.

Enrique Cárdenas, José Antonio Ocampo and Rosemary Thorp (eds.), *An Economic History of Twentieth-Century Latin America Volume 3 Industrialization and the State in Latin America: The Postwar Years*, Basingstoke: Palgrave, 2000.

Fernando Coronil, *The Magical State: Nature, Money, and Modernity in Venezuela*, Chicago: University of Chicago Press, 1997.

Frances Hagopian and Scott P. Mainwaring (eds.), *The Third Wave of Democratization in Latin America: Advances and Setbacks*, Cambridge: Cambridge University Press, 2005.

Francis Fukuyama (eds.), *Falling Behind: Explaining the Development Gap between Latin America and the United States*, New York: Oxford University Press, 2008.

Franklin Tugwell, *The Politics of Oil in Venezuela*, Stanford: Stanford

University Press, 1975.

Gerardo L. Munck and Juan Pablo Luna, *Latin American Politics and Society: A Comparative and Historical Analysis*, Cambridge: University Printing House, 2022.

Gregory Wilpert, *Changing Venezuela by Taking Power: The History and Policies of the Chávez Government*, London: Verso, 2007.

Hazem Beblawi and Giacomo Luciani (eds.), *The Rentier State*, London: Routledge, 1987.

Heinz Dieterich, *Hugo Chávez y el Socialismo del Siglo XXI (Segunda edición revisada y ampliada)*, Barquisimeto: Editorial Horizonte, 2007.

Hilda Sabato, *Republics of the New World: The Revolutionary Political Experiment in Nineteenth-Century Latin America*, Princeton: Princeton University Press, 2018.

H. Micheal Tarver and Julia C. Frederick, *The History of Venezuela*, Westport: Greenwood Press, 2005.

Hugo Chávez and Marta Harnecker, translated by Cheesa Boudin, *Understanding the Venezuelan Revolution: Hugo Chávez Talks To Marta Harnecker*, New York: Monthly Review Press, 2005.

Iselin Åsedotter Strønen, *Grassroots Politics and Oil Culture in Venezuela: The Revolutionary Petro-State*, Cham: Palgrave Macmillan, 2017.

Javier Corrales and Carlos A. Romero, *U. S. -Venezuela Relations since the 1990s: Coping with Midlevel Security Threats*, New York: Routledge, 2013.

Jean Grugel and Pía Riggirozzi (eds.), *Governance after Neoliberalism in Latin America*, New York: Palgrave Macmillan, 2009.

Jeff Shantz and José Brendan Macdonald (eds.), *Beyond Capitalism: Building Democratic Alternatives for Today and the Future*, New York: Bloomsbury Academic, 2013.

Jennifer L. McCoy and David J. Myers (eds.), *The Unraveling of Representative Democracy in Venezuela*, Baltimore: The Johns Hopkins University

Press, 2004.

Jonathan Di John, *From Windfall to Curse? Oil and Industrialization in Venezuela, 1920 to the Present*, University Park: The Pennsylvania State University, 2009.

John A. Peeler, *American Democracies: Colombia, Costa Rica, Venezuela*, Chapel Hill: The University of North Carolina Press, 1985.

Juan Linz and Alfred Stepan (eds.), *The Breakdown of Democratic Regimes: Latin America*, Baltimore: Johns Hopkins University Press, 1978.

Juan Pablo Pérez Alfonzo, *Hundiéndonos en el Excremento del Diablo*, Caracas: Fundación Editorial el perro y la rana, 2010.

Judith Ewell, *Venezuela: A Century of Change*, Stanford: Stanford University Press, 1984.

Judith Levin, *Hugo Chávez*, New York: Chelsea House, 2007.

Julia Buxton, *The Failure of Political Reform in Venezuela*, Oxon: Routledge, 2001.

Istvan Mészáros, *Beyond Capital: Towards a Theory of Transition*, London: Merlin Press, 1995.

Larry Diamond, Juan J. Linz and Seymour Martin Lipset (eds.), *Democracy in Developing Countries: Latin America (Volume Four)*, Boulder: Lynne Rienner Publishers, 1989.

Lawrence E. Harrison, *The Central Liberal Truth: How Politics Can Change a Culture and Save It from Itself*, New York: Oxford University Press, 2006.

Lawrence E. Harrison and Jerome Kagan (eds.), *Developing Cultures: Case Studies*, New York: Routledge, 2006.

Lawrence E. Harrison and Samuel P. Huntington (eds.), *Culture Matters: How Values Shape Human Progress*, New York: Basic Book, 2000.

Lisa Blackmore, *Spectacular Modernity Dictatorship, Space, and Visuality in Venezuela, 1948-1958*, Pittsburgh: University of Pittsburgh Press, 2017.

M. A. Cook (eds.), *Studies in the Economic History of the Middle East*, London: Oxford University Press, 1970.

Manuel Caballero, *Gómez, el Tirano Liberal*, Caracas: Alfadil Ediciones, 2003.

Marc Badia-Miró, Vicente Pinilla and Henry Willebald (eds.), *Natural Resources and Economic Growth: Learning from History*, London: Routledge, 2015.

Marius S. Vassiliou, *Historical Dictionary of the Petroleum Industry* (Second Edition), Lanham: Rowman & Littlefield, 2018.

Mary Farrell, Björn Hettne and Luk Van Langenhove (eds.), *Global Politics of Regionalism: Theory and Practice*, London: Pluto Press, 2005.

Matthew Brown (eds.), *The Bolivarian Revolution*, Verso: London, 2009.

Maxwell A. Cameron and Eric Hershberg, *Latin America's Left Turns: Politics, Policies, and Trajectories of Change*, Boulder: Lynne Rienner Publishers, 2010.

Michael Derham, *Politics in Venezuela: Explaining Hugo Chávez*, Oxford: Peter Long AG, 2010.

Michael Lebowitz, *Build It Now: Socialism for the Twenty-First Century*, New York: Monthly Review Press, 2006,

Michael McCaughan, *The Battle of Venezuela*, London: Latin America Bureau, 2003.

Miguel A. Centeno and Agustin E. Ferraro (eds.), *State Building in Latin America and Spain: Republics of the Possible*, New York: Cambridge University Press, 2013.

Miguel Tinker Salas, *The Enduring Legacy: Oil, Culture, and Society in Venezuela*, Durham: Duke University Press, 2009.

Miguel Tinker Salas, *Venezuela: What Everyone Needs to Know*, New York: Oxford University Press, 2015.

Mike Gonzalez, *Hugo Chávez: Socialist for the Twenty-first Century*, London: Pluto Press, 2014

Miquel Izard (eds.), *Politica y economia en Venezuela: 1810 - 1991*, Caracas: Fundación John Boulton, 1992.

Moisés Naím and Ramón Piñango (eds.), *El caso Venezuela: Una ilusión de armonía*, Caracas: Ediciones IESA, 1984.

Nikolas Kozloff, *Hugo Chávez: Oil, Politics, and the Challenge to the U. S.*, New York: Palgrave MacMillan, 2006.

P. Michael McKinley, *Pre-Revolutionary Caracas: Politics, Economy, and Society 1777–1811*, Cambridge: Cambridge University Press, 1985.

Ricardo Hausmann and Francisco Rodríguez (eds.), *Venezuela before Chávez: Anatomy of an Economic Collapse*, University Park: The Pennsylvania State University, 2014.

Richard S. Hillman, *Democracy for the Privileged: Crisis and Transition in Venezuela*, Boulder: Lynne Rienner Publishers, 1994.

Rickard Lalander, *Suicide of the Elephants? Venezuelan Decentralization between Partyarchy and Chavismo*, Helsinki: Renvall Institute for Area and Cultural Studies, University of Helsinki; Stockholm: Institute of Latin American Studies, Stockholm University, 2004.

Richard Westra, *Confronting Global Neoliberalism: Third World Resistance and Development Strategies*, Atlanta: Clarity Press, INC., 2010.

Scott Mainwaring (eds.), *Party Systems in Latin America: Institutionalization, Decay, and Collapse*, Cambridge: Cambridge University Press, 2018.

Sebastián Mazzuca, *Latecomer State Formation: Political Geography and Capacity Failure in Latin America*, New Haven: Yale University Press, 2021.

Steve Ellner, *Rethinking Venezuelan Politics: Class, Conflict, and the Chávez Phenomenon*, Boulder: Lynne Rienner Publishers, 2008.

Steve Ellner and Daniel Hellinger (eds.), *Venezuelan Politics in the Chávez*

*Era: Class, Polarization and Conflict*, Boulder: Lynne Rienner Publishers, 2003.

Steve Ellner and Miguel Tinker Salas (eds.), *Venezuela: Hugo Chávez and the Decline of an "Exceptional Democracy"*, Lanham: Rowman & Littlefield Publishers, 2007.

Steven Levitsky and Kenneth M. Roberts (eds.), *The Resurgence of the Latin American Left*, Baltimore: The Johns Hopkins University Press, 2011.

Terry Lynn Karl, *The Paradox of Plenty: Oil Booms and Petro States*, Berkeley: The University of California Press, 1997.

Victor Bulmer-Thomas, *The Economic History of Latin America since Independence (Second Edition)*, Cambridge: Cambridge University Press, 2003.

Will Fowler and Peter Lambert (eds.), *Political Violence and the Construction of National Identity in Latin America*, New York: Palgrave Macmillan, 2006.

〔委〕吉利尔莫·莫隆:《委内瑞拉史》,〔英〕约翰·斯特里特编译,吉林大学外语系翻译组译,吉林人民出版社,1973。

关达等编著《第二次世界大战后拉丁美洲政治》,中国社会科学出版社,1987。

石瑞元等:《委内瑞拉经济》,社会科学文献出版社,1987。

李春辉、苏振兴、徐世澄主编《拉丁美洲史稿》(第三卷),商务印书馆,1993。

曾昭耀:《政治稳定与现代化——墨西哥政治模式的历史考察》,东方出版社,1996。

〔美〕诺姆·乔姆斯基:《新自由主义和全球秩序》,徐海铭、季海宏译,江苏人民出版社,2001。

〔乌拉圭〕爱德华多·加莱亚诺:《拉丁美洲被切开的血管》,王玫等译,人民文学出版社,2001。

中国现代国际关系研究所第三世界研究中心:《当代第三世界透视》,时事出版社,2001。

李其庆主编《全球化与新自由主义》，广西师范大学出版社，2003。

苏振兴主编《拉美国家现代化进程研究》，社会科学文献出版社，2006。

徐世澄：《拉丁美洲政治》，中国社会科学出版社，2006。

袁东振、徐世澄：《拉丁美洲国家政治制度研究》，世界知识出版社，2004。

〔美〕霍华德·威亚尔达主编《非西方发展理论——地区模式与全球趋势》，董正华、昝涛、郑振清译，北京大学出版社，2006。

张凡：《当代拉丁美洲政治研究》，当代世界出版社，2009。

韩琦主编《世界现代化历程：拉美卷》，江苏人民出版社，2010。

董经胜、高岱：《拉丁美洲的殖民化与全球化》，江西人民出版社，2010。

徐世澄：《当代拉丁美洲的社会主义思潮与实践》，社会科学文献出版社，2012。

焦震衡编著《委内瑞拉》（第二版），社会科学文献出版社，2015。

李路曲：《比较政治学解析》，中央编译出版社，2015。

〔美〕弗朗西斯·福山：《政治秩序与政治衰败：从工业革命到民主全球化》，毛俊杰译，广西师范大学出版社，2015。

杨光斌：《比较政治学：理论与方法》，北京大学出版社，2016。

燕继荣主编《发展政治学》（第二版），北京大学出版社，2010。

〔瑞士〕安德烈亚斯·威默：《国家建构——聚合与崩溃》，叶江译，格致出版社、上海人民出版社，2019。

王宁、沃尔特·米格诺罗、何卫华选编《拉美去殖民化之路》，中国社会科学出版社，2019。

王长江：《政党论》，人民出版社，2020。

袁东振：《拉美 21 世纪社会主义研究》，中国社会科学出版社，2021。

〔美〕塞缪尔·P. 亨廷顿：《变化社会中的政治秩序》，王冠华、刘为等译，上海人民出版社，2021。

## 二 论文

Bernard Mommer, "Integrating the Oil: A Structural Analysis of Petroleum in the Venezuelan Economy", *Latin American Perspectives*, Vol. 23, No. 3, 1996, pp. 132-158.

Carlos A. Romero and Víctor M. Mijares, "From Chávez to Maduro: Continuity and Change in Venezuelan Foreign Policy", *Contexto International*, Vol. 38, No. 1, 2016, pp. 165-201.

Daniel H. Levine, "The Transition to Democracy: Are There Lessons from Venezuela?" *Bulletin of Latin American Research*, Vol. 4, No. 2, 1985, pp. 47-61.

Daniel H. Levine, "Review Essay: Goodbye to Venezuelan Exceptionalism", *Journal of Interamerican Studies and World Affairs*, Vol. 36, No. 4, 1994, pp. 145-182.

Dick Parker, "Chávez and the Search for an Alternative to Neoliberalism", *Latin American Perspectives*, Vol. 32, No. 2, 2005, pp. 39-50.

Doug Yarrington, "Populist Anxiety: Race and Social Change in the Thought of Romulo Gallegos", *The Americas*, Vol. 56, No. 1, 1999, pp. 65-90.

ECLAC, "Economic Development in Venezuela since the 1950's", *Economic Bulletin for Latin America*, Vol. 5, No. 1, 1960, pp. 21-62.

Edgardo Lander and Luis A. Fierro, "The Impact of Neoliberal Adjustment in Venezuela, 1989-1993", *Latin American Perspectives*, Vol. 23, No. 3, 1996, pp. 50-73.

Edgardo Lander, "Venezuelan Social Conflict in a Global Context", *Latin American Perspectives*, Vol. 32, No. 2, 2005, pp. 20-38.

Francisco Rodríguez, "The Anarchy of Numbers: Understanding the Evidence on Venezuelan Economic Growth", *Canadian Journal of Development Studies*, Vol. 27, No. 4, 2006, pp. 503-529.

Gabriel L. Negretto and José Antonio Aguilar-Rivera, "Rethinking the Legacy of the Liberal State in Latin America: The Cases of Argentina (1853–1916) and Mexico (1857 – 1910)", *Journal of Latin American Studies*, Vol. 32, No. 2, 2000, pp. 361–397.

Jana Morgan, "Partisanship During the Collapse Venezuela's Party System", *Latin American Research Review*, Vol. 42, No. 1, 2007, pp. 78–98.

Javier Corrales, "El Presidente y su gente. Cooperación y conflicto entre los ámbitos técnicos y políticos en Venezuela, 1989 – 1993", *Nueva Sociedad*, Nro. 152, 1997, pp. 93–107.

John V. Lombardi and James A. Hanson, "The First Venezuelan Coffee Cycle 1830–1855", *Agricultural History*, Vol. 44, No. 4, 1970, pp. 355–367.

Joshua Braver, "Hannah Arendt in Venezuela: The Supreme Court Battles Hugo Chávez over the Creation of the 1999 Constitution", *International Journal of Constitutional Law*, Volume 14, Issue 3, 2016, pp. 555–583.

Julia Buxton, "Continuity and Change in Venezuela's Bolivarian Revolution", *Third World Quarterly*, Vol. 41, No. 8, pp. 1371–1387.

Michael Coppedge, "Venezuela's Vulnerable Democracy", *Journal of Democracy*, Vol. 3, No. 4, 1992, pp. 32–44.

Julia Buxton, "Venezuela's Contemporary Political Crisis in Historical Context", *Bulletin of Latin American Research*, Vol. 24, No. 3, 2005, pp. 328–347.

Miguel Carreras, "The Rise of Outsiders in Latin America, 1980–2010: An Institutionalist Perspective", *Comparative Political Studies*, Vol. 45, Issue 12, 2012, pp. 1451–1482.

Miguel Tinker Salas, "Staying the Course: United States Oil Companies in Venezuela, 1945 – 1958", *Latin American Perspectives*, Vol. 32, No. 2, 2005, pp. 147–170.

Noam Lupu, "Brand Dilution and the Breakdown of Political Parties in Latin America", *World Politics*, Volume 66, Issue 4, 2014, pp. 561– 602.

Paulo Nakatani and Rémy Herrera, "Structural Changes and Planning of the Economy in Revolutionary Venezuela", *Review of Radical Political Economics*, Vol. 40, No. 3, 2008, pp. 292-299.

Peter H. Merkl, "Democratic Development, Breakdowns, and Fascism", *World Politics*, Vol. 34, No. 1, 1981, pp. 114-135.

Peter R. Odell, "Review: Venezuela by Edwin Lieuwen", *International Affairs*, Vol. 38, No. 3, 1962, p. 442.

Raul Madrid, "The Origins of the Two Lefts in Latin America", *Political Science Quarterly*, Volume 125, Number 4, 2010, pp. 587-609.

Richard Gott, "Venezuela under Hugo Chávez: The Originality of the 'Bolivarian' Project", *New Political Economy*, Vol. 13, No. 4, 2008, pp. 475-490.

Ryan Brading, "From Passive to Radical Revolution in Venezuela's Populist Project", *Latin American Perspectives*, Vol. 41, Issue 6, 2014, pp. 48-64.

Sebastián L. Mazzuca and Gerardo L. Munck, "State or Democracy First? Alternative Perspectives on the State-democracy Nexus", *Democratization*, Vol. 21, No. 7, 2014, pp. 1221-1243.

Steve Ellner, "Recent Venezuelan Political Studies: A Return to Third World Realities", *Latin American Research Review*, Vol. 32, No. 2, 1997, pp. 201-218.

Steve Ellner, "Venezuela's Social-Based Democratic Model: Innovations and Limitations", *Journal of Latin American Studies*, Volume 43, Issue 3, 2011, pp. 421-449.

Terry Lynn Karl, "Petroleum and Political Pacts: The Transition to Democracy in Venezuela", *Latin American Research Review*, Vol. 22, No. 1, 1987, pp. 63-94.

Terry Lynn Karl, "The Perils of the Petro-State: Reflections on the Paradox of Plenty", *Journal of International Affairs*, Vol. 53, No. 1, Fall 1999, pp. 31-48.

Thomas Purcell, "The Political Economy of Venezuela's Bolivarian Cooperative Movement: A Critique", *Science & Society*, Vol. 75, No. 4, 2011, pp. 567–578.

Tiffany Linton Page, "Can the State Create Campesinos? A Comparative Analysis of the Venezuelan and Cuban Repeasantization Programmes", *Journal of Agrarian Change*, Vol. 10, No. 2, 2010, pp. 251–272.

Trudie O. Coker, "Globalization and State Capital Accumulation: Deteriorating Economic and Political Rights in Venezuela", *Latin American Perspectives*, Issue 108, Vol. 26, No. 5, 1999.

Vegard Bye, "Nationalization of Oil in Venezuela: Re-defined Dependence and Legitimization of Imperialism", *Journal of Peace Research*, No. 1, Vol. XVI, 1979, pp. 57–78.

Winthrop R. Wright, "The Todd Duncan Affair: Acción Democrática and the Myth of Racial Democracy in Venezuela", *The Americas*, Vol. 44, No. 4, 1988, pp. 441–459.

## 三 网络文章

Alan Woods, "Chávez: Capitalism Must Be Transcended", February 1, 2005, http://www.marxist.com/Latinam/chavez_speech_wsf.htm.

Alan Woods, "A Tribute to Hugo Chávez", April 16, 2013, https://www.marxist.com/a-tribute-to-hugo-chavez.htm.

Arturo Úslar Pietri, "Sembrar el Petróleo", 14 de julio de 1936, http://webdelprofesor.ula.ve/economia/ajhurtado/lecturasobligatorias/sembrar%20el%20petroleo.pdf.

Bernard Mommer, "Venezuela, Política y Petróleos: El Ingreso Fiscal y la Pobreza", Enero 1999, https://www.ucab.edu.ve/wp-content/uploads/sites/2/2017/09/INV-IIES-REV-024-Venezuela_-politicas-y-petroleos.pdf.

Betsy Bowman and Bob Stone, "Venezuela's Cooperative Revolution", July 2006, https://www.dollarsandsense.org/archives/2006/0706bowmanstone.html.

Brian Fonseca, John Polga-Hecimovich and Harold A. Trinkunas, "Venezuelan Military Culture", May 2016, http://www.johnpolga.com/uploads/1/8/1/0/18107767/venezuelan_ military_ culture.pdf.

Carlos Lanz Rodríguez, "El Socialismo y la Cogestión Revolucionaria", 10 de abril de 2005, https://observatoriodetrabajadores.wordpress.com/2018/01/19/el-socialismo-y-la-cogestion-revolucionaria-carlos-lanz-r/.

Carmen Añez H. and Rosana Melean, "Empresas de producción social: Forma de organización socioproductiva en el marco de la economía social en Venezuela", Julio-Diciembre 2011, http://www.saber.ula.ve/bitstream/handle/123456789/34426/articulo1.pdf? sequence=1&isAllowed=y.

Chris Kraul, "Big Cooperative Push in Venezuela", August 21, 2006, https://www.latimes.com/archives/la-xpm-2006-aug-21-fi-coops21-story.html.

Cleto A. Sojo, "Venezuela's Chávez Closes World Social Forum with Call to Transcend Capitalism", January 31, 2005, https://venezuelanalysis.com/news/907.

Clifford Krauss, "New President in Venezuela Proposes to Rewrite the Constitution", February 4, 1999, https://www.nytimes.com/1999/02/04/world/new-president-in-venezuela-proposes-to-rewrite-the-constitution.html.

Dada Maheshvarananda, "The Silent Success Of Cooperatives In The Bolivarian Revolution", December 3, 2014, https://geo.coop/story/silent-success-cooperatives-bolivarian-revolution.

Deborah Sontag, "In the Time of Hugo Chávez", June 2, 2002, http://www.nytimes.com/2002/06/02/magazine/in-the-time-of-hugo-chavez.html.

Diana Jean Schemo, "Renegade Officer Favored in Venezuelan Election Today", December 6, 1998, http://www.nytimes.com/1998/12/06/world/renegade-officer-favored-in-venezuelan-election-today.html.

Don A. Schanche, "Venezuela Riots Not Political, Perez Says: President Blames Unrest on Foreign Debt", March 4, 1989, https://www.latimes.com/

archives/la-xpm-1989-03-04-mn-19-story. html.

Fred Rosen and Jo-Marie Burt, "Hugo Chávez: Venezuela's Redeemer?" September 25, 2007, https://nacla. org/article/hugo - ch% C3% A1vez - venezuela%27s-redeemer Gobind Nankani, "Development Problems of Mineral-Exporting Countries", World Bank Staff Working Paper No. 354, August 1979, http://documents. worldbank. org/curated/en/777281468741386714/pdf/multi0 page. pdf.

Gregory Wilpert, "Chávez Affirms Venezuela Is Heading Towards Socialism of 21st Century", May 2, 2005, https://venezuelanalysis. com/news/1099.

Harold Trinkunas and Jennifer McCoy, "Observation of the 1998 Venezuelan Elections: A Report of Freely Elected Heads of Government", February 1999, https://docs. google. com/viewer? url = https% 3A% 2F% 2Fwww. cartercenter. org%2Fdocuments%2F1151. pdf&pdf=true.

Hugo Chávez, "Speech by President Hugo Chávez, at the Opening of XII G-15 Summit", March 1, 2004, http://www. venezuelanalysis. com/analysis/381.

Hugo Chávez, "Capitalism Is Savagery", April 10, 2005, https://zcomm. org/znetarticle/capitalism-is-savagery-by-hugo-chavez/.

Ignacio Ramonet, "A Few Hours with Chávez", August 29, 2016, https://www. versobooks. com/blogs/2819-a-few-hours-with-chavez.

Ivan Cañas, "Mas de 200 preguntas y respuestas sobre cooperativismo", 18 julio 2003, https://www. aporrea. org/actualidad/a3902. html.

Javier Corrales, "Venezuela in the 1980s, the 1990s and beyond: Why Citizen-Detached Parties Imperil Economic Governance", 1999, https://revista. drclas. harvard. edu/book/venezuela-1980s-1990s-and-beyond.

Jorge Martin, "President Chávez Reaffirms Opposition to Capitalism", March 1, 2005, http://www. handsoffvenezuela. org/chavez_ opposition_ capitalism. htm.

Julia Buxton, "Continuity and Change in Venezuela's Bolivarian Revolution", 2019, https://www. tandfonline. com/doi/full/10. 1080/01436597. 2019. 1653179.

Larry Rohter, "Venezuela Finds Source of Wealth Is Also a Curse", August 20, 2000, http: //www.nytimes.com/2000/08/20/world/venezuela-finds-source-of-wealth-is-also-a-curse.html.

Larry Rohter, "Venezuela's 2 Fateful Days: Leader Is Out, and In Again", April 20, 2002, https: //www.nytimes.com/2002/04/20/world/venezuela-s-2-fateful-days-leader-is-out-and-in-again.html.

María Antonia Moreno and Francisco Rodríguez, "Plenty of Room? Fiscal Space in a Resource Abundant Economy", 2005, https: //www.undp.org/content/dam/aplaws/publication/en/publications/poverty-reduction/poverty-website/plenty-of-room-fiscal-space-in-a-resource-abundant-economy/PlentyofRoom.pdf.

Mark Weisbrot and Luis Sandoval, "The Venezuelan Economy in the Chávez Years", July 2007, https: //cepr.net/documents/publications/venezuela_2007_07.pdf.

Marta Harnecker, "Reading Marx's Capital Today: Lessons from Latin America", March 5, 2017, https: //mronline.org/2017/03/05/reading-marxs-capital-today-lessons-from-latin-america/.

Michael A. Lebowitz, "Socialism: The Goal, the Paths and the Compass", February 20, 2010, https: //socialistproject.ca/2010/02/b315/.

Moisés Naím, "Hugo Chávez, R.I.P.: He Empowered the Poor and Gutted Venezuela", March 5, 2013, http: //www.businessweek.com/articles/2013-03-05/hugo-chavez-rip-he-empowered-the-poor-and-gutted-venezuela.

Roberto Fabricio, "Venezuelan Inauguration Costly Perez Will Assume Presidency in Controversial Extravaganza", February 1, 1989, https: //www.sun-sentinel.com/news/fl-xpm-1989-02-01-8901070016-story.html.

Scott Wilson, "Clash of Visions Pushed Venezuela Toward Coup", April 21, 2002, https: //www.washingtonpost.com/archive/politics/2002/04/21/clash-of-visions-pushed-venezuela-toward-coup/7e18ff12-a04a-40a7-80d5-a67a17b6394b/.

Slavoj Žižek, “The Problem with Venezuela's Revolution Is That It Didn't Go Far Enough”, August 9, 2017, https: //www. independent. co. uk/voices/venezuela-socialism-communism-left-didnt-go-far-enough-a7884021. html.

Stuart Piper, “The Challenge of Socialism in the 21st Century-Some Initial Lessons from Venezuela”, May 2007, http: //www. internationalviewpoint. org/spip. php? article1269.

Terry Lynn Karl, “The Political Challenge of Escaping the Resource Curse: The Case for a Transparent Fiscal Social Contract”, 2007, https: //inequality. stanford. edu/sites/default/files/media/_ media/working_ papers/karl_ terry_ wp_ 20070330a. pdf.

World Bank, “Venezuela Country Brief”, May 2003, http: //web. worldbank. org/archive/website00912B/WEB/OTHER/9AEC6D72. HTM? OpenDocument.

图书在版编目（CIP）数据

透视委内瑞拉：石油国家、查韦斯和玻利瓦尔革命／王鹏著．--北京：社会科学文献出版社，2024.5（2025.9 重印）

ISBN 978-7-5228-3724-6

Ⅰ.①透… Ⅱ.①王… Ⅲ.①委内瑞拉-研究 Ⅳ.①D777.4

中国国家版本馆 CIP 数据核字（2024）第 108454 号

透视委内瑞拉：石油国家、查韦斯和玻利瓦尔革命

著　　者／王　鹏

出 版 人／冀祥德
组稿编辑／张晓莉
责任编辑／叶　娟
责任印制／岳　阳

出　　版／社会科学文献出版社·区域国别学分社（010）59367078
地址：北京市北三环中路甲 29 号院华龙大厦　邮编：100029
网址：www.ssap.com.cn
发　　行／社会科学文献出版社（010）59367028
印　　装／唐山玺诚印务有限公司

规　　格／开　本：787mm×1092mm　1/16
印　张：16　字　数：245 千字
版　　次／2024 年 5 月第 1 版　2025 年 9 月第 2 次印刷
书　　号／ISBN 978-7-5228-3724-6
定　　价／98.00 元

读者服务电话：4008918866